シリーズ　こころとからだの処方箋

高齢者の「生きる場」を求めて

―福祉、心理、介護の現場から―

監修●上里一郎
編●野村豊子（岩手県立大学社会福祉学部）

ゆまに書房

監修にあたって

二十一世紀は心の時代だと言われる。いわゆる先進国では、物質的には充足されているが、生きる意味や目標を見つけることができずにいる人々が少なくない。

グローバル化や科学技術の著しい進歩により社会は激しく変動しており、将来を予測することが困難になっている。例えば、労働環境一つを取ってみても、企業は好収益を上げていても、働く者個々で見るとその労働環境は著しく厳しいものになっている。それは、過重な労働条件・リストラの進行・パート社員の増加などに見ることができる。極端な表現をすれば、〝個人の受難の時代〟の到来といえるかもしれない。労働・地域・社会・家族など、私たちの生活の中に、このようなめまぐるしい変化は影を落としている。自殺者・心身症・うつ・犯罪の若年化や粗暴化などといった社会病現象の増加はその影の具現化でもある。

このシリーズ「こころとからだの処方箋」はこれらの問題に向き合い、これを改善するため、メンタルヘルスの諸問題を多角的に取り上げ、その解決と具体的なメンタルヘルス増進を図ることを主眼として企画された。

テーマの選定にあたっては、人間のライフサイクルを念頭に、年代別（青少年期、壮年期、老年期など）に生じやすい諸問題や、ドメスティック・バイオレンスや事故被害、犯罪被害といった今日的なテーマ、不眠や抑うつなど新たな展開を見せる問題などを取り上げ、第一線の気鋭の研究者、臨床家に編集をお願いした。一冊一冊は独立したテーマであるが、それぞれの問題は相互に深く関連しており、より多くの巻を手に取ることが、読者のより深い理解へと繋がると確信している。

なお、理解を助けるため、症例の紹介、引用・参考文献などを充実させ、また、専門用語にはわかりやすいよう注記を施すなどの工夫をした。本書は、医学・心理学・看護・保健・学校教育・福祉・企業などの関係者はもとより、学生や一般の人々に至るまでを読者対象としており、これら各層の方々に積極的に活用されることを願っている。

上里一郎（あがり・いちろう　広島国際大学学長）

はじめに

年を重ねていく人にとって「自らが生きる」とは、「自らが生かされる」ことをともなっています。本書の「高齢者の生きる場を求めて」という標題にもまた、「生かされている場」ということが含まれています。その「場」とは、他者との交流や地域での居場所までを含んだものとして考えられます。本書の意図は高齢者の生きる場・生かされる場について、従来のイメージを超えて、全国各地で新しい取組みとして展開されている機会や場を検証することにあります。本書に示される取組みは、必ずしも介護保険制度の中で提示されている、介護予防事業のプログラム例として打ち出しているわけではありませんが、地域の特性を生かした具体的なプログラムとして検討することも可能です。

高齢者の生きる場・生かされる場について、専門職や高齢者自身、また高齢者になっていく人々から多くの関心が寄せられています。専門職の領域では社会福祉・医療・看護・心理など、施設ケアや在宅ケアを包括しながら、さまざまな具体的な方法が提示されてきました。本書は、高齢者の生きる場と生かされる場を巡る多種の専門職や研究者が、自らの分野の知識と実践を基に具体的なプログラムや事業を示すという、他に類を見ない特色を持っています。

各論者は、それぞれの専門に基づきながら読者の方がその活動の知識背景を理解し、さらに展開のプロセスを見きわめ、もし活用する場合にはその具体的なきっかけを得ることができるよう論述しています。新しいプログラムや活動は、希望を抱かせるものである一方、行うことへのリスクや行ってはいけない要素も含んでいます。それらの点についても読者の方の理解を促す内容になっています。高齢者の生きる場についての検討を行う時に、本書で示される具体的な提案は、職種や地域を超えて、高齢者の生活の質の向上を促すものとなると考えます。

本書の構成は以下の通りです。第1章では、定年退職後や子育ての終了後に元気な高齢者が社会的貢献を行うボランティア、すなわちシニア・ボランティアについて、現状と事例、加えてシニア・ボランティア養成の方法を述べています。第2章では、現在の高齢者が若い世代であった時にはあまり触れることのなかった情報化の進展が、生活の質の向上につながることを詳細な事例を基に示しています。第3章では、現在多様な場面で用いられている高齢者の過去を想起する回想法について、その意義とデイセンターにおける具体的な展開の方法を述べています。第4章では、自分の人生を見直し、今までの生き方を振り返り、さらに今後に向けてまとめ直していくというライフレビューブックの作成について、わかりやすくその方法を示しています。第5章では、予防医学や生活課題として睡眠の障害や不足を取り上げ、快適な睡眠のためにはライフスタイルの見直しが重要であることを提案しています。また地域の実践例として、香りを用いた方法の可能性も提言しています。第6章では、水中運動療法（アクアエクササイズ）を取り上げ、その理論と具体的な実践方法について実証データを基に有効性を論述しています。第7章では、高齢者が生きる場とは少し異なった視点から、高齢者を支える側の家族介護者教室について実践例を交え、その意義と展開過程・さまざまな留意点などを述べています。終章では、高齢者と若者・過去と現在と未来・地域の風土や資源などを結ぶ、つなぎ手としての高齢者について、「思い出パートナー」というつなぎ手役割の形成を中心に述べています。さらに、自分史・高齢者と共に生きる家族・ソーシャルサポート・ストレスマネジメント・集団心理療法・高齢者の生きがい研究・筋力増強運動・博物館と高齢者ケアという八つのコラムを加え、全国各地で芽生えている試みを紹介し、その可能性について言及しています。

本書を通して、高齢期を生き、また生きる場・生かされる場の探求や開発に関心のある多くの方たちにとって、自由なイメージで新しい活動や方向を見つけ出していくお手伝いができることを願っています。

野村豊子

【目　次】

第1章　シニア・ボランティア

1　シニア・ボランティアとは

(1)　ボランティアは誰にでもできる社会参加

ボランティアとは、とても人間的で自由な行為です。辞書的にいえば、「非職業的な立場から社会問題への理解・共感をもとに、内面的な良心に促されて市民主導で問題解決の活動に従事する人や行為［イミダス、2004］」のことです。つまり、ボランティアは、主体的な社会参加のひとつのかたちであり、とくに社会貢献に寄与する、〝私〟をとりまく他者と社会に役立つ活動（者）のことです。

他者への思いやりというのは、とても人間的な心理です。人は新生児の頃から素朴な社会性の芽を持っていることが*心理学の研究でも示されていますが、社会性が育ち、成熟するには、十分な時間と社会経験が必要です。他者や社会と関わり、日常の経験、新しい体験を積み重ねてゆくことによって、人は、他者を思いやり、社会の未来を考えるというような社会性の能力を、生涯を通じて成熟させることができるのです。

社会性の萌芽

寝返りもうてない頃から、乳児がいくつかの刺激の中で人の顔を特に見分けられるという実験があります。生後三ヶ月ともなると、乳児はあやすと笑うようになり、六ヶ月頃に母親など特定の人物との愛着関係が安定し、生後一歳半頃には、泣いている子をなぐさめたり、ものを貸したり、困っている子を助けるといった行動も頻繁に見られはじめます。

また、さまざまな価値観のなかで、社会に貢献しようという選択を行う自発性は自由です。本質的に、強制された行為、不本意ながら行う行為や義務的行為とは区別されます。例外的に、義務教育などの枠組みの中で、児童や生徒たちが参加する〝ボランティア活動を通じた学習〟もありますが、少なくとも、大人が行うボランティアは誰かに強制されるものではないのです。

ボランティア活動というと、若い人が精力的にすることというイメージを持つ人もいますが、学生や若者の特権ではありません。誰にでも参加する権利があります。活動のかたちも領域も、関わるレベルも多様*です。生涯を通じて、地域で地道に何らかの活動を続けることもできます。ある日突然、何かの機会に（あるいは、何とはなしに）はじめることもできます。また、冒頭の定義に示すように、〝非職業的な立場から〟行うことなのですから、はじめから、行う活動について高い技術や深い知識、長い経験をもつ必要はありません。もちろん、何か特殊な技を持っている人であれば、それを活かすこともできるでしょう。

(2) ボランティア活動の転換期、一九九五年

現代の日本において、「ボランティア元年」と呼ばれるのは一九九五（平成七）年です。この年の一月に起きた阪神・淡路大震災は、阪神圏都市部において甚大な被害をもたらしましたが、この復興の際に、被災市民の自助努力と、三万人といわれているボランティアの助力があったことはよく知られています。それ以前にもボランティア活動は日本に長く

ボランティア活動の多様性
「さまざまな活動（8ページ）」においても後述するように、行政、福祉、教育、国際協力、環境活動など、ボランティア活動は多岐にわたっています。その対象者（子ども、青少年、女性など）や活動場所（被災地、発展途上国など）、活動内容（子育て、緑化など）といった特徴によって分類することもあります。

存在し、有志によってさまざまなかたちで続けられてきました。関東大震災後の大正年間に、帝国大学の学生によって設立された帝大セツルメント*にはじまるといわれますが、震災援助活動にかぎらず、障害者、高齢者や在住外国人支援などの多様な市民活動の歴史があります。

ボランティアは、かつて、奉仕活動という言葉で普及してきた経緯があります。ただし、高萩［1994］が指摘するように、「奉仕は「滅私奉公」から連想されるように、私（わたくし）をなくして公（おおやけ）につかえるという意味をもち、それは公（おかみ）からの強制や命令による行為をさ」すことから、「ボランティアのもつ私（わたくし）の自発性＝私的な自由性とするどく対立」し、あいいれない側面があるのです。

また、ボランティアは慈善活動とも共通する側面があります。〝慈善〟の定義である、「困っている人を憐れみ、慈しみ、援助する」という、対象者があって、自発性と実行性をともなう援助行為という構造は、ボランティアと共通しています。ただし、慈善が宗教的な徳目であり、生活実践である一方で、ボランティアは特定の宗教に拠らないという特徴があります。また、慈善では、何らかの優位にある者が劣位にある者を援助するという、援助関係の一方向性、固定性がうかがえますが、ボランティアでは役割の固定はなく、市民同士対等な立場で行われるということが前提にあることで、両者は区別されているのです。

では、なぜ、「ボランティア元年」は一九九五年なのでしょうか。この年がボランティア活動の転換期と注目する理由の中で、浦野ら［2005］の説の概略を、次に紹介しましょう。

帝大セツルメント

労働者街などに定住し、住民との人格的接触を図りながら、医療・教育・保育・授産などの活動を通じて地域福祉をはかる社会事業、団体、施設をセツルメント（運動）と言います。関東大震災後の東京で、東京帝国大学の学生からなる救護団から発展したのが帝大セツルメントです。大学人は知識を人々と平等に分かち合う義務があること、市井の中に身をおいて学問すべきことを強調して、医療、児童福祉などの活動を行いました。

・震災以前にも諸々の社会活動が、ボランティア団体の取り組みにより、進められていたという前提があった（ただし、多くは〝対象者別の〟個々の活動であった）。
・未曾有の震災を映像として伝えたマスコミの力もあって、ボランティアの必要性が強烈にアピールされた。
・多くの（とくに）若者を動かすひとつの社会現象として注目された。
・〝ボランティア〟が日常用語として定着し、学生をはじめとする多くの人々がボランティアとして被災地に入り、活動を行った。
・現場での活動を通じて、多くの人々が〝ボランティア〟の理念に触れると同時に、課題の大きさにはじめて直面した。

このとき、成熟した市民が行う現代的ボランティア活動は、いわば光と影（未成熟な側面）に直面したことを浦野らは指摘しています。つまり、活動そのものが広く市民権を得たことだけに留まらず、日本が本格的なボランティア社会を迎えるために乗り越えるべき課題を自覚したことこそが、「ボランティア元年」という言葉に象徴されているといえるでしょう。

実際、その後の動向をみてみると、一九九八（平成一〇）年の特定非営利活動促進法（Non-Profit Organization：ＮＰＯ法）施行、さらに二〇〇三（平成一五）年の改正により、網羅する領域が拡がるなど、市民が主体的に行う自由な社会貢献活動は国家の後押しを受けるようになってきています。これは、国が社会制度として面倒を見きれずにいるか、法的社会的整備が立ちおくれている領域を、必要を感じた人々が援助しているということでもあります。

つまり、社会学者アーンスタインが提唱する「市民力（civic-mindedness）」、すなわち、〝私〟である市民たちが、多少の私利私欲を抑えてでも自分たちで判断し（自律）、皆で相談して問題解決にあたる（連帯）という意識にもとづくボランティア活動が、二十一世紀に求められているボランティア像と考えられます［Arnstein, 1969］。

(3) 高齢者（シニア）がボランティア活動をする意味

シニア・ボランティアは、定年退職後や子育ての終了後に、元気な高齢者がボランティアにかかわることであり、シルバー・ボランティアとも呼ばれます。シルバー人材センター事業が高齢者の就業ニーズに応えるものであるのに対して、シニア・ボランティアへの参加は、就業や報酬がおもな目的とはされません。

戦後のベビーブーム世代が定年退職を迎えようとしています。六〇代以上の高齢者は、二〇一〇年には日本総人口の28.0％を占めると推計されます（国立社会保障・人口問題研究所［2005］のデータに基づき、筆者が算出）。現代において、シニアは数のうえで圧倒的多数派であり、社会的にも大きなパワーをもつ層です。

また、男性七八・三六歳、女性八五・三三歳［厚生労働省、2005］という平均余命の長さから見て、たとえ、定年後からボランティア活動をはじめたとしても、その活躍の時間は十分に残されているのが今のシニア世代です。

高齢者は一般に、人生や職業、家庭生活を通じての経験や知識が豊富ですから、活動すること自体が社会に貢献しうると考えられます。また、高齢者自身にとっても、自分の能力を開発する機会、社会参加の機会や、仲間をつくり、保つことにもつながります。

シニア・ボランティアの働きをまとめてみましょう。

・直接その対象になっている人の福祉や生活の質の向上に貢献する。
・活動しているシニア自身に喜び、生活の張り、励みをもたらす。社会参加と上手に老いること（サクセスフル・エイジング）とは関連が深いことを指摘する研究もある（たとえば、［川野、2004］の文献検討に詳しく紹介されている）。
・とくに地域（コミュニティ）に根ざしたボランティアの場合、地域の活性化の鍵となることができる（たとえば、［日下・篠置、1998］）。周囲の人々を巻き込み、地域を変えていくようなパワーをもちます。
・シニア・ボランティア活動は世代間交流の鍵となり、次世代の課題へとつながっていくことが期待できる。

2 シニア・ボランティアの展開

(1) さまざまな活動

先に述べたように、ボランティア活動は社会参加のひとつのかたちです。

定年後の長い歳月の過ごし方が多様化しており、自由な選択が可能な現代です。一九九九（平成一一）年に行われた総務庁の「高齢者の日常生活に関する意識調査（六〇歳以上対象）」によると、現在行っているスポーツ・趣味・文化活動（余暇活動）の中で、ボランティア活動には8.3％の高齢者が興味を示しています。とりわけ、六〇歳代での関心は男女ともに約10％です。家業などの仕事や職業生活を続けている（続けたい）という人、教育活動や伝統文化の維持に関わっている（関わりたい）という人も含めると、その人の関心に応じて、さまざまなかたちの社会参加がシニア世代でも展開されていることがわかります。ちなみに、教養講座の受講など、学習に関心を示す人もおり、向学心を生涯持ちつづける人がいることも示されています。

ボランティア活動の領域は大変広く、地域やまちづくり、行政への参加や、福祉や教育的活動、さらに広い視点で、国際協力や発展途上国支援、環境活動などがあげられます。たとえば、街道沿いに花を育てる運動を進めることも地域に貢献する環境ボランティアですし、自らの職業経験談や戦争の体験談を地域の小学校などで子どもたちに語り聞かせるのも教育ボランティア、子育て中の母親の育児や家事を手伝う活動は、母親と子どもにかかわる育児支援ボランティアです。最近では防犯ボランティアも増加してきています。

また援助の対象者別に、子ども、青少年、女性、高齢者、障害者、外国人（国内在住者、観光旅行者、海外在住者を含む）、ホームレスなどの経済的貧困者、被災者などで活動を分類することもあります。

(2) 話を聴くこともボランティア活動――傾聴ボランティア

ここでは、数あるボランティア活動の中でも、シニア・ボランティアの教育と課題について、傾聴ボランティア員とシニア・ピア・カウンセリングを通して説明しましょう。傾聴ボランティアを実践している東京の足立区の行政としてのとりくみの例とそのボランティア員の養成教育の例をひとつあげます。

ピア・カウンセリングのピアというのは仲間同士ということです。仲間内の、とくに同世代の人同士、同じような病気や境遇、障害を共有している人同士で行う相互的な援助関係や援助活動のことを示します。つまり、お互いさまのカウンセリング、お互いさまの話し合える関係ということです。

一般的なボランティア教育には、三段階のステップがあります。シニア・ピア・カウンセリングを例にしてみると、次のようになります。

① 第一段階　準備学習

一人ひとりのボランティアが、活動の基本的な考え方、方法、態度や知識などについて学ぶことが、現場に出る前の準備教育にあたります。一般の元気な高齢者や中高年がカウンセリングの基本である傾聴、つまり、よく〝聴く〟ことについて学びます。

② 第二段階　社会活動としての活動実践

実際に活動をし、学習で得た知識に加えて、経験を積んでいきます。

③ 第三段階　活動の維持・継続のシステムづくり

この段階で重要なのは、ボランティア員相互にお互いに活動を支えあうようなシステムがあり、機能していることです。たとえば、ボランティア員同士がお互い活動しやすいように、情報や意見を交換したり、勉強会や事例検討会が行われたりします。ボランティア活動全般にあてはまることですが、活動を長期にわたって継続していくためには、このようなネットワークづくりもピア・カウンセリング活動に含まれるのが理想的です。

(3) シニア・ボランティア活動の現状

すでに述べたように、一九九八（平成一〇）年にＮＰＯ法*が施行されて以来、ＮＰＯの申請をするボランティア団体は急増しています。実際にボランティアをしていると、人手や予算、時間などの調整のうえで、活発に活動すればするほど、個人では制約や限界がでやすい部分が生じてくるものです。ボランティアが組織化されることによって、周囲の理解や助成が得やすくなったりするなど、安定した、長期的な展開ができるようになってきます。

すでに述べたように、ボランティアは基本的に市民の生活に根ざした、自主的な活動です。しかしながら、近年では、行政が積極的にそれらの活動を後押ししたり、ボランティアをマンパワー*とみなした事業計画を立てたりする動きも見られます。船橋市の社会福祉協議会が展開するシニア・ピア・カウンセラーの制度や、東京都足立区の「あんしんネットワーク［足立区、2003］」などがこの例です。

ＮＰＯ法
ＮＰＯ（Non－Profit Organization：非営利組織団体、民間公益組織）、特定非営利活動促進法の略称。ボランティア団体が簡単な手続きで法人格を持つことで、社会貢献活動をしやすくすることを目的に一九九八年に制定されました。

マンパワー
人材、人員、人的資源のこと。

全国的には、いわゆる「やすらぎ支援員派遣事業」というのがあります。在宅高齢者宅に、同居家族が不在の間、高齢者の相手をする支援員を派遣するという福祉サービス制度です。支援員は基本的にシニア・ボランティアなのですが、二〇〇三（平成一五）年現在、全国の市町村で八三の行政団体、全国に三、二〇〇ほどの行政体のうち、2.6％が実施しているか、もしくは実施の導入を近々に検討しています。多くの場合、市町村が運営と資金面での助成を行い、国からの助成も加えて、サービスの利用者負担を一時間あたり数百円ですむようにしているようです。

(4) 足立区「あんしんネットワーク」

行政がボランティアの活力をとりいれている例のひとつとして、東京都足立区の事業*を紹介します。足立区では、福祉行政サービスの中に、とくにシニア・ボランティアの力を生かしています。ひとつは、痴呆性高齢者その方自身というよりは家族を援助する、「やすらぎ支援事業」です。そしてもうひとつは、直接高齢者を支えようという「シニア・ピア・カウンセラー事業」です。この二本の柱が、「あんしんネットワーク」という在宅高齢者ケアの活動の中に組み込まれています。

足立区の事業
現在の状況については、足立あんしんネットワーク（http://kaigo.adachi.or.jp/JIGYO/annet/an.htm）に紹介されています。

① 足立区の例 「やすらぎ支援員」とは？

ひとつめの「やすらぎ支援」サービスの目的は、介護家族の支援です。高齢者と同居している介護者たちは、身体的・精神的・経済的に負担を背負いがちです。その負担感を軽減することは、在宅介護の継続とケアの質の向上をはかることにつながると考えられます。つまり、やすらぎ支援は、在宅介護ケア中の家族を支えるためのサービスなのです。

次に、二〇〇三（平成一五）年度の例をみてみましょう。

・「やすらぎ支援員」の募集と活動内容

この事業に参加する支援員は、広報誌を通じて募集されます。三〇歳以上の区民というのが応募条件です。一回につき四〇名を募集したところ、作文などの選考を経て、約半分以下の方が支援員候補となりました。六日間の養成講座を受け、終了者はやすらぎ支援員として登録され、実際のボランティア活動が行われています。

やすらぎ支援員と似たような職種に、ホームヘルパーがあるので、比較してみましょう。ホームヘルパーは介護保険の中に位置づけられる職業ですが、やすらぎ支援員はそうではありません。また、ホームヘルパーの役割には含まれている、身体介護や家事援助の仕事を、支援員がすることはありません。

具体的には、高齢者がトイレに行くときに、誘導などの介助をすることはありますが、身体的な介護、家事のお手伝い、たとえば、買い物や調理などを支援員が手伝うことはありません。支援員の仕事は、あくまでも高齢者の〝話し相手〟となること、つまり〝傾聴ボランティア〟であり、家族の不在中の留守居役と高齢者の方の相手をするボランティア活動です。

さて、仕事を終えた後、支援員は自分のその日の活動の内容について、事務局に報告します。報告に対して、足立区内共通商品券の謝礼が支給されます。つまり足立区の場合、やすらぎ支援員に関しては、有償のボランティア、謝礼つきのボランティアというシステムをとっているのです。

・「やすらぎ支援員」の事前教育

支援員の養成講座は、六日間かけて、約二〇時間行われます。そのプログラムの内容を見てみると、次のようになります。

a　認知症高齢者の方への直接の対応
・緊急時の連絡
・専門家・支援チームとの連携
・看護の基礎
・介護の知識

b　活動に必要な技術的な教育
・カウンセリングの基礎
・心理的支援の方法
・個人回想法

c　認知症についての基礎知識

d　ケーススタディとグループ討論
・ロールプレイ
・さまざまな状況のシミュレーション

e　自分自身のケアの方法

・自分自身のストレス管理（ストレス・マネジメント）の方法

f　今後の活動についての説明

②　足立区の例　「シニア・ピア・カウンセラー」とは？

あんしんネットワークのもう一方の柱として、「シニア・ピア・カウンセラー」という活動があります。元気な高齢者がカウンセリングを学び、悩みや寂しさを抱える高齢者の話し相手をするというのが、シニア・ピア・カウンセラーです。足立区の場合は、高齢者、とくに在宅の独り暮らしの高齢者の孤独感をやわらげ、地域で安心して暮らせるように、心の支えとなることを目的としています。具体的には、高齢者を訪問し、その人の話を聴いておつきあいする、というのがシニア・ピア・カウンセラーの役割です。

シニア・ピア・カウンセラーの募集方法は、前述のやすらぎ支援員と同様ですが、こちらには、五五歳以上、まさにシニア層の年齢条件と人数上限が設けられています。二〇〇三年の例をみると、定員四〇名の枠に一二五名の応募があったといいますから、市民の関心は高いようです。

選考された人は一一日間にわたる養成講座を無償で受講できます。ただし、実際のボランティア活動においては、このシニア・ピア・カウンセラーは、完全に無償ボランティアです。これは、やすらぎ支援員と違い、行政からの助成が出ないという事情によるためです。民生委員の機能をいくらか絞り込んで、つまり、対象を地域在住の高齢者のみに限ったかたちで、自らもシニア世代のボランティアが活動を行っていると考えることもできます。

シニア・ピア・カウンセラーの教育内容はかなり丁寧で、四五時間、つまりやすらぎ支援員の倍以上の時間をかけて、カウンセリング（とくに傾聴技法）を一〇回にわたって、二〇時間行うのが特徴です。このほか、教育内容に特徴的な点としては、高齢者の心理や、死の準備教育など、自分自身のことにも役立ちうるような内容について、三回の講義が含まれていることです。

③　足立区の例　見えてきた課題と次のステップ

「シニア・ピア・カウンセラー」と「やすらぎ支援員」とが、あんしんネットワークの中にどのように組み込まれているかを示したものが**図1**です。このような二本立てで、高齢者本人を支えるピア・カウンセラーの活動と、その家族を支える支援員の活動とに分かれています。

さて、活動が実際に展開されていくと、さまざまな課題も生じてくるものです。そうなると、参加しているボランティアが独りで問題を抱えこんでしまう場合もあります。ボランティアには、生来まじめな性格の人も多く、社会的貢献をしたいという気持ちがとりわけ強い人、独りで責任感を引き受けようとしてしまう人も少なくありません。

それを支えるのが、ボランティアの活動支援システムや、メンバーのネットワークです。たとえば、ボランティア自身が、他者の話をじっくりと聴くがゆえに、自分の心理的ケ

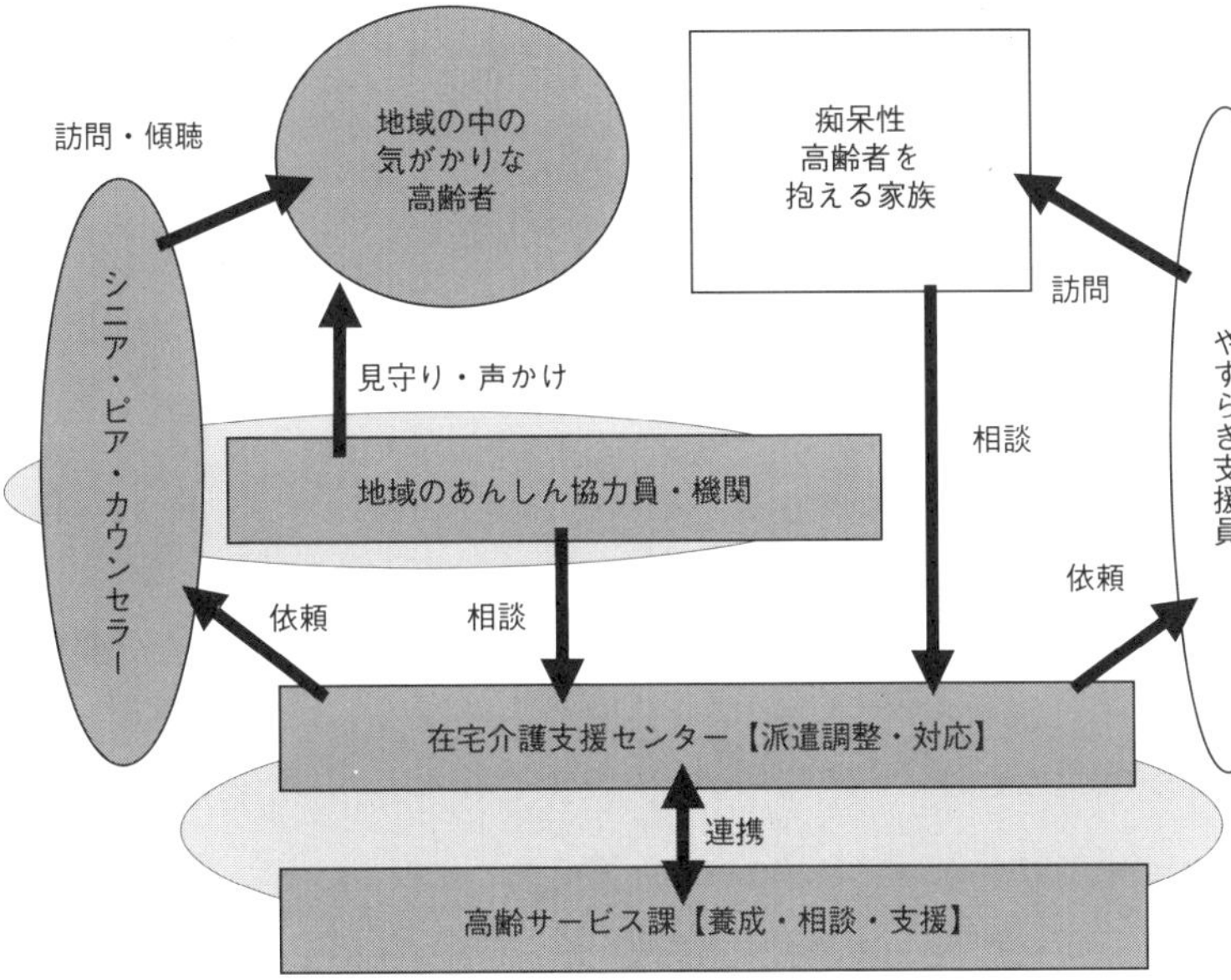

図1　足立区の「あんしんネットワーク」

アの必要性を感じることがあります。また、目の前にいる高齢者の身体的ケアを、ホームヘルパーのように行いたくとも、自分にはどうすることもできない、というジレンマから、活動の限界を感じることもあります。派遣先や対象者が限られてしまうということから、もっと働きたい、もっと役に立ちたいのだけれども、それはホームヘルパーにならないとできないことなのか、と思い悩むメンバーもいます。

ボランティア活動を安定して、継続していくには、このような場合、お互いに悩みごとを相談する仲間や相談役がいることが大切です。そのことに詳しい専門的な相談役や経験者、上司、助言者などのことを、カウンセリングではスーパーバイザーと呼びます。気軽に相談できるスーパーバイザーがいることも、仲間がいることと同様に重要なことです。

あるいは、もっと技術を身につけたいとき、さらに勉強を続けたいという要望がメンバーからあがってくることもあります。そのニーズにどのように応えていくか、という上級者向けの教育も、状況に応じて必要になります。定期的な勉強会を開いたり、他団体と交流したり、というのがこれにあたります。

また、ボランティア活動の基本的なルールを見直したり、資金やコスト面での健全さをはかったりするなど、活動を続けていくための諸々の条件を定期的に確認するのも、大切な課題です。

(5) NPOホールファミリーケア協会の例
シニア・ピア・カウンセラー養成と活動支援

もうひとつ、シニア・ピア・カウンセラー養成の例として、ホールファミリーケア協会*の例を紹介しましょう。特定非営利活動団体ホールファミリーケア協会とは、高齢者ひとりひとりが生き生きと、かつ元気に生きられる社会を実現することを目的として、高齢者に対する教育事業、高齢者同士の交流促進事業や高齢者の持つあらゆる知識・技能を次の世代に伝える事業を進めている団体です。東京を中心に、全国でも傾聴ボランティア（シニア・ピア・カウンセラー）養成セミナーを展開しており、現在五〇〇人ほどの受講修了生が活躍しています。

四五時間からなる基本講座の教育内容は、カウンセリングの技法の学習に重点をおいたもので、足立区の「シニア・ピア・カウンセラー」養成講座の元になっています。

つまり、この講座の特徴は、次のようにまとめられます。

・一般の人向けの傾聴カウンセリング技術養成講座である。
・講座を修了したら、活動実践がすぐに可能なほどのレベルまでの教育目標を設定している。
・そのための工夫として、講義の中に体験実習を十分にとりいれている。
・（修了生に対して、特定の活動の場の斡旋があるわけではないが、）修了生たちが各地で活動を展開する際のネットワークが作れるように、相互援助をうながして、

ホールファミリーケア協会
一九九九年設立のNPO法人（代表・鈴木絹英氏）で、高齢社会において高齢者が元気に生きられる社会を実現するために、高齢者に対する教育事業や、高齢者同士の交流促進、高齢者の持つ知識・技能を次の世代に伝える事業などを進めています。シニア・ピア・カウンセリングや傾聴ボランティアの育成に取り組んでいます。

さまざまな相互交流と学習の機会を作っている。

修了生の相互援助ネットワークについては、まだモデル的に作っている段階のようですが、修了生たちは高齢者と対等な立場で、つまり、ピア（仲間）として話し相手になるという立場で、シニア・ピア・カウンセリングの活動を地元で行っています（**図2**）。このようなかたちでボランティア活動を続けるシニア同士がつながっています。修了生同士がゆるやかなネットワークのつながりを保ちつづけ、ときには意見交換をかわして、お互いの研鑽《けんさん》に励んでいるのです。

具体的なサービスを見てみると、実践者向けの上級講座を新たに設けたり、定例ミーティングを呼びかけて開催したり、コミュニケーション手段として、月刊機関誌を発行したりしています。月刊誌には多くの修了生が投稿したり、寄稿したりしています。実践報告や、上手くいったケースについて、いろいろ話題が盛り込まれています。このようにして、ネットワークが円滑に機能しているようです。

3 シニア・ボランティア教育と回想法

(1) 回想法の教育的効果

回想法（ライフレビュー療法）（→第3章、第4章参照）とは、高齢者の心理的ケアの方法のひとつです。高齢者自身の歩んできた人生をともに振り返り、そのお話にじっくり

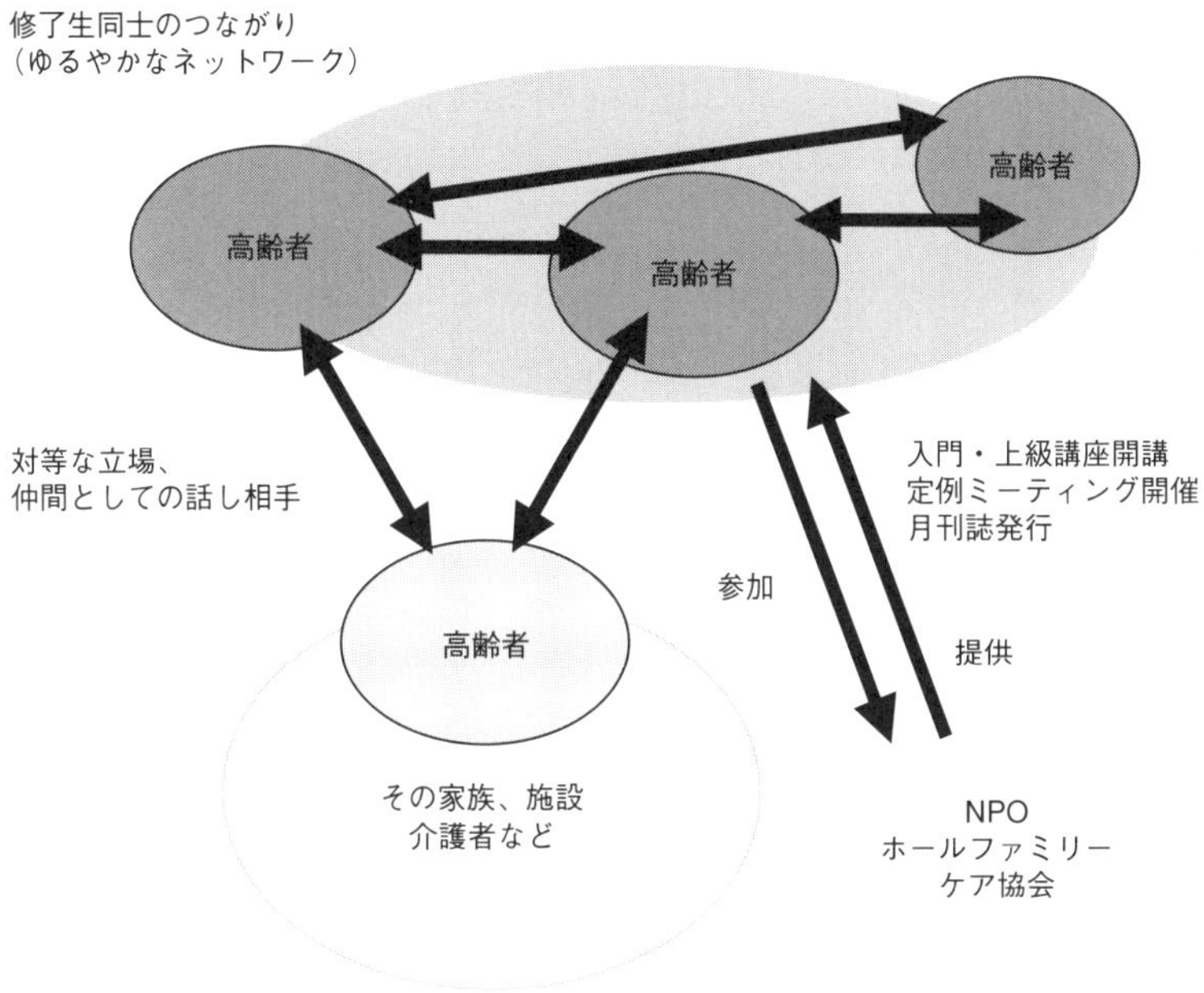

図２　修了生の活動とネットワーク

と耳を傾けて聴くことによって、その人の自信や喜びを回復させるお手伝いをするというものです。回想法は、日本でも、また欧米でも、高齢者向け施設や病院などで、ケアによく使われています。

このようなシニア向けのボランティア員養成講座の中に回想法をとりいれる利点としては、回想法が活動実践に活かせる技術であることと、受講生自身が回想の効果を実感できることが挙げられます［伊波、2004］。

① 活動実践につながる回想法

傾聴ボランティアは、ピア・カウンセリングの活動の中で、とても活用がしやすいのです。まったく初対面の相手と、世間話を一時間続けるのは、お互いにとってなかなか骨が折れることですが、話題を高齢者自身の人生のこと、つまり回想していただくということに焦点を絞ると、多くの場合、話しやすく、また、話が尽きることがありません。その人自身が心の中に抱えている人生の物語にただ耳を傾けるだけで、豊かな時間を持つことができます。

② 自己肯定感につながる回想法

次に、養成講座中、受講生自身が回想法のロールプレイに参加することで、自信回復というのがどういうことか、自分で体験することができます。誰かに自分自身の回想をじっくりと聴いてもらうと、元気になることができる、という実感を体験できるのです。また、自分が聴き手として、ともにいる相手の人生の話にしっかりと耳を傾けられた、こういう話だったらいくらでも聞けるのではないか、という見込みをもつことができます。

カウンセリングの講座を真面目に受けていると、批判したり、意見をさしはさんだりせず、ただ人の話を聴くのはなかなか難しいことだ、と、傾聴すること自体に苦手意識をもってしまうような受講生も中にはいます。そのようなとき、回想法の技法を学び、ロールプレイで実体験することを通じて、ボランティア活動に対してやる気を回復し、活動に対する励みを感じられるという効果があります。

受講生の中には、「なぜ、今、自分がこの場でボランティアになるための教育を受けているのか?」という志望動機について、深く内省が進む人もいます。自分の人生を、短い時間なりとも振り返ることによって、今の自分の存在意義について肯定感を感じる人も少なくありません。

(2) 自分自身の「人生を振り返る」体験の意義

この体験をできるだけ多くの受講生にしてもらうためにも、筆者自身が回想法の講義の際に留意しているのは、「ご自分のお話、ご自分の昔の話をしてください」、と受講生に対して促すことです。「自分の話なんて、他の人が聞いてもつまらないかもしれない」、「面白い話など、私にはできそうにない」と不安に思う人もいます。それでも、おそるおそる開始してみると、話していて結構楽しめる、聞いていて案外と楽しい、という感覚を、ボランティアの卵である参加者に味わってもらうことが大切です。このことによって、目の前にいる誰かの話を傾聴すること、相手をそのまま受容すること、相手の話、相手の立場に共感すること、そういったことに関する具体的なイメージを、回想法を通じてつかめたという受講生が多くいました。

写真1、2は、ある講座での回想法ロールプレイ学習の様子です。三人一組となって、話し手、聴き手と観察者の役割を交代しながら実習しています。ロールプレイは、一人あたり五～一〇分ほどの短い練習です。開始から一、二分も経つと、担当講師がグループの間近を通ろうが、かたわらで耳を傾けていようが、受講生は気にも留めなくなり、リラックスしてやりとりに熱中していきます。身振り手振りもさかんに、身を乗り出すようにして話に聞き入り、そのグループ三人だけの世界に入りこんでいるような雰囲気となります。時間はあっという間に経ち、終了の合図をするのがためらわれるほどに、それぞれのグループで話が弾むのです。

(3)体験学習受講生の声から――活動の価値に気づく

一部、シニア受講生の声を、ほぼ原文のままに紹介してみましょう。

「(自分が聴き手のとき、)クライエントさんの話を聞いているっていうより、友達の話を聞いているような気分になった。(話し手のとき、)聞き手は何も話さずただ聞いて下さっていたのですが、話した後気分がよくなった。その後余韻がしばらく続いた。自分自身の回想をしたことが楽しかった。」別の東北出身の女性は、「回想法は、明治生まれの親や姑、自分の生きてきた時代とも重なり、自然体でできた気がしました。それでよかったかどう

回想法ロールプレイの様子

写真1

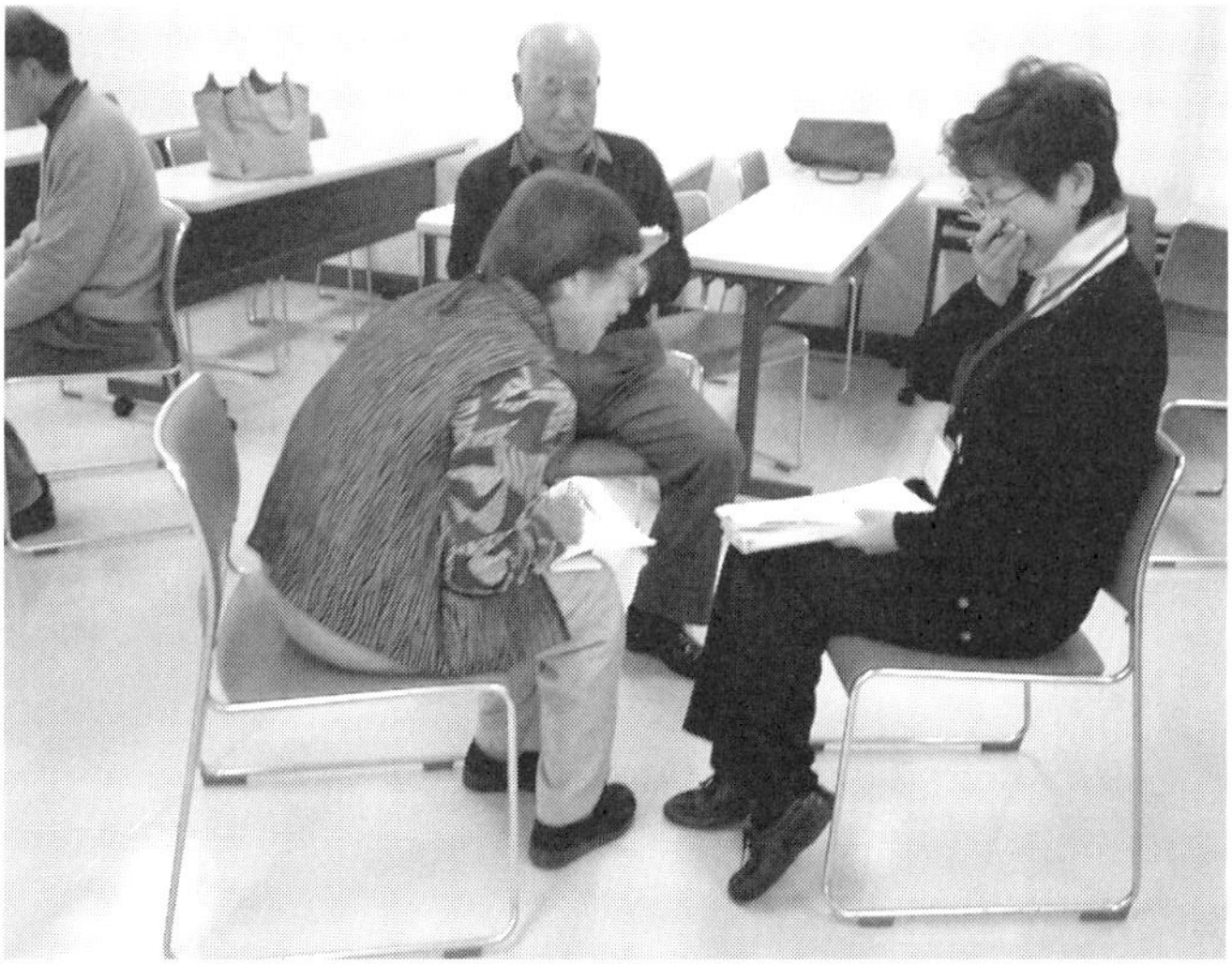

写真2

かわかりませんが」「聞き手が興味を持って身を乗り出して聞いてくださった。話し手の内容に関心を持つことが第一歩だ、と思った」「三人のグループの年代は一致しているので、（まさに、ピア・カウンセリングですね。）共通体験で話される内容は、背景とともに理解出来やすく高齢者の傾聴ボランティアの役割も再確認できた。」この受講生は、自分自身の辛い話題、負の思い出を思い出されたということでしたが、「聞き手がうまく聞いてくれ、もっと話したい気持ちになった。終わった後、聞き手のひとことでふと涙ぐむような気持ちを覚えた。」

例に挙げたように、いく人もの受講生たちが、まさに傾聴がうまくいっているときの特徴について感想に述べていました。

体験学習後の意見交換の中では、長い人生経験を積んだシニアだからこそできる、とても含蓄深い感想や問いが受講生から投げかけられることがあります。また、それらの思いを聞く周囲の受講生たちのほうにも、同世代だからこその気持ちを受けとめうる、シニア・ピア同士の寛容さと包容力を感じることがあります。

このように、ボランティア教育の中に回想法をとりいれることは、受講生たちが体験的に自分たちの活動の価値についての気づきを得られるという大きな効用をもたらします。

4　シニア・ボランティアと今後の課題

この章では、おもに心理カウンセリングの活動に関わるシニア・ボランティアの導入教育について、事例を中心に見てきました。
シニア・ボランティアは、その活動そのものが誰かの福祉に貢献しています。そして、ボランティアしているその人自身に喜びや、ある種の力、活力をもたらしているといえます。これらは地域の活性化の鍵ともなり、世代間交流の鍵ともなると考えられます。
今後の課題として考えられることは、ボランティアのやる気をどうやって維持するかということでしょう。そのためのスキルアップの機会の提供、その人自身のセルフケア、活動にともなうストレス・マネジメントをどうするか、という活動がしやすい環境支援も必要です。また、活動を支えあうためのネットワーク、ボランティアメンバー同士のネットワークも鍵となります。そして、その活動を地域の中で次の世代にも伝えて続けていくこと、ボランティア活動のしやすさ、参加のしやすさ、開かれた活動であること、というのも活動を成功させるための鍵になってくるのではないかと思われます。

（伊波和恵）

謝辞
本章は、岩手県水沢市社会福祉協議会主催「思い出パートナーカレッジ講演会シンポジューム」（二〇〇四年七月）での話題提供の内容を一部含んでいます。
資料の提供にご協力くださいました足立区ならびに船橋市社会福祉協議会の鈴木絹英様ならびに山田豊吉様、講義の機会を与えてくださいましたホールファミリーケア協会事務局の皆さま、本稿をまとめるよい機会を与えてくださいました水沢市社会福祉協議会の皆さま、そして、ご感想や写真の掲載を快くお許しくださいました養成講座受講生の皆さまに、心より御礼申しあげます。

足立区　2003 『あだち広報』

Arnstein, S. R.　1969　leader of citizen participation. Journal of the American Planning Association, 35 (4), 216-224.

ホールファミリーケア協会　2005 http://www 5 d.biglobe.ne.jp/__AWFC/

伊波和恵　2005　「教育場面におけるロールプレイ――シニア・ピア・カウンセラー養成講座の例――」志村ゆず・鈴木正典（編著）『写真でみせる回想法』　弘文堂

イミダス 2004　2005　集英社

川野建治　2004 『サクセスフル・エイジング　児童心理学の進歩二〇〇四年版』金子書房　206-222p.

国立社会保障・人口問題研究所　2005 『人口ピラミッドの推移（平成一四年データ）』(http://www.ipss.go.jp/)

厚生労働省　2005 『日本人の平均余命―平成一五年簡易生命表』(http://www.mhlw.go.jp/toukei/saikin/hw/life/life 03/)

日下菜穂子・篠置昭男　1998 「中高年者のボランティア活動参加の意義」『老年社会科学』第19巻第2号　151-159p.

総務省　1999 『高齢者の日常生活に関する意識調査』

高萩盾男　1994 「高齢社会とボランタリズム」 高橋勇悦・高萩盾男（編著）『高齢化とボランティア社会』　弘文堂

浦野正樹　（早稲田大学災害社会研究グループ）（編）　2005 『災害の社会学的研究への招待―災害の社会的影響に関するデータベース』　(http://www.littera.waseda.ac.jp/saigai/top.htm)

自分史

菅　寛子

東京、日本橋にある「自費出版図書館」には、二万五千点以上の自費出版された書物が所蔵されています。その図書館を運営している特定非営利活動法人自費出版ライブラリーの理事長、伊藤晋氏にお聞きすると、蔵書の約一割が「自分史」だそうです。自分史には、個人だけでなく、夫婦や家族、子孫の歴史を綴ったものもありますから、実際、二千人以上の人々の生きた歴史がこの空間にあふれているということになります。団体のホームページ（http://www.mmjp.or.jp/jst/）では、熱心な活動により築かれた貴重な自費出版関連データが閲覧できます。詳細に分類された書物それぞれの目次も掲載されており、自分史に記された様々なエピソードを垣間見ることができます。

そもそも、「自分史」とは、一九七五年に歴史学者の色川大吉氏（『ある昭和史―自分史の試み』中央公論社、一九七五）が創出した概念で、「ひとりひとりの庶民の切実な自己認識の記録であり、自分の人生を決定づけたような原体験を記述することによって、その時代の生きた状況、世相、社会認識やそれにとらわれていた自分の姿を描き出す」ものであると定義されます。その後、昭和という激動の時代に生きた庶民や労働者による文章運動と共に発展してきました。

自分史の形態には、出生から現在までを時系列に沿って記録した書物だけでなく、写真、俳句、音楽などを媒介に半生を記したものも多くあります。また、アンケート式に既存の項目に答えながら過去を回想し、記録していく自分史ドリルが出版されています。ほかにも、インタビューによる音声記録や個人のドキュメント番組を作り上げていくようなビデオ自分史などがあり、最近では、自分史作成専用のパソコンソフトが開発され、ワープロで作った自分史を個人のホームページ上で公表する方法も紹介されています。地域ぐるみの自分史執筆運動や自分史の書き方講座、コンクールなども各地で行われており、自分史を作成する傾向は今なお増え続けているといわれています。

自分史への学術的なアプローチは一九八〇年代から起こりました。自分史ブームという社会現象をライフストーリーの社会学的視点から研究したものや、[*1]自費出版物としての自分史の傾向を調査したもの、生涯学習や高齢者の余暇としての自分史執筆活動の意味を心理学的に探った研究など[*2]さまざまです。また国内には、年一回の自分史コンクールを主催している日本自分史学会があり、生涯学習、福祉、心理学など学際的な研究活動が行われています。しかしながら、「自伝的記憶」や「自己物語」、「回想法」など近接領域の研究がさかんに行われているのに対し、自分史研究の量と質は十分ではなく、今後ますますの発展が期待されています。

こうした自分史を作る人々に共通しているのは「生きた証を残したい」という想いです。近年、高齢者が過去を回想し、人生を語ることの積極的な意味に注目が集まっています。自らの過去を自分史として目に見える形に残す行為には、ただ過去を回想し、語るという行為にとどまらない、個人の心理的要因が存在すると考えられます。特に、目に見える形にするということは、自分以外の他者である、家族や親戚、友人、場合によっては第三者の目にふれることになります。そのため、自分史を作るプロセスにおける他者の影響は大きいでしょう。

最後に、これから自分史を書こうとする方には、ぜひ、ご自分が生まれてから今日までの人生を、時間の経過とともに紡いでゆくことをおすすめします。人は過去をふりかえることで、その当時から連続した自分が今あることに気づきます。それは、自らのアイデンティティを再確認する大切なプロセスであると言えるのです。[*3]

＊1 小林多津子『物語られる「人生」』学陽書房、一九九七

＊2 山田典子「心理学的観点から見た自分史——語りとアイデンティティ」『関西学院大学文学部教育学科研究年報』第二三号、一九九七

＊3 菅寛子ほか「自分史に見る回想の特徴——アイデンティティとしての自分史」『自費出版ジャーナル』第一四号、一九九九参照

（すが・ひろこ　語りと回想研究会事務局）

第2章　情報社会を生きる高齢者

世界に類を見ない日本の高齢化の進展は、わが国のＩＴ（Information Technology：情報技術）による情報化の進展とも重なっています。日本のインターネットの利用率は増加を続けており、情報通信白書［総務省、2003］によれば、人口普及率がはじめて60.5％を越えたと報告されていますが、世代・性・世帯主年収・都市規模といった要因によるインターネット利用率の格差は依然存在しており、世代差はその中で最も大きな要因です。平成一五（二〇〇三）年末の調査結果では、六〇歳未満はいずれの世代も50％以上の利用率ですが、六〇歳以上では16.2％と利用率は大幅に減少しています［総務省情報通信政策局、2004］。

現代を生きる高齢者にとって情報化の進展は、デジタルデバイド（digital divide：情報格差）という影の面と、ＩＴやＩＣＴ（Information Communication Technology：情報通信技術）が、生活支援の道具として役立つようになるという光の面をあわせ持っています。紙数に限りある本章では、影の面に配慮しつつ、光の面をいかに多くしていくかという観点に立ち、具体例をもって、情報化社会においての生活支援のあり方と課題を述べていきます。

1　高齢者を援助する側の情報化

障害者がＩＴやＩＣＴを活用して援助資源をコントロールする時代は既に到来していますが、加齢にともなう障害を持つ高齢者のＩＴ・ＩＣＴ活用が一般的になるのはもう少し先のことになります。現段階においては、高齢者を援助する側である専門職や家族のＩＣＴ活用が、高齢者の生活の質を高めていると言えるでしょう。

(1)　介護保険制度による情報化

二〇〇〇年四月にスタートした介護保険制度は、情報システムのサポートを前提として運用されたはじめての社会保障制度であり、社会福祉分野におけるコンピュータ利用は、それによって大きく進展しました。その動向は大別すると三面あり［小川、2000］、一つは保険料の徴収や資格記録などの被保険者管理系のシステムであり、既存の社会保障に関する情報システムと各自治体の行政システムに連動する形で整備されています。二つめは、要介護認定系のシステムです。これには、厚生省が作成した一次判定のコンピュータシステム、一次判定の結果を要介護認定審査会にかけるために各自治体で構築したシステム、および要介護認定の結果を集積し標準化をはかるモニタリングシステムである要介護認定支援ネットワークシステムなどが入ります。三つめは、ケアマネジメント支援系のシステムで、要介護認定後に要介護者に対して、介護支援専門員（ケアマネジャー）が課題分析（アセスメント）を行い、介護サービス計画（ケアプラン）を作成し、サービスの仲介や実施、継続的な管理・評価を行う業務プロセスを支援するものです。日本全国いずれの地域に居住する高齢者も介護保険のサービスを利用する場合は、申請や認定の事務手続きや自分にふさわしいサービス利用計画の作成、そして保険料や利用料の徴収の面において、コンピュータによる事務処理による効率化という恩恵を受けています。

(2) 医療・保健・福祉の連携とケアマネジメントの情報化

高齢者が在宅で介護を受ける場合、その援助資源は介護保険制度の範囲に限りません。病院・診療所・訪問看護ステーション・薬局などにおいて医療サービスも利用すれば、市町村が独自に実施している福祉サービス・民生委員などフォーマルな援助資源に加えて、ボランティアや近隣住民・別居親族などインフォーマルな援助資源も活用することができます。こうした多岐にわたる援助資源の調整が本来のケアマネジメントの機能と言えるのですが、この機能の情報化、すなわちサポートネットワークと情報ネットワークを重ねるシステム化は、前記した介護保険の事務処理のコンピュータ化に比較すると、まったく進展していないというのが現状です。

そうした状況にあって、「過疎の村にある日本一の介護情報ネットワーク」［泉田、1999］と評価されているのが、岩手県下閉伊郡川井村（人口三、六七四人、高齢化率38.4％：二〇〇四年一〇月一日現在）で開発・運営された「ゆいとりネットワークシステム」（以下、「ゆいとり」）です。「ゆいとり」は、村内にある医療・保健・福祉のすべての機関にあるパソコンを専用回線で結びＬＡＮ（Local Area Network）を構築し、約四〇名の医療・保健・福祉の関係者が利用するもので、訪問介護員が在宅高齢者の訪問記録をデータベースに入力すると、在宅介護支援センターと診療所医師に自動的に電子メールが送信されます。このコメントメールといわれる機能こそは、開発時点より専門職の情報共有化を目指し、診療所医師によってプログラミングされたもので、医療・保健・福祉の連携を実現しています。一九九四年から開発がはじまり、二〇〇四年までほぼ一〇年間*運用されていました。一九九五年一〇月から介護保険施行一年半後の二〇〇一年一〇月一一日までの約六年間で、四万六、五〇一通の電子メールが送信されており、要介護高齢者数で平均すると一年に一人あたり二七六・八通となります。過疎化・高齢化が進展し、家族・地域集団の自立性が著しく低下している川井村においては、専門職の抱く危機感と、日常的なサービス提供の現場における情報共有、それに基づく連携への努力が「ゆいとり」の開発へとつながり、さらにその利用によって連携への認識や姿勢が強化される、というように相互に影響を与えあっています［小川、2004a］。

「ゆいとり」という情報システムを村民が直接活用することはないにもかかわらず、高齢者の26.2％、満一五歳から六四歳までの村民の33.5％が、「ゆいとり」の存在を認知［小川、2005b］しており、このことも「ゆいとり」活用による連携の効果を物語っています。

介護保険制度による介護支援専門員（ケアマネジャー）の機能は、本来のケアマネジメ

*「ゆいとり」は介護保険制度により市販のケアマネジメント支援ソフトウェアが導入された後にもあわせて利用され続けていたが、開発と運営にあたっていた医師が診療所を退職しメンテナンス体制が不十分になったことや情報機器の老朽化により、二〇〇四年頃ほぼその使命を終えた。「ゆいとり」を使用していた村内の医療・保健・福祉の専門職は現在インターネットの電子メールによって情報共有と連携を行っている。

ントの一部です。本来のケアマネジメントを促進するためにも、「ゆいとり」のような援助資源の調整システムを構築していくことが、高齢社会の地域基盤整備の課題となっています。

(3) 介護サービスを利用する側の情報化

介護保険制度は自己決定・自己選択を理念としており、居宅サービス計画をサービス利用者が自分で作成することも認められています。しかし実態としては、サービス利用者のほとんどが介護支援専門員を経由して介護サービスにアクセスしており、自分でマネジメントが可能な場合も、介護支援専門員へ依頼をすることを勧められる傾向があります［奥西、2004］。こうした状況のなかで、居宅サービス計画を自分（高齢者および家族、現段階では後者が多い）で作成することに積極的に取り組む活動が、京都のマイケアプラン研究会*及び全国マイケアプラン・ネットワーク*を中心として拡がってきています。まだまだ少数派である自己作成者*は、ITとICTを活用しネットワークの形成に努力しています。全国マイケアプラン・ネットワークではメーリング・リストで常に情報交換をし、また、自己作成の事務手続きを支援するソフトウェア「とき」を作成し、ホームページからのダウンロードで無料配布をしています［島村、2004］。

(4) 家族の介護ストレスの軽減

インターネット利用の増加にともない、さまざまな社会的属性を持った利用者間で

京都マイケアプラン研究会
http://homepage 3.nifty.com/my-care/（2005.05.08.）

全国マイケアプラン・ネットワーク
http://www.mycareplan-net.com/（2005.05.08.）

全国マイケアプラン・ネットワークの島村八重子氏が厚生労働省に問い合わせた結果では、二〇〇五年一月分で全計画作成件数二三七万五、〇五七件のうち一、四八六件（0.06％）となっている。

CMC（Computer-Mediated Communication）が可能となり、その結果インターネットを介して、さまざまな形の新たな電子コミュニティが構成されることになりました［三浦・篠原、2002］。

「コミュニティ」は多義的な用語ですが、従来の社会学的含意では、地域性（area）と共同性（common ties and social interaction）が最低限の要件です。「電子コミュニティ」は「コミュニティ」と異なり、地域性の要件は満たしませんが、共同性の要件は満たすものです。この特徴は、対面的なコミュニケーションが難しい場合でも、理解者や共感者を得ることのできる可能性を示しています。例えば生活上で何らかの問題・課題を抱え、対面的な人間関係を作りにくい本人や家族にとっては、電子コミュニティは同質な人々との出会いと、それによる援助的な効果をもたらす機能を持っていると言えます［小川、2004b／2004c］。

孤立しがちな高齢者の介護をする家族への情報提供と介護ストレスの軽減を意図して開設・運営されている電子コミュニティは複数あります。その一つを事例として分析した小川［2004c］によると、電子コミュニティにおける援助行動は情緒的援助にとどまらず対面的な関係をともなう手段的援助に及ぶ場合もあることから、自助グループを電子コミュニティで形成することの効果は認められています。しかし、情報が媒体となっているとはいえ、電子コミュニティには医療・福祉サービスに関する相談と回答など、手段的な援助も含まれています。たとえ有資格者として、実名も明かしている人からの書き込みであったとしても、援助を受ける側はその真偽を確認しにくい一面があり、このような電子コミュニティにおける危険性について、注意も必要です。

2　高齢者を見守る情報化（セキュリティシステム）

高齢者の子どもとの同居率は、この約二〇年間ほぼ一貫して低下しており、二〇〇二年現在子どもと同居している者（一、一二五万人）と同居していない者（一、一七九万人）がほぼ同数となっています。また、子どもと同居していない者の約三割（三四一万人）はひとり暮らし（そのうち約八割は女性）です［厚生労働省、2003］。子どもと別居している高齢者の多くが、ふだんは元気に過ごしているものの、「何かが起きた時の不安」を抱えている場合が多く、また別居している子どもが「親を案じる気持ち」も強くあります。こうしたことが背景となって、ITやICTを活用して高齢者の生活を見守り、身体的な異変を把握するためのセキュリティシステムの利用が近年増加しています。セキュリティシステムには、高齢者が能動的に呼び出しをかける呼び出しシステムと、受動的に安全を確保するモニタリングシステムがあります。

(1)　呼び出しシステム

代表的な呼び出しシステムは、一九八〇年代から各地で導入されてきたペンダントを利用した緊急通報サービスです（**図1参照**）。緊急通報サービスでは、孤独感から発信するケースが多くある反面、入浴時などペンダントを身に着けていない時に身体的異変が生じ発信できないケースもあり、誤報が多いと言われています。

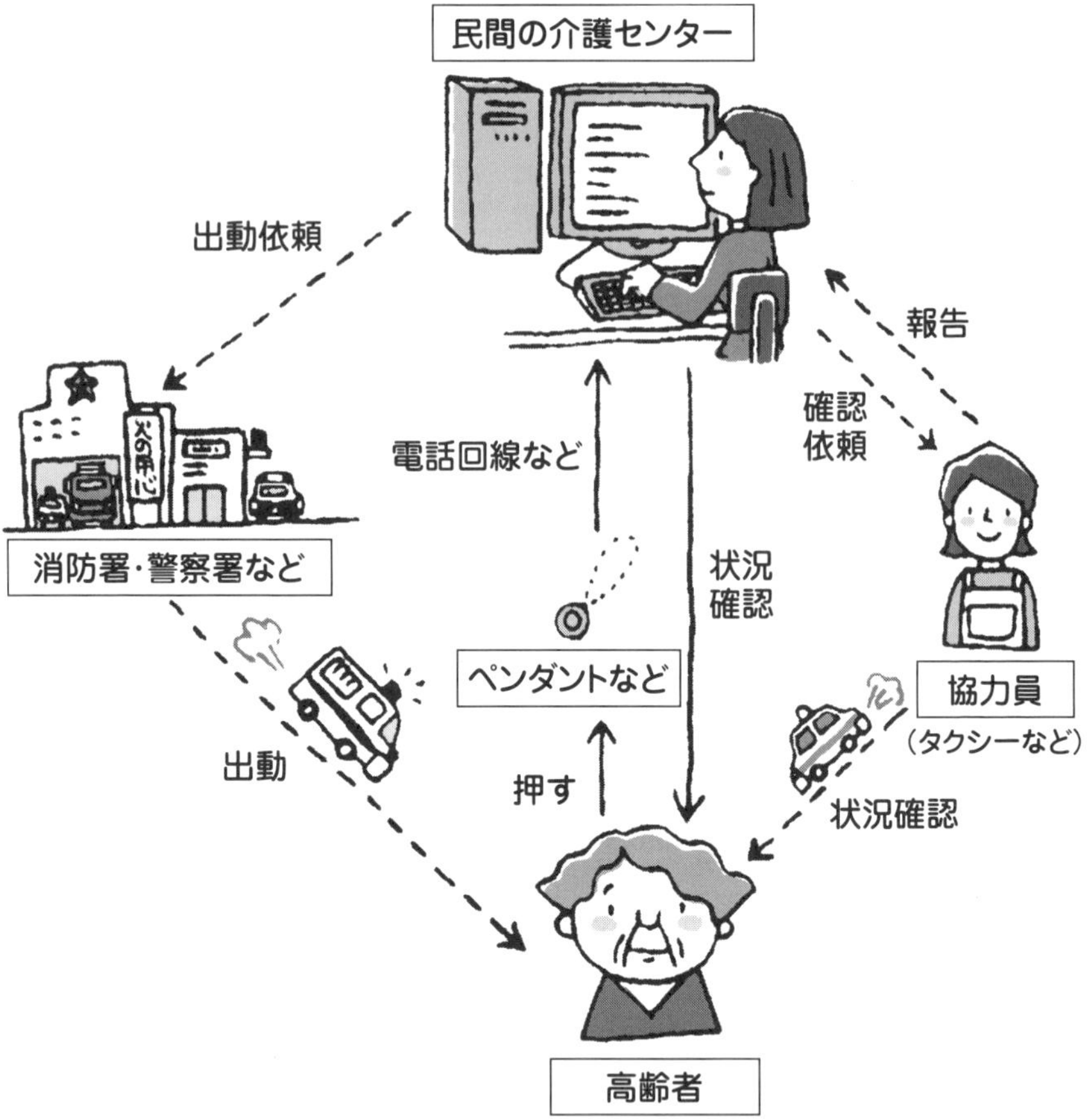

民間の介護センター
出動依頼
報告
確認
依頼
電話回線など
消防署・警察署など
状況
確認
ペンダントなど
協力員
（タクシーなど）
出動
押す
状況確認
高齢者

図1　呼び出しシステム

(2) モニタリングシステム

モニタリングシステムは、一九九〇年代後半から民間サービスの市場を拡大してきています。アラームシステムや安否見守りサービスとも呼ばれていますが、高齢者（見守られる側）の居宅内に設置した自動センサーや特定の商品の使用状態により高齢者の生活行動を継続的に感知し、通信回線を経由し別居親族など（見守る側）のパソコンや携帯電話に電子メールを送信するシステムです（**図2参照**）。生活行動の感知は、自動センサー型の場合はドアや玄関マットなどで、商品使用型の場合は、多く電気湯沸しポットやガスなどで行われます［国民生活センター、2003］。

モニタリングシステムは、高齢者の手を煩わせることなく、見守る側が安心感を得られるというメリットがあります。デメリットは情報量が不十分で正確性・信頼性が低いことです。例えば岩手県遠野市におけるトイレドアをセンサーとする優先テレビの回線を介したサービスでは、一二時間ドアの開閉がない場合に警告情報が一枚ずつ出力されますが、これが見守る保健士の側では山積みになってしまっています。用を足した後にトイレのドアをきちんと閉めない高齢者が一定数あり、繰り返し注意をしても習慣が変わらないためです。こうした場合はシステム上の警告への対処を次第に行わなくなるために、安否確認率は低下してしまいます。また、モニタリングシステムの利用者はひとり暮らしが維持できるほど元気な高齢者であるため、急な外出の際に見守る側に伝え忘れ、見守る側はドアを開けて安否を確認するなどの騒ぎになることもあります。

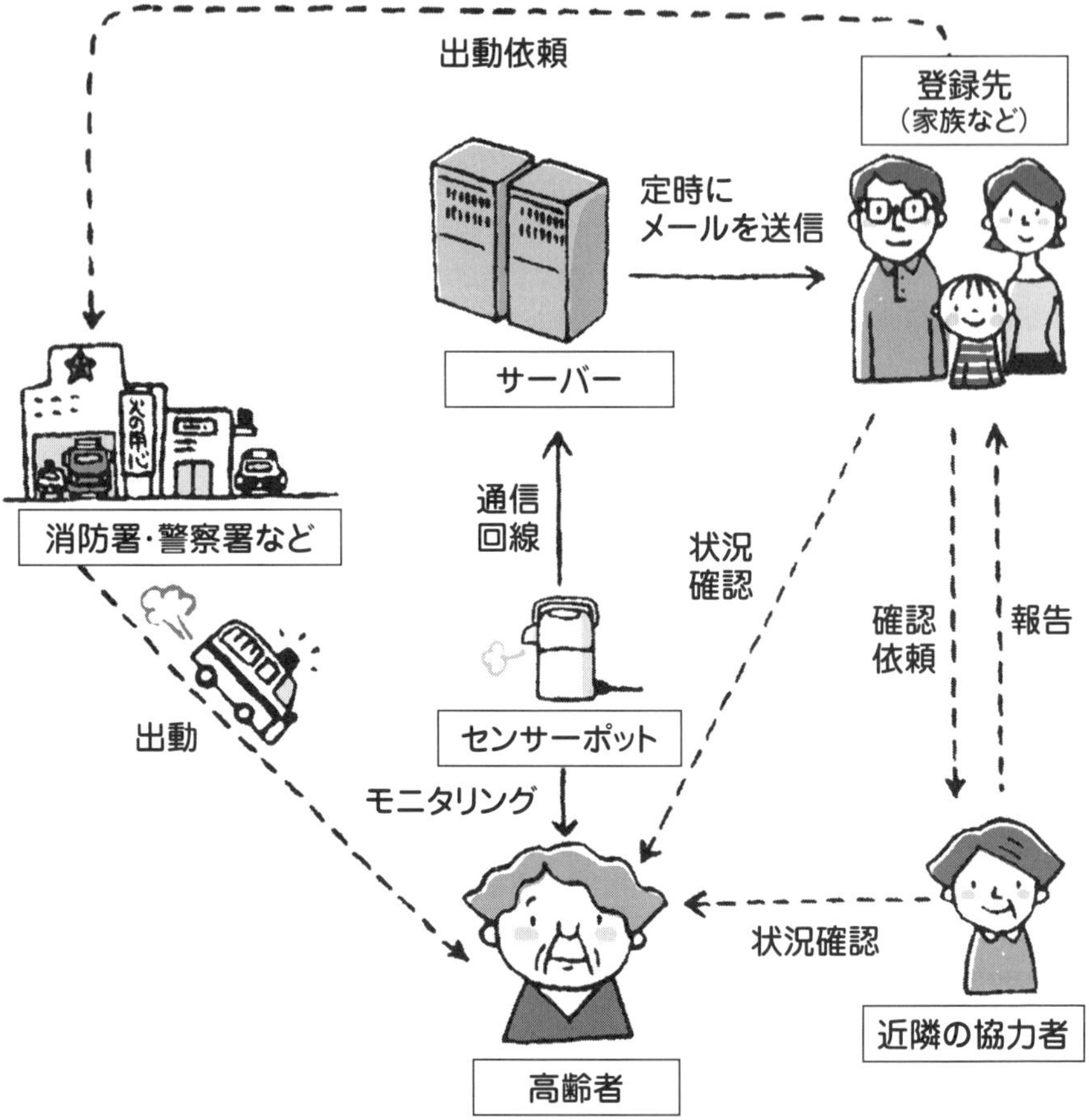

図２　モニタリングシステム

註）民間サービスでは、契約は実線部分のみで、点線部分は利用者側の自己責任の場合が多い。

モニタリングシステムを利用する場合に留意すべき点は主として二点あります。一点は、地域性にあったセンサーの設置（このことは(3)に後述します）。二点目の課題は、見守る側が高齢者の異常事態を察知した場合に、近隣住民への状況確認の依頼や救急車の出動要請などを行う、といった体制の整備です。現段階では民間事業者のサービス提供の範囲は、その多くがセンサーで把握した情報の配信までにとどまっています。別居している子どもが、高齢者の居住する地域のサービス提供資源を自力で調整することは容易なことではありません。この二点を解消するために、民間サービスであるモニタリングシステムを、地域のサポートネットワークと組み合わせて運用するという工夫をいくつかのところで行っています。象印マホービン［2004］のサービスをインフォーマルなサポートネットワークを組み合わせて運営している東京都荒川区の町内会である昭和睦会の事例*や、フォーマルなサポートネットワークと組み合わせた神戸市の事例*［神戸、2002］などすでにいくつかあり、これらは今後の展開の参考となるでしょう。こうした事例によって、ＩＴで把握した高齢者の安否情報を、社会的ソフトウェアである地域のサポートネットワークに結び付けて解決をはかることがより効果的であることが示されています。

(3)　Lモードを活用した安否確認システム

過疎化と高齢化が進展する地域においては、家族・地域など基礎集団の自立性が低下していることに加えて「人に世話になりたくない・迷惑をかけたくない」という生活様式や意識的な要因が背景となり、高齢者の社会的孤立や孤独の問題が重複・複合化しています

荒川区の町内会のホームページ上で湯沸しポットの利用状況の見守りを行い、異常を察知した場合は町内会で対処する仕組みをつくっている。象印マホービン株式会社「見守りホットライン」、「みなさんの声　見守り体験談」（http://www.mimamori.net/voice/）、2004.04.01.

神戸市は二〇〇二年一一月から東灘区の三五世帯でモデル事業として高齢者宅のガス使用量を在宅介護支援センターにメールで連絡、安否確認に役立てるサービスを開始した。ガス使用量が極端に少ない場合、見守り推進員らが駆け付ける。

［弘中、1999］。社会的孤立の問題が顕在化した一つの形として、ひとり暮らしの高齢者が誰にも看取られずに亡くなり死後数日を経てから発見されるという、いわゆる孤独死があり、近年増加しています*。孤独死などを防ぐためには、異常事態に陥った高齢者を発見し、適切なサービス提供者に伝える必要があります。人口密度が低い過疎地においては隣家までの距離が離れている所が多く、IT（情報技術）を活用して異常事態を発見し連絡することの有効性が高いと言えます［小川、2004d］。

しかし、前述したモニタリングシステムのセンサーには地域性があり、高齢化・過疎化が進展した地域では使えない場合が多くあります。例えば「ゆいとり」で前述した川井村では、夏でも薪ストーブで暖をとりお茶を沸かすために、湯沸しポットやガスメーターはセンサーとして使うことができません。井戸水や湧き水を飲用する家では、水道メーターも活用できません。それならトイレのドアをセンサーにと考えても、山の畑で用を足す高齢者には役に立ちません。また、山間部にある過疎地では、携帯電話の使用圏域が狭いために、既存のモニタリングシステムのように見守り者の携帯電話への電子メール送信が難しい場面があります。こうした地域性を考慮し、筆者を含む岩手県立大学の教員と川井村社会福祉協議会はプロジェクトを組み、Lモードを活用した安否確認システムを二〇〇三年から開発し実験を行っています。

Lモードは、電話に簡易メールと簡易ブラウザという仕組みを付加し、電話のように手軽に使えるインターネットアクセス手段として開発された機器です。Lモードを活用した安否確認システムにおいて高齢者は、電話・ファクシミリ・電子メールのいずれかにより、

孤独死の統計は厚生労働省においてもとっていないため、全国的な実態は把握できない。岩手県警察本部刑事部捜査第一課においては、ひとり暮らしの高齢者のうち死後二日以上発見されなかった場合を「孤独死」と定義し独自に統計をとっており、近年増加傾向にある。二〇〇三年（一～一二月）は七一人で、前年に比較し一一人多い。

安否情報を発信し安否確認を受信することができます。Lモード端末機器には多様な種類がありますが、Lモード対応のファクシミリ付き電話機にはLボタンと呼ばれるボタンが付いており、安否確認などの選択肢の発信はこのLボタンを利用することができますし、また、タッチパネルにより安否確認の選択肢を発信することもできます。いずれも簡単な操作で電子メールの発信が可能です。川井村の実験では、二〇〇三年九月から「げんき・すこしげんき・わるい」の三選択肢から毎日の状態にあった選択肢を送信するよう設計されています（**図3参照**）。

高齢者が発信した安否情報は、インターネットを介して岩手県立大学にある管理サーバに送信されます。これを川井村社会福祉協議会のパソコンから閲覧し、「すこしげんき」と「わるい」を発信した高齢者に対しては、社会福祉協議会職員が電話で詳細な状態を確認します（**図4参照**）。発信がない高齢者に対しては電話で確認をし、電話が通じない場合はあらかじめ決めてある近隣の見守り者や近くを移動している社会福祉協議会の職員らが高齢者宅を訪問し、状況を確認します。二〇〇五年五月現在、六七歳から八五歳の二六人のひとり暮らし高齢者（平均年齢七六歳）が、Lモードの画面から安否を発信する方法をとっており、加えて四人の高齢者が電話により安否を伝えます。社会福祉協議会の追跡作業により、高齢者の毎日の安否確率は100％に達しています。

一方、サーバを運営している岩手県立大学側も毎朝サーバの稼動を見守っており、社会福祉協議会の安否確認作業が完了すると、岩手県立大学の担当者から関係者全員のメーリング・リストに**図5**のような報告が発信されます。このプロジェクトでは今後、高齢者が

Lモードを活用した安否確認システムは、北海道富良野市社会福祉協議会において、岩手県川井村より先に二〇〇三年一月から協力員の携帯電話に安否情報を電子メールで送信する「お元気コール」を、雪かきなどのボランティア調整をする「ホームサービス」とともに行っている。川井村社会福祉協議会における実験で同様の仕組みを当初からとらなかった理由は、携帯電話の使用可能圏域が富良野市は市域全体であるのに対し、山間僻地の川井村ではごく僅かな圏域に限られていることである。富良野市の「お元気コール」は、協力員との交流により高齢者の生きがい感が高まることを目的としているため、安否情報が発信されない場合の追跡はあまり行っていない。これに対して川井村では孤独死を防ぎ、高齢者の自己発信を習慣化することが主目的であるため、100％の確認率である。両システムは目的の違いにより、システム構築と運用が異なっている。

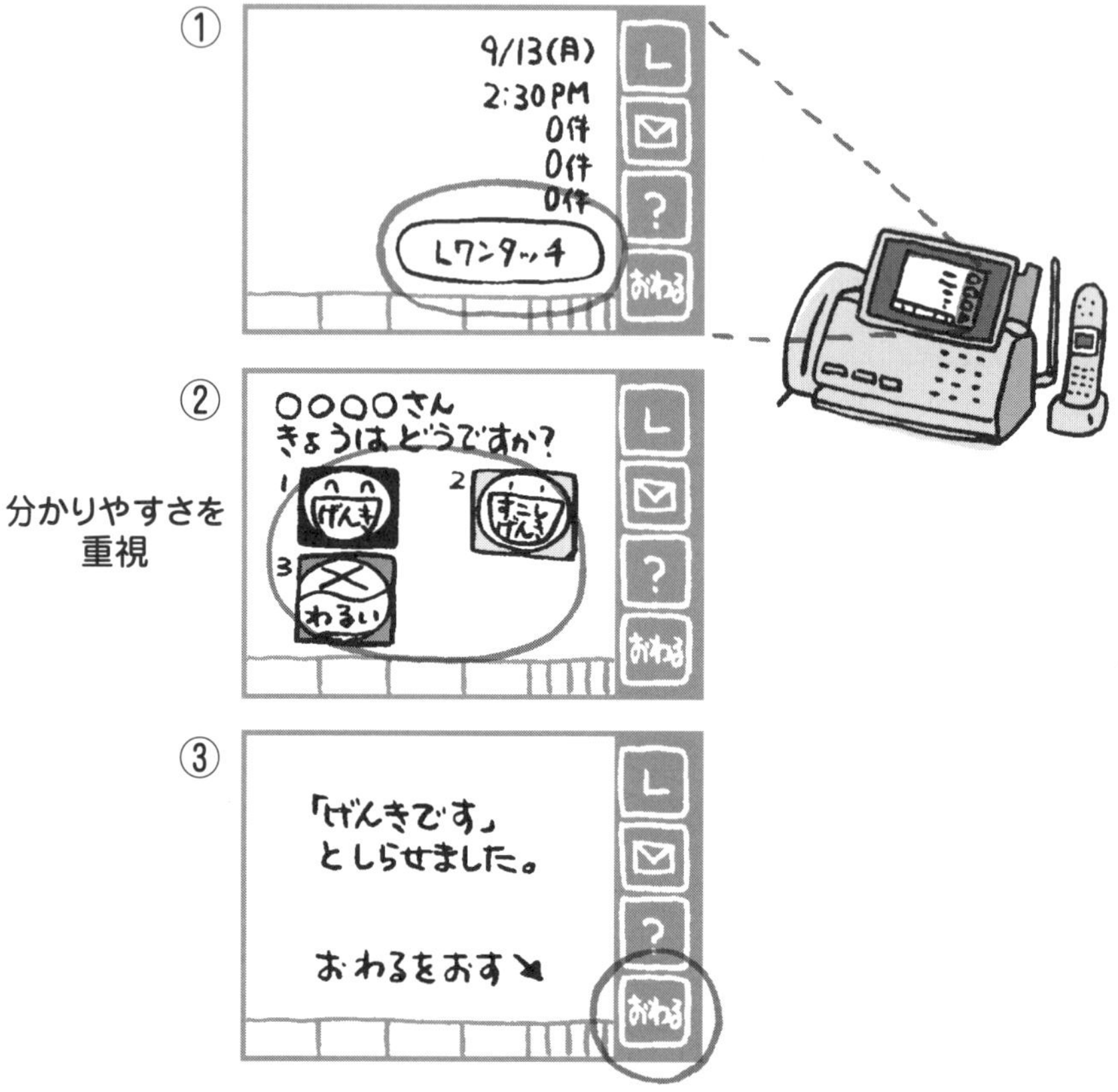

図3　Lモードを活用した安否確認システムにおける高齢者側画面

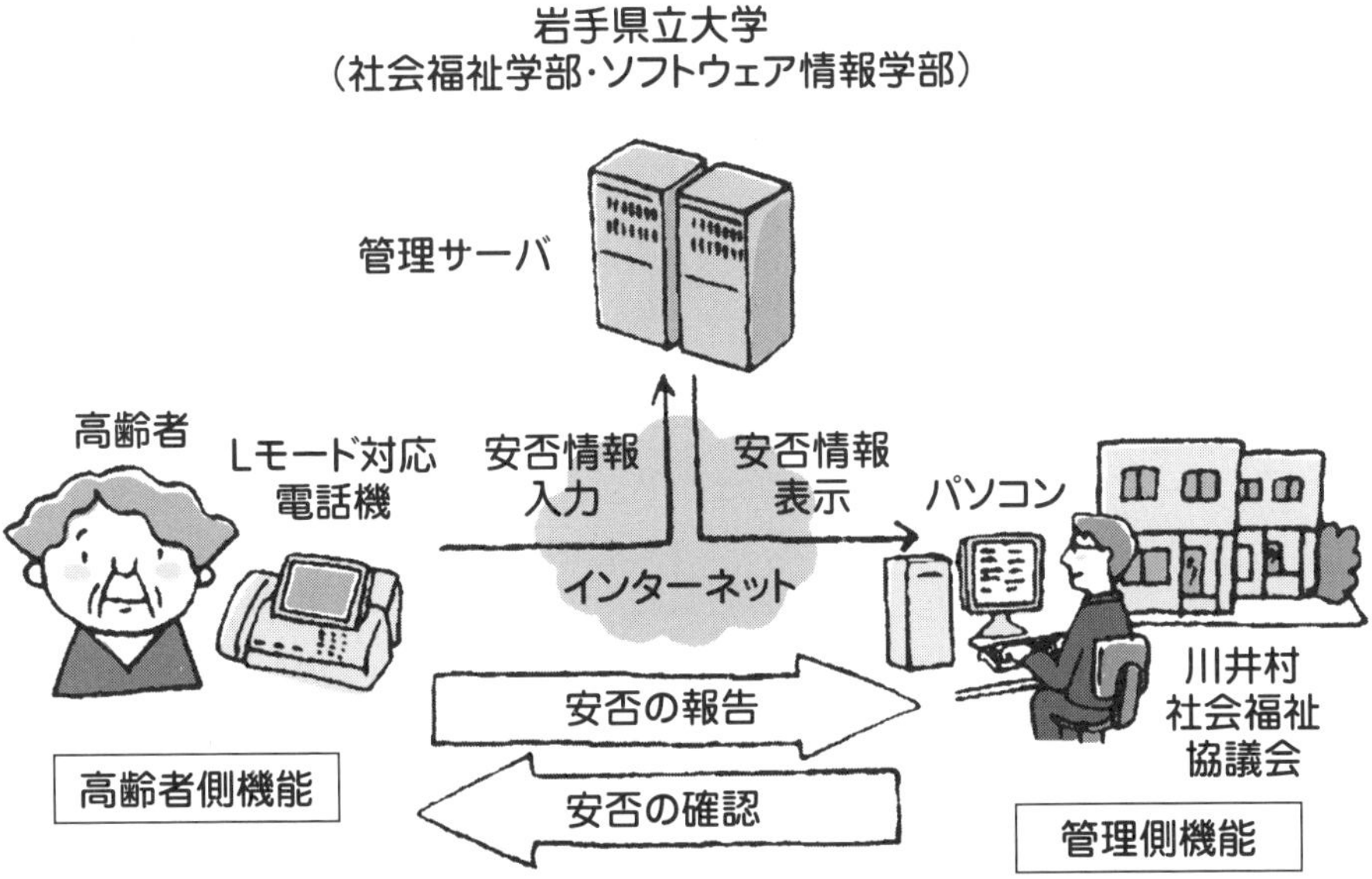

図4　Lモードを活用した安否確認システムの機器構成と利用の流れ

表1　セキュリティシステムの比較

比較項目	呼び出しシステム	モニタリングシステム	Lモードを活用した安否確認システム
発信操作	***高齢者***	自動（センサー感知・商品使用）	***高齢者***
発信時	緊急時のみ	***定時・継続的***	***定時・継続的***
通信内容	異常事態の発生	生活行動のパターン（元気でいること）	心身の状況
地域の協力者	***あらかじめ決定***・緊急時の対応	サービス提供者により異なる。いる場合といない場合がある	***あらかじめ決定***・継続的に見守る
別居親族の安否情報の受信	ない	***ある***	***ある***

注1）太字斜体のところは、Lモードを活用した安否確認システムといずれかのシステムの共通点である.
（出典）『生活関連サービス情報　高齢者の安否見守りサービス』などを参考にし、筆者が作成

川井村見守りネットワークプロジェクトの皆様

岩手県立大学の○○です。

5月20日(金)の安否チェック状況をご報告いたします。
システムは正常に動いております。

●日時
　5月20日10時00分

●安否報告は　24／26件　ありました。
＜内訳＞　・げんき　　　　　24件
　　　　　・すこしげんき　　 0件
　　　　　・ぐあいわるい　　 0件
　　　　　・未発信　　　　　 2件
　　　　　　　[・デイサービス　1名]
　　　　　　　[・外出　　　　　1名]

　現在まで26／26件　の状況が把握できています。

図5　安否確認の結果を報せる電子メール

発信した安否情報を、サーバーから別居している子どもや近隣の見守り者などの協力者の携帯電話に電子メールとして送信し、これを見た協力者が高齢者に電話をかけてコミュニケーションをとる、という仕組みを追加する予定です。

Lモードを活用した安否確認システムと前記した既存の二つのシステムとの差異は、**表1**に示す通りです。**表1**では共通点を太字斜体で表していますが、これによりLモードを活用した安否確認システムが、二つのシステムの特徴をあわせ持っていることがわかります。

Lモードを活用した安否確認システムでは、モニタリングシステムと同様に、定時・継続的に高齢者の状況を確認し、異常事態に至る前に予防的な措置をとることが可能となります。モニタリングシステムと異なる点は、定時・継続的な安否情報が自動的に発信されるのではなく、高齢者が自ら発信することにあります。この特徴が、高齢者の心身状態に関する自己確認を習慣化するなどの、高齢者自身への動機づけに効果をもたらしています[小川、2004d]。

3　高齢者のエンパワメントを促進する情報化

一九九〇年代後半からの情報ネットワーク社会の進展は、新たな社会変容と課題をもたらしています。情報ネットワーク社会という用語は、インターネットに代表されるCMC（Computer Medeiated Communication）ネットワークの展開と、それにより織り成される個人間のコミュニケーションによるネットワーク、すなわち社会的ネットワークとの二重の意味を持つ概念です［吉田、2000］。ＣＭＣを利用することにより、従来の形態を超えてさまざまな人と交流できることは、「自己実現」や「サポートネットワーク」といった福祉情報化ともいえる領域の拡大を意味しています。障害者や高齢者などの当事者の情報リテラシーを高め、情報発信を可能にすることは、福祉の質を変えていく契機ともなります［高橋、1997］。

中高年の情報格差解消に取り組む自助的な活動の一つが、いわゆるシニアネットです。一般にシニアネットは、シニア、すなわち中高年向けのパソコン通信やその利用を指しますが、その活動を行う団体の名称でもあります［郵政省通信政策局、1998］。米国のシニアネットは一九八六年に発足し、現在では全米とカナダなどの海外をあわせて約二四〇箇所の学習センターを運営するとともに、会員がオンラインで交流できるようサイトを運営する教育目的の非営利団体です［SeniaNet, 2004］。日本では一九九四年に京都において金曜サロンが、一九九八年に仙台シニアネットクラブやシニアネット久留米が発足するなど、一九九〇年半ばから地域ごとにシニアネットと称する団体が設立されてきています。例えば、岩手県内においては、シニアネット・リアスが一九九九年に発足して以来、二〇〇五年五月現在までに九つの団体が設立され活動を継続しています。このうち、いわてシニアネット（盛岡）とシニアネット・リアス（釜石・大船渡・陸前高田）の二団体が、ＮＰＯ法人の認証を受けています。

「シニアがシニアの教師」というＩＴ学習の方法が、米国シニアネットで確立された方法です。日本においても各地のシニアネットでこの学習形態をとっており、さらにその成果を活かし、各種の相互扶助的な社会貢献活動に取り組んでいます。二〇〇〇年には国の情報通信技術（ＩＴ）講習推進特例交付金の助成を受けて全国各地でいわゆるＩＴ講習が実施されましたが、その際にも一部でこの方法が活かされています。一般的な講習に比較し、シニアネットの活動者が講師や補助者となる方が受講生の満足度が高く、受講後のネットワーク形成意欲が高いことなどが明らかになっています［小川、2001］。

米国シニアネットをはじめとしてシニアネットの設立・運営には社会老年学などの研究者が関与している事例が多く、日本でも金曜サロンを設立した吉田敦也［1998］は教育工学、シニアネット仙台の理事長の大内秀明［2003］は経済学の研究者であり、それぞれの分野でシニアネットの活動を研究しています。こうした研究では、生涯学習や地域活性化の面からシニアネットの活動効果を検証しており、例えば小川［2005a］はシニアネットで活動する高齢者（シニアネットワーカー）の情報活用能力実践力の構造を分析しています。情報活用の実践力とは、課題や目的に応じて情報手段を適切に活用することも含めて、必要な情報を主体的に収集・判断・表現・処理・創造し、受け手の状況などをふまえて発信・伝達できる能力を指します［文部省、1998］。中学生から大学生を対象とした先行研究［高比良・坂元ほか、2001］の結果と同様に、尺度の得点はインターネットの使用量と有意な正の相関が見られましたが、一日のインターネットの使用時間という数量よりも、同世代と比較した使用量の自己判定という主観的な量の方がより強い正の相関を示しています。また、因子分析をした結果把握された因子構造から、他世代に比較しインターネット利用に対して積極的な姿勢を持つことのできない中高年が多いなかで、苦手意識がないことが情報活用の実践力を判別する下位概念として最も大きなものであることが明らかになっています。高齢者の苦手意識を取り除くことが、今後の高齢者の情報活用を進める上での課題です［小川、2005a］。

加齢にともない身体が虚弱になっても、インターネットによって社会活動を継続する高齢者は、確実に増えています。吉田敦也の開設するサイトでは、老人ホームで開講されたＷｅｂＴＶの講座に九七歳で入学し、九九歳の時点で一週七〇通の電子メールを発信している米国女性の事例が掲載されています。講座の卒業式で代表として彼女が挨拶した言葉は、「本講座を修了した瞬間、私は友人と家族にまったく新しい方法で接続されました。そして今までしぼんだ花だった私はこのときから大きく開いたバラとなったのです」でした。インターネットが、九〇歳代の高齢者にとっても、いや九〇歳代の高齢者だからこそ、エンパワメントの道具になることを如実に語るエピソードです［吉田、2000］。

日本においても先駆的な高齢者は存在します。筆者の「メル友」でもある一九一〇（明治四三）年生まれ満九五歳の野瀬清次氏は、福岡の有料老人ホームに入居して後、八九歳の時にホームページ［野瀬、2000］を開設しました。ホームページでは介護保険制度や教育問題を論じ、英語のページも備えています。二〇〇一（平成一三）年四月には、インターネットを利用した通信教育を実施している人間総合科学大学に入学し、勉学に励んでいます。また、障害者や高齢者を対象とした情報ボランティアも行っています。ディーゼルエンジンの著名な技術者であった職歴から、パソコンの使用に抵抗感がなかった特異な事例とも言えるでしょうが、九〇歳代にしてパソコンを活用し社会的な自己実現を図っている野瀬氏は、高齢化と情報化が重なって進展する時代の一つのモデル像と言えるでしょう。

4　おわりに

本章では、高齢者にとって情報化の進展が、間接的にも直接的にも生活の質の向上につながることを述べてきました。インターネットなどＣＭＣの利用は、高齢者にとってサポートネットワークの拡大にもつながるものですが、情報システムの構築だけではその効果はあまり期待できません。情報ネットワークに人のつながり、すなわち社会的なネットワークがつながってシステム化されている場合に、その効果がより発揮されることを事例から読み取っていただきたいと思います。まもなく定年に達する団塊の世代は、常に新しいライフスタイルを生み出してきた世代であり、職場でＩＴ（情報技術）を活用しているという意味でも先駆的な世代といえます。定年後の暮らしの再構築手段として、インターネットの新たな活用方法を生み出していくのではないでしょうか。

また、電子情報機器は、車椅子と同じように障害を補完する福祉機器としての側面を持っています。枚数の都合によりその点に論及できませんでしたが、自閉症などの障害を持つ人のために行動の見通しを補助する道具はすでに実用化されています。高齢者にとっての情報化の光の部分として、例えば認知症の高齢者に対する生活支援機器の実用化などがあることも付記しておきたく思います。

（小川晃子）

引用・参考文献

弘中伸明　2003　「いわゆる『孤独死』問題に関する考察」『豊中市政研究所調査研究結果 TIMR Report』（http://www.tcct.zaq.ne.jp/timr/kenkyu/ing142.html）2006.02.27.

泉田照雄　1999　『日本一の高齢者介護』筒井書房

国民生活センター　2003　『生活関連サービス情報　高齢者の安否見守りサービス』国民生活センター

神戸市保健福祉局高齢福祉課　2002　記者発表資料『ガスメーターを活用した高齢者見守りサービスモデル事業の実施について』

厚生労働省　2003　『厚生労働白書（平成15年版）』（http://www.mhlw.go.jp/wp/hakusyo/index.html）2006.02.27.

三浦麻子・篠原一光　2002　「チャット・コミュニケーションに関する心理学的研究―ログ記録の解析にもとづく探索的検討」『対人社会心理学研究』第2巻　25-34p.

文部省　1998　『情報化の進展に対応した初等中等教育における情報教育の推進等に関する調査研究者会議最終報告書』

野瀬清次　2000　『野瀬清次のホームページ』（http://www3.ocn.ne.jp/~nose/index.html）2006.02.27.

小川晃子　2000　「ケアマネジメント支援情報システムをめぐる課題―介護保険制度に伴う福祉情報化の動向から」『岩手県立大学社会福祉学部紀要』第2巻第2号 23-29p.

小川晃子　2001　「高齢者ＩＴ講習の効果分析」『岩手県立大学社会福祉学部紀要』第4巻第1号

19-30p.
小川晃子　2004a　「福祉・保健・医療間での情報ネットワークの形成―「ゆいとり」の事例から」『高齢者のケアと行動科学』日本老年行動科学会　第2巻第2号　23-29p.
小川晃子　2004b　「電子コミュニティにおける援助行動に関する一資料」『岩手県立大学社会福祉学部紀要』第6巻第2号　29-39p.
小川晃子　2004c　「援助的な電子コミュニティの形成と崩壊過程―〝ひだまり〟を事例とする検討」『対人社会心理学研究』第4巻　21-30p.
小川晃子　2004d　「Lモードを活用した安否確認システムの有効性―岩手県川井村・北海道富良野市の事例による検証」『福祉情報研究』日本福祉介護情報学会第1号　15-29p.
小川晃子　2005a　「シニアネットワーカーの情報活用実践力―岩手県内のシニアネット会員を対象とする調査結果を通して」『岩手県立大学社会福祉学部紀要』第7巻第2号　21-29p.
小川晃子（編著）　2005b　「川井村の地域福祉に関する村民の実態と意識調査」『平成16年度福祉開発調査実習Aクラス報告書』岩手県立大学
奥西栄介　2004　「介護支援専門員とマイケアプラン運動」小国英夫（編）『京都発マイケアプランのすすめ―介護保険時代を自分らしく生きたい』ミネルヴァ書房　166-180p.
大内秀明　2003　「NPOは変革の主体になりうるか―NPO法人シニアネット仙台」『総合政策論集』第2巻第2号　117-136p.
SeniaNet　1986　"Lerning　Centers"（http://www.seniornet.org/php/default.php?PageID=5321）2004.12.18.
島村八重子　2004　「マイケアプランで生まれたネットワーク」小国英夫（編）『京都発マイケアプランのすすめ―介護保険時代を自分らしく生きたい』ミネルヴァ書房　200-211p.
総務省　2004　『情報通信白書（平成16年版）』（http://www.johotsusintokei.soumu.go.jp/whitepa-

per/ja/h 16/index.html） 2004.12.12.
総務省情報通信政策局　2004　『通信利用動向調査報告書世帯編（平成15年版）』（http://www.johotsusintokei.soumu.go.jp/public/data 2/HR 200300_004.pdf） 2004.12.12.
高橋紘士　1997　「福祉情報化の展望と課題」岡本民夫・高橋紘士他編、『福祉情報化入門』有斐閣 1-9p.
高比良美詠子・坂元章・森津太子他、2001、「情報活用の実践力尺度の作成と信頼性および妥当性の検討」『日本教育工学雑誌』第24巻第4号　247-256p.
吉田敦也　1998　『シニアライフとパソコン』一橋出版
吉田敦也　2000　『techsalad』（http://www.techsalad.org./salad 10/index.htm） 2005 .05.01.
吉田　純　2000　『インターネット空間の社会学―情報ネットワーク』世界思想社
郵政省通信政策局　1998　「シニアネットの普及とそのための課題」『情報通信ジャーナル』第16巻第8号　9-11p.
象印マホービン株式会社「見守りホットライン」「みなさんの声　見守り体験談」（http://www.mimamori.net/voice/） 2004.04.01.

高齢者とともに「生きる」家族

萩原裕子

高齢を「生きる」人の長い人生においては、高齢者個人の歴史のみでなく家族との歴史も存在しています。高齢者を理解する際には、個人に焦点が当てられることが多く、家族はその背景としてとらえられていました。しかし、家族という集まりの中では、家族を構成するひとりひとり（家族構成員）が互いに関係し、影響しあいながら生きているのです。この家族を単なる背景、環境としてではなく、その構造と機能を含めた広い視点で見ていくことは非常に大切なことであると考えられます。

システムズ・アプローチ

そこで重要なことは、家族システムという視点です。これは、家族を全体としてまとまりのあるもの（family as a whole）としてではなく、ひとつのシステム（family as a system）とみなす考え方のことです（岡堂哲雄『家族心理学講義』金子書房、一九九一）。この家族システムの基本的な構造単位（夫婦、親子、きょうだいなど）をサブシステムと呼びます。たとえば、何らかの問題が家族の中で生じている時も、問題となっている事柄や人物のみに注目するのではなく、家族というシステムにおける、いくつものサブシステムのかかわりの中で多面的にとらえてゆくのです。

このシステムズ・アプローチにおいては、円環的に考えることが重要です。何か困ったこと、問題とされることが起きると、私たちはすぐに、家族の誰が「原因」となってこの「結果」が出てきたのか、というように、直線的に因果関係を考えようとしがちです。しかし、そのように簡単に割り切れるものなのでしょうか。家族構成員が相互に影響しあっている家族システムにおいては、その「原因」とされていることに影響を与えている他の誰か、さらにその他の誰かに影響を与えている別の誰かも存在しています。このように考えていくと、最初は「結果」だと思っていたことが「原因」になっている可能性もでてきます。このように、因果関係を一方向で直線的に考えるのではなく、様々な方向に向かって、非直線的、円環的にとらえてゆくことが大切なのです。

このような考え方に基づき、家族療法という心理・社会的な援助法が実践されています。特に、高齢者は長い歴史を経てきているため、同居している家族のみならず、拡大家族(娘夫婦などの同居していない家族)など、広い範囲にわたって影響を及ぼしあっています。このことを充分に配慮し、幅広い視野で臨むことが求められています。

家族システム発達段階

岡堂哲雄氏は、家族システムの発達段階を、第一段階の「新婚期」から第六段階の「加齢と配偶者の死の時期」までの六段階に分け、それぞれ段階の家族がどのような課題に直面するか、考察しています。最終段階にあたる第六段階においては、すべての家族構成員が様々な喪失を経験することになります。祖父母世代の身体・精神機能は加齢とともに低下し、死に向かう自分を意識しはじめます。そして親・子世代はいずれ訪れる彼らの死を受け入れなければなりません。この時期の課題は、これまで築き上げた信頼関係を損なうことなく、これらの喪失体験を受容することなのです。祖父母世代の介護のための同居により家族が増えた時、彼らの死により家族が減った時、そのたびに家族システムは大きく変化していきます。高齢者とともに「生きる」家族は、このシステムの変化に柔軟に対応していくことが大切なのです。

(はぎわら・ゆうこ　千葉県立野田看護専門学校)

第3章　高齢者への回想法

1 回想法とは何か

聞き手 お生まれはいつですか？

話し手 明治四四年〇月〇日。

聞き手 今のお年は？

話し手 八七。

聞き手 八七歳ですか。今日はIさんの子どもの頃のお話をちょっと伺いたいんですけれども、一番子どものころの思い出といったら何になりますか。

話し手 ……ちょっとあることはね、私の母親がね、クリスチャンでミッションの女学校出ながら、私の父の家が仏教であるために……そのとき四人兄弟。もうちょっとしたら五人兄弟になるけどね。そのとき四人が仏壇の前に座らされて、般若心経を母が唱えられるの。そやからそんな昔のこと今言えるの。

聞き手　はい。

話し手　不思議よこれは。それはあたしの母がねえ、自分の信仰捨てて、村でたった一人キリスト教の〇〇女学校を出た。

聞き手　はい。

話し手　大昔やねぇ。明治の初期やねぇ。

聞き手　はい。

話し手　それなのに片付いた先が……ねえ。そういうのなかったから、子どもを親元の仏壇の前に座らせて、私訳《わけ》がわからんやねぇ。そして般若心経を唱えられたということが、私未だに素晴らしい母親だったんだなと思う。

聞き手　素晴らしい、

話し手　母親と思うの、私はよ。

聞き手　お母さんはクリスチャンだったのにそれを捨てたのですか。

話し手　捨てたんと違うわ。クリスチャンであることを子どもに言わないでしょ。わからないけれども、キリスト教の、村でたった一人〇〇の女学校を出たんだから。ところが父はやねえ、そんなこと全然関係なくて医者だったんだから。

聞き手　お父さんはお医者さん？

話し手　医者やった。そうしたら私、小さいとき私は〇〇で生まれて□□で育って京都へ嫁さんに来たの。すると□□でね、小学校の五、六年のころやねぇ。医者の家だから看護婦さんが変わるんだわ。そうすると私の耳に入ったのね。「先生みたいなことしてたら儲からへん」って。

聞き手　はい。

話し手　私の父のやっていることを見て、看護婦さんは「儲からへんわ」と言った。私時々ねえ、お薬を包むのを手伝ったりするから。看護婦さんが何喋ってるかわかるの。「ここの先生みたいなことしたら儲からへんわ」と言ってるのが耳に入った。

聞き手　ということは、

話し手　私思うにねぇ、今でもそうだけど、私の父が人格者であったがゆえに、仁。仁ってジンム天皇ね（注、実際は神武天皇）。父も偉かったんだなあ。儲けようという腹がないから、こういう患者さんに薬をこうして充分にやったから、看護婦さん「こんなことしてたら先生儲からへんわ」と。よその医者と違うということを看護婦さんは、私ら子どもが何も知らんと思って喋ってるの。だから私、ああ父は偉かったんだなあと、しみじみとそういう会話を通して思い出すわね。

聞き手　お父さんは尊敬できる方だったんですね。

話し手　そう、そういう意味では。囲碁が好きだったよ。それでね、お正月でもね、紋付き袴着てるわけやな、燃えてるの分からへんで。それで碁を打ってるの。というのはねぇ、煙草が好きだったの。煙草を消したつもりが、紋付きが燃えてるのをわからへんぐらいに碁に一生懸命な人やった。

聞き手　実際に燃えていたんですか？

話し手　燃えてた、紋付き燃えてんねん。それで看護婦さんが言って笑って笑って。「もう先生にかかったらかなわんわ」って。そういうことを聞いたことある。

聞き手 怪我はなさらなかったんですか?

話し手 怪我にはならなかった。医者の家に生まれたからね、私ずっとこう……女学校卒業したら自分も医者になろうと思った。そのとき東京でたった一人、女子医専いうのがあってYという人が、女の医者を作るための学校作ってた。Yさん有名な人よ。そこへ行くつもりで自分は女学校卒業するまで医者になるつもりでおった。ところが、卒業式の前の日に父が脳溢血で倒れた。

聞き手 はい。卒業式の前の日に?

話し手 前の日。卒業式のやで。だから私はそこで人生をひっくり返して、そのころ弟が大阪のK中学。これを医者にするまで自分が働こうと思った。

聞き手 自分の代わりに弟さんを医者に?

話し手 そう、あたしの姉、その時大学におった。私の姉は大阪の女専に。私は女学校でしょ。ところが姉はもう卒業前だからね。私はこれから大学に行って医者になろうと思ってたら父が死んだでしょ。そやから、私が葬式なんかすました後よ。その前に弟が、中学一年か今やったら。大阪のK中学。これを医者にするまで私は働こうとこう思った。父が亡くなったら収入あらへん。今の保険もへっちょもないもん。私は父が一人息子だから兄弟もおらへんし。

聞き手 残された家族だけで働いて?

話し手 そう、私の姉はすぐ結婚やね、大学出てるし。で、三年生やったから大阪女専の。

それで私がそのころ〇〇銀行に入った。

聞き手　〇〇銀行？

話し手　〇〇銀行に入った。そんなこと本当は恥ずかしい話、自分の人生喋ってるようなもんよあんた。〇〇銀行に入って、それで私は収入を全部（弟を大学に）あげること以外はよ。弟が大学へ、H大。H大の医学部出て、大学卒業するまで働いた。

聞き手　……。

話し手　もっと面白い話してあげるわ。あのねえ……

ここで紹介したのは、ある特別養護老人ホームのデイケアに通所しているIさんと筆者が行った個人回想法の逐語記録の一部です。Iさんとの面接は、当時研究を始めて間もない筆者にとって楽しくまた有意義な経験でした。一方Iさんには面接の前後で顕著な自尊感情の増加が認められました。そのため、この面接は彼女にとっても有意義な経験となったのかもしれません。回想法の素晴らしい点のひとつに、それが話し手である高齢者だけでなく、聞き手にとっても素晴らしい経験となりうることがあります。

回想法（Reminiscence therapy）は、高齢者に過去を想起するように促すことで、情動の安定などの心理的効果を導く対人援助手段です。回想法はアメリカの精神科医バトラー［Butler, 1963］により提唱され、バトラーは老年期に頻繁に行われる回想行為を「過去の未解決の葛藤の解決を促す自然で普遍的な心的プロセス」と考え、このような心的プロセスをライフレビュー（Life review）と名付けました。

　老年期における回想の意義は、エリクソン*（Erikson）による心理社会的発達段階理論［Erikson, 1950］でも指摘されています。エリクソンは人生には八つの発達段階*があり、それぞれの段階で解決すべき心理的課題があると述べ、老年期の発達課題は「自我の統合」だと考えました。エリクソンら［Erikson et al.,1986］は、自我の統合を達成するには「これまでの経験を思い出して再検討しようとする意欲」が必要だと述べました。そのため、回想は老年期の発達課題を達成する具体的な手段だと考えられています。

　回想法はバトラーの提唱以降、欧米を中心に高齢者の介護・臨床場面で広く実践され、対人援助手段としての回想法の有効性は近年特に注目を集めています。また回想法やライフレヴューを扱った研究も一九九〇年代以降数多く報告されています。

　野村［1998］によれば、回想法には個人内面への効果と社会的・対人的効果の二つがあり、個人内面の効果には、①過去の問題を解決させ再統合を促す［Lewis & Butler, 1974］、②自己のアイデンティティの形成に役立つ［Castelnuovo-Tedesco, 1978］、③自己の連続性を確信させる［Lewis, 1971］、④自分自身を快適にする［Fallot, 1980］⑤訪れる死に対する不安を和らげる［Castelnuovo-Tedesco, 1980］、⑥自尊感情を高める［Magee, 1991］などの効果が指摘されています。

　対人的効果としては、①対人関係の進展を促す［Lesser et al., 1981］、②生活を活性化して楽しみを作る［Harp Scates et al., 1985−86］、③社会的習慣や技術を取り戻し、新しい役割を担う［Pincus, 1970］、④世代交流を促す［Saxon & Etten, 1990］などがあります。

エリクソン（Erik H. Erikson）

一九〇二〜一九九四。ライフサイクル論で知られる精神分析家。フロイトの精神分析的人格発達論を発展させて、心理・社会的発達論を理論化させた。また、パーソナリティ発達をライフサイクルの観点からとらえ、八段階の個体発達文化の図式で表した。

八つの発達段階

エリクソンの述べた八つの段階と、解決すべき課題は以下の通り。

Ⅰ　乳児期―基本的信頼感　対　基本的不信
Ⅱ　幼児初期―自律性　対　恥、疑惑
Ⅲ　幼児期―自発性　対　罪悪感
Ⅳ　学童期―勤勉性　対　劣等感
Ⅴ　思春期・青年期―アイデンティティ　対　アイデンティティの混乱
Ⅵ　成人初期―親密性　対　孤独
Ⅶ　中年期―世代性　対　停滞
Ⅷ　老年期―統合　対　絶望

また認知症高齢者に対する効果は認知症の進行度によっても異なりますが、①情動機能の回復、②意欲や集中力の増加、③発語回数の増加、④表情などの豊かさの増加、⑤問題行動の軽減、⑥社会的交流の促進などの効果があり、またこれらの効果を通して間接的に記憶障害の進行が留まり認知機能が維持される可能性が指摘されています［河田ほか、1998］。

さらに、回想法に参加した介護者にも効果があることが指摘されています。回想法のスタッフは、高齢者を単に介護の対象としてではなく、長い人生を生き抜いてきた尊厳ある個人として理解することができるため、こうした理解は介護者のストレスの軽減や介護の質の改善につながるとされています。

2 グループ回想法の実践方法

(1) 実施回数と実施場所、参加人数について

回想法は、話し手と治療的聞き手（therapeutic listener［Haight, 1988］）の二名で行う個人回想法と、複数のスタッフで八名前後の集団に対して行うグループ回想法に大別できます。ここでは主に日本の臨床・介護場面で広く実践されているグループ回想法について説明します。回想法の回数は一回だけの場合から何年も継続して行う場合までさまざまです

が、しばしばグループ回想法では一クール八セッションというまとまりで実践されることが多いようです。

一回のセッションの時間は、メンバーの集中力などを考慮して一時間程度が良いと考えられます。セッションの頻度は週一～二回が一般的です。また実施時間は、他のプログラムを考慮した上で、メンバーの集中力や疲労、感情状態が安定した時間帯を選ぶことが望ましいでしょう。

回想法の実施場所については、静かで騒音が聞こえずメンバーが回想に集中できることや、スタッフとメンバーが輪を作るのに適切な広さがあることなどが条件となります。実施場所が頻繁に変わることはメンバーを混乱させる原因となるため、できるだけ同じ場所で行うようにします。

グループ回想法を効果的に行うためには、メンバーは六～一〇名程度が良いと考えられます。これ以上メンバーが多い場合には、ひとりのメンバーの話す機会がかなり制限されてしまいますし、反対に少ない場合にはひとりに掛かる比重が大きくて負担になる場合があります。

(2) 回想のテーマと材料について

一般に各セッションではそれぞれに回想のテーマを設定します（場合によってはテーマを設定しないことも有効です）。しばしば故郷や子ども時代、小学校時代、青春時代というように、時系列に沿ったテーマが設定されます。その中に、お祭りやお正月、お花見と

Yさんの結婚写真

いった、季節に即した非時系列的なテーマなども織り交ぜることによって、効果的なグループの展開を促すことができます。

　各セッションでは、それぞれ回想のきっかけとなる材料を用意します。記憶障害のある高齢者では、はじめは思い出を語るのが難しい場合でも、材料を手にすることで視覚、聴覚、味覚、嗅覚、触覚などが刺激され、生き生きとした思い出が語られることがあります。例えば、「お手玉（おじゃみ）」という言葉を聞いただけではあまり反応がなくても、実際に手にすると軽やかにお手玉を投げ上げるメンバーもいます。

　また、グループが展開していれば、メンバーに個人的な思い出の品を持参してもらうことも回想を深めます。筆者によるグループ回想法に参加したYさんは、結婚以来タンスの奥にしまって目にする機会のなかった結婚写真と、花嫁道具の筥迫（はこせこ）を持参して下さいました。右の写真はその時Yさんが持参されたものです。Yさんは、ご主人が結婚後すぐに徴兵されて帰らぬ人となったことや、電車の車内で見かけた男性に亡くなったご主人の面影を重ね合わせて涙が込み上げてきた思い出を打ち明けて下さいました。

　その他に用意すべき道具としては、メンバー同士が名前を呼び合うための名札や、開始時や終了時に流すＢＧＭ、そしてセッションへの継続的な参加状況を視覚的に理解するための参加簿（壁などに貼付けたポスター様の台紙にシールなどを貼付けてもらいます）などがあります。

(3) リーダーとコ・リーダーの役割

メンバーが八名程度の場合、グループ回想法に必要なスタッフはリーダー一名とコ・リーダー一～二名が目安となります。メンバーがそれ以上になる場合や他のメンバーとのコミュニケーションが難しい方がいる場合には、コ・リーダーの人数を適宜増やします。

リーダーは主に会の進行と話題の流れをコントロールする役割を受け持ち、コ・リーダーは視覚や聴覚などに不自由があるメンバーとグループの橋渡し役を担い、耳元で話を補ったり発言内容を他のメンバーに伝えたりします。リーダーの働きかけではグループがなかなか展開しない場合にはコ・リーダーのサポートが必要となりますので、厳密に役割を分担することは望ましくありません。リーダーとコ・リーダーに共通する役割に、個々のメンバーとグループ全体との積極的な交流を促すことがあります。リーダーは気負いをして「自分の力でグループを盛り上げる」と考えることなく、グループに生じる自然な力や積極性に良い意味で頼り、メンバーの力を借りてグループを展開させていくよう心掛けることが大切です。

(4)「良い聞き手」になること

しばしばスタッフは「良い聞き手」[Lewis & Butler, 1974] になることが重要だと言われます。良い聞き手とは一言でいえば、ありのままに相手を受容・尊重する聞き手のことです。黒川ら [1999] は良い聞き手の条件として、話し手の言葉に無条件に誠実に耳を傾けること、話し手の言葉の背後にある思いを理解するように努めること、話し手が話しやすいように時には話を整理・明確化すること、話し手のペースを尊重してそのペースに添うことなどをあげています。

回想法を行うスタッフが身につけるべき態度として、クライエント中心療法の提唱者であるロジャーズ [Rogers, 1951] が治療者の条件として挙げた、共感的理解*(empathic understanding)、無条件の肯定的関心*(unconditional positive regard)、そして純粋さ (genuineness) あるいは自己一致*(congruence) について理解しておくことが望ましいでしょう。また、ヤーロム [Yalom, 1975] のグループサイコセラピーやアイヴィ [Ivey, 1971] のマイクロカウンセリングの知識やスキルを習得しておくことも重要です。

回想法を実践するにあたって特に留意すべき点をいくつかあげておきます。まず、回想法に参加した高齢者なら誰にでも効果があるわけではなく、時には回想を行わないことも重要だと考えられています [Coleman, 1994]。なかには参加したことで気分が沈んだり、非適応的な影響が生じることもあります。参加にあたってはその方の意思を尊重することが大切であり、本人の充分な了解なしに参加した回想法はしばしば逆効果となる場合があ

共感的理解

クライエントを客観的ないしは外部から理解するのではなく、クライエントが世界を眺めている見方をあたかも自分自身のものであるかのように理解すること [佐治・飯長, 1983]。

無条件の肯定的関心

カウンセラーがクライエントに示す積極的な関心に一切の条件をつけず、クライエントが語ることのすべてを暖かく受容していること。

自己一致

カウンセラーが治療場面で体験することと自己像との間に矛盾が生じず、クライエントとの関係において深く自分自身であること。

るだけでなく、参加の拒否や不満、退席要求として表面化することで他のメンバーの気分を害したり、参加意欲を低めたりすることもあります。

このことと関連して、回想法では高齢者が回想してそれを語ることばかりが重要とは限りません。なかには自分ではあまり発言しない代わりに、他のメンバーの話をしっかりと傾聴し、自分の胸の内で思い出を味わっている方もいます。しばしばグループが沈黙することでリーダーはプレッシャーを感じるかもしれませんが、沈黙は特別なことではありません。メンバーが抱えている不安や緊張を把握し、答えやすい問いかけを行うなどして、メンバーそれぞれが自由に回想できる雰囲気を作るように心がけて下さい。

回想法の効果は治療者やグループのリーダーの力量によって異なると考えられています［Orten et al., 1989／Head et al.,1990］。そのため回想法を実践する場合には、経験者によるスーパーバイズを受けるか、回想法のスキルを磨くための研修会などに参加することを勧めます。しかしこれらの方法を利用できない場合、研究者や実践家により書かれた専門書や手引きを熟読することでもある程度理解することはできます。日本語による手引きには、回想法・ライフレヴュー研究会［2001］による『回想法ハンドブック—Q＆Aによる計画、スキル、効果評価』や、黒川ら［1999］による『回想法グループマニュアル』などがあります。より具体的な理解のために、「ビデオ回想法—思い出を今と未来に」［野村（監修）、2001］を視聴することも効果的です。黒川［2003］による『百歳回想法』は、老人病院に入院する一〇〇歳の高齢者たちが行ったグループ回想法の詳細な記録であり、実際の回想法を知る上で資料価値の高い著書です。

その他に、回想法の効果評価やスタッフによるアフターミーティングなどは、回想法におけるケアの質を担保・向上させるために非常に重要なことです。回想法を含むケアのなかで不満や不都合があっても、高齢者がそれを率直に伝える機会は決して多くありません。そのため、独りよがりなやり方や自己満足に陥らないように、スタッフは自分自身の関わり方について常に周囲からのフィードバックを貰って検証を怠らないことが大切です。

3　回想研究の問題点と展開

これまで回想法の効果は挿話的・事例的に報告されることが多く、その効果を客観的に実証した報告は決して多くありません。またわずかながら回想法の効果を疑問視する研究もあります（例えば［Perrota & Meacham, 1981］）。そのため、回想法の有効性については近年まで研究者同士でも意見が分かれていました。

このように研究結果が一致しない理由として、①回想という概念が曖昧で充分に定義されていないこと、②研究ごとに対象者の特徴や方法論が異なるために比較が難しいこと、③対象者数の少なさや統制群の不備といった回想研究の方法論的な難しさといった問題点が指摘されています［Merriam, 1980／Molinari & Reichlin, 1985／Cohen & Taylor, 1998］。

表1　一般的回想法とライフレビューの分類（[Haight & Burnside, 1993]より抜粋）

	一般的回想法（Reminiscence）	ライフレビュー（Life review）
目的	楽しみの提供、社会化の促進 コミュニケーションスキルを高める	統合の促進
理論的背景	心理社会的理論	精神分析理論
役割	聞き手：援助的 洞察や再構成を促さない 話し手：苦痛は最小限にとどめる 認知症高齢者にも適用可能	聞き手：共感的 受容する、評価する 話し手：苦痛が伴う場合もある 主に健常高齢者に適用
プロセス	自由な流れ、または構造的 ポジティブな思い出に焦点づける しばしば自発的に語られる	時系列に従って構造的 ネガティブな想い出は評価づける 過去の再構成が促される
効果	情動の安定、抑うつの低減 自尊感情や意欲の回復 Well-beingを高める	自我の統合 英知の獲得

（1）一般的回想とライフレビューの分類

こうした回想研究の問題点のうち、回想の定義の不充分さは改善され、その後の研究では回想の定義の精緻化が進められました。

現在では、一般に広く実践されている一般的回想法と、バトラーが提唱したライフレビューとはやや異なる概念だと考えられています。その理由は、援助手段として実践されている回想法の技法はバトラーにより確立されたのではなく、高齢者臨床に携わるさまざまな援助職者の長年にわたる実践の蓄積によって形作られてきたと考えられるためです。

一般的回想法とライフレビューの概念の違いについて、ハイトとバーンサイド［Haight & Burnside, 1993］は、目的、理論的背景、聞き手と話し手の役割、プロセス、効果の五つの観点から詳細に検討しました（**表1**）。

それによると、一般的回想法の目的は、本質的にはＱＯＬを高める楽しい経験を生み出すこととされます。特にグループで行う回想は、高齢者のコミュニケーションスキルを改善してメンバー同士の社会的交流を促進させます。また他のメンバーから受けるポジティブな反応は、しばしば自己有能感を高めます。回想の焦点はしばしば楽しい想い出に向けられ、回想の内容は話し手の自発性に委ねられています。また周囲からの孤立を低めて自尊感情を高め、情動を安定させる効果が挙げられます。

これに対して、ライフレビューの目的は自我の統合を促進させることです。レビュー（review）とは批評や反省を意味するので、ライフレビューは過去の人生の批判的な分析だと言えます。ライフレビューは精神分析的な基礎を持ち、老年期の課題を達成する具体的手段だとされます。ライフレビューでは過去の出来事が自身に与えた影響を評価すること（evaluation）が重要となります。それぞれの過去の出来事の評価は人生の要約を導くプロセスであり、しばしば過去が再構成されることで以前は受け入れ難かった記憶が変化すると考えられます。

ところで野村［1998］は、実践場面では一般的回想法とライフレビューはお互いに質的に変化する流動的な概念だと考え、これらが重複・交叉して表出されることは避けられないと指摘しています。日本ではこれらの概念を総称して回想法と呼ぶことが一般的です。

(2) 回想の機能やタイプの分類

これまでに回想にはいくつかの異なるタイプがあることが指摘されており、回想の機能やタイプの分類を試みる研究が数多く行われました。

ロゲルフォ［LoGerfo, 1980］はこれまでの研究を概観して、情報付与的（informative）回想、評価的（evaluative）回想、強迫的（obsessive）回想の三つの回想のタイプがあることを指摘しました。

ウォンとワット［Wong & Watt, 1991］は、一七一名の地域在住の高齢者を対象にインタビュー調査を行い、その回想内容を①談話的（narrative）、②統合的（integrative）、③道具的（instrumental）、④情報伝達的（transmissive）、⑤強迫的（obsessive）、⑥逃避的（escapist）回想の六つに類型化しました。そして適応的な高齢者は非適応的な高齢者よりも統合的、道具的に過去を振り返り、強迫的には回想しないことを見出し、特定の回想のタイプがwell－beingを高める可能性を指摘しました。

またウェブスター［Webster, 1993］は、回想の機能に関して体系的な類型化を試み、四三項目からなる回想機能尺度（Reminiscence Function Scale）を開発しました。そして回想の機能を、①退屈の軽減、②死への準備、③アイデンティティ、④問題解決、⑤会話、⑥親密さの維持、⑦苦痛の再現、⑧情報伝達の八つに分類しました。これらと同様の回想の機能は多くの研究で一致して認められています［Webster & Haight, 1995］。

(3) 回想のモダリティと研究方法の問題

回想のタイプよりも大きな分類の枠組みとして、研究方法の違いによる回想のモダリティの違いが挙げられます。ソーントンとブロッチィ［Thornton & Brotchie, 1987］は、回想が引き出された方法の違いによって、検討されている回想の定義が異なることを指摘して、回想の主な研究方法を、①質問紙調査（questionnaire investigations）、②インタビュー調査（interview-based investigations）、③療法的回想の研究（investigations of reminiscence as therapy）の三つに分類しました。これらのうち質問紙調査では、回想は個人内もしくは対人的に行われる過去の想起と定義されます。一方、インタビュー調査では回想は言語化されたものや言語的な他者との対話として検討されます。最後に、療法的回想の研究では、回想は特定のセッションを通じて引き出された結果として検討されます。これらの研究方法ではそれぞれ回想の異なる側面が検討されるため、結果を比較する場合には、こうした定義の違いを考慮することが重要だと考えられます。

この点に関して野村ら［2002］は、デイケア利用者への個人回想法から、日常場面で行われるネガティブな回想は非適応的である一方、ネガティブな回想を他者に語ることは必ずしも非適応的ではないことを見出し、回想のモダリティの違いを考慮する重要性を認めました。

4　日本における回想研究および実践

日本でも多くの回想研究が行われています。これらは高齢者が行う回想全般の特徴などを検討したものと、対人援助手段としての回想法の有効性を検討したものに大別されます。対象者は痴呆性高齢者［黒川、1994／河田ほか、1998／楡木ほか、1998／松田ほか、2002／大島、2003］、高齢入院患者［林、1999］、施設入居高齢者やデイケア利用者［野村、1992／中村ほか、1998／林、2000／太田・上里、2000］、地域在住高齢者［長田・長田、1994／山口、2000／2004／野村・橋本、2001／菅、2003／藺牟田ほか、2004］と多岐にわたります。また少数ながらも、青年期における回想の意義を検討した研究もあります［Ando, 2003］。

野村［1992］は、特別養護老人ホーム入居者八名に八セッションのグループ回想法を試み、回想法の展開過程と治療効果を検討しました。その結果、グループは参加者同士が支持的な相互交流を行う自助的な役割を持つ場となり、グループの展開という時系列的な変化が認められました。また回想のタイプでは、ライフレビューに相当して過去の受容を促す評価的回想に増加傾向が認められました。

黒川［1994］は、痴呆性高齢者八名に対してグループ回想法を実施して認知機能やＱＯＬへの有効性を検討しました。セッションの進行とともに活性度の高まりは認められた一方で、回想による効果は明確ではありませんでした。しかしメンバーを個別に検討した場合には認知・情動機能に改善が認められました。このため黒川は、個別の事例を検討する重要性を指摘しました。

楡木ら［1998］は痴呆性疾患を持つ高齢者一〇名に九セッションのグループ回想法を実施し、その治療的機能を検討しました。痴呆の主症状には効果は認められませんでしたが、メンバーは自己を承認されたという感覚を持ち、自尊心や有能感の回復が認められました。また他者との共通性や差異を比較することで自己意識の高まりが認められましたが、重度痴呆では自己意識への効果は生じにくいことを指摘しました。

吉山ら［1999］は、痴呆性高齢者九名に回想法を含むデイケアプログラムによる介入を行いました。統計的に明らかな効果は認められないものの、五名のメンバーには介入後に知的機能の改善が認められました。これらのメンバーに共通して、集団のプログラムに抵抗なく参加できる、発言内容が明瞭で他者への適切な反応がある、一時間程度の集中力の持続が可能であるなどの特徴が認められました。

回想法の実践では、愛知県師勝町（現・北名古屋市）における「思い出ふれあい（回想法）事業」が大きな注目を集めています。師勝町には平成一四（二〇〇二）年に全国で初めて回想法センターが設立され、歴史民族資料館の協力のもとで地域在住高齢者に対する定期的なグループ回想法の実践と研究が進められています［遠藤、2003／市橋、2004］。

またシルバーチャンネルでは、痴呆高齢者向けに「テレビ回想法」［来島、2002］という番組が放送されており、番組を視聴しながらグループ回想法を行うことができます。その他に、「回想法への招待」［野村・黒川、1992］や「写真で見せる回想法」［志村・鈴木、2004］はいずれも回想法での使用向けの図版とその手引きからなり、実践する場合には貴重な材料となります。

5　地域在住高齢者に対するグループ法の展開

ここでは筆者がこれまでに行った、地域在住高齢者に対するグループ回想法を紹介します［野村・橋本、2006］。対象者はK市内の老人福祉センターを利用して、「想い出を語りあう茶話会」への参加を希望した一四名の在宅高齢者です（男性二名、女性一二名、平均年齢七七・六歳、年齢範囲六六～八六歳）。

グループ回想法はセンター内の和室で所定の場所に車座に座って行いました（**図1**）。メンバーの入れ替わりのないクローズドグループとし、約一時間のセッションを週一回の間隔で計八回実施しました。

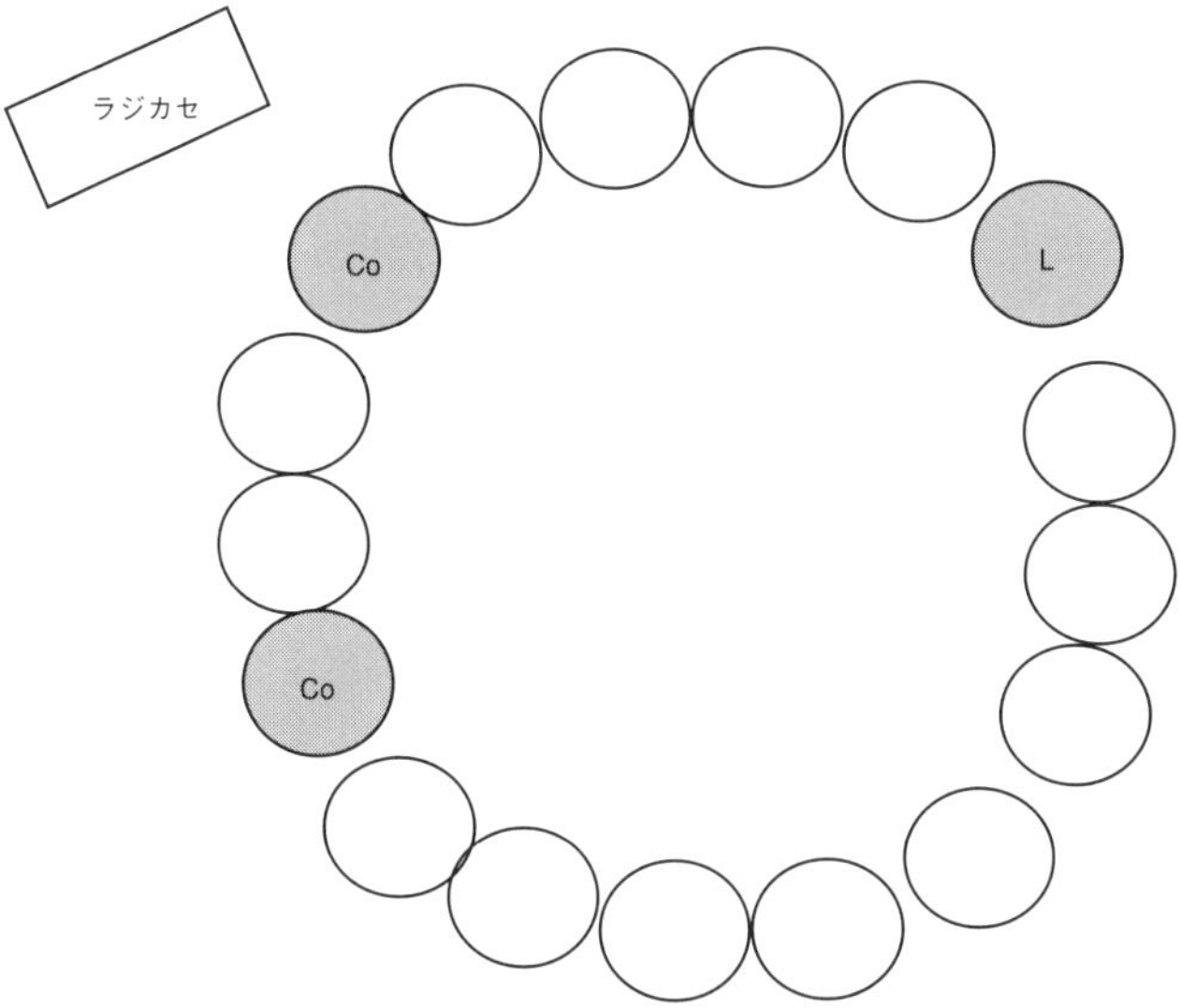

L：リーダー　Co：コ・リーダー

図1　グループ回想法の座席の配置

表2　回想法のタイムテーブル

タイムテーブル	
10:15	入室（はじめの BGM「東京ブギウギ」他）
10:30	開始・はじめの挨拶と自己紹介（名前、出身地など）
10:45	回想のテーマおよび材料の提示
11:15	雑談・お茶菓子の提示
11:25	終わりの挨拶と詩「青い山脈」
11:30	終了・体質（終わりの BGM「故郷」

表3　回想のテーマと使用した材料

	テーマ	材料
第1回	故郷の思い出	京傘
第2回	あそびの思い出	お手玉、紙風船など
第3回	小学校時代の思い出	雑誌、回想図版
第4回	青春・戦争時代の思い出	回想図版
第5回	仕事と子育ての思い出	回想図版
第6回	懐かしい人の思い出	参加者持参の写真など
第7回	人生の分岐点について	参加者持参の写真など
第8回	人生を振り返って	茶話会の栞

会の進行は、始めに挨拶と自己紹介をし、その後に回想のテーマと回想の手掛かりとなる材料を提示してテーマに沿った回想を促しました。材料にはお手玉や紙風船などの玩具、当時の学童向け雑誌、野村・黒川［1992］による回想図版などを用意しました。また、終了前には雑談の時間を設け、終了時に歌謡曲「青い山脈」を全員で歌いました（**表2**）。

各回の回想のテーマは、「故郷」「あそび」「小学校」など時系列に従ったテーマを選びました（**表3**）。テーマの順番は、セッションが進むにつれて内面的な回想が語られ、最後に人生全体が振り返られることを意図しています。スタッフは筆者がリーダーを受け持ち、一年以上の臨床経験か高齢者のボランティア経験のある大学院生と大学生一名ずつがコ・リーダーを担当しました。

ここでは、第一回と第二回目のセッションのメンバーの発言の一部を紹介します。

【第一回】　回想のテーマは「故郷の想い出」でした。メンバーの中には顔見知りの方もおり、あまり緊張した様子はありませんでしたが、はじめはいくらか淡々とした様子で回想が語られました。

リーダー　故郷のことと聞いて、どんなことを思い出しますかね。

T　昔はな、遊ぶいうてもね、白墨でこう（線を）描いてケンケンやら、そんなのをしましたな、飛んで。今はそんなことしてはる人いないけどねえ（笑い）。……ケンケンとかな、おじゃみね、あれは。そんなんみんなしました。

リーダー　ケンケンとかおじゃみ。

T　縄跳びもしたね。

A　縄跳び。

T　縄跳びもな（笑い）。今そんなの道路でしてたら危のうて、

A　うん。

T　できませんもんねえ。

リーダー　道路で遊ぶのは……

T　昔は、皆もう、白墨で書いてケンケンしてね、そんなんしてました。今そんなのしてたら危のうて。（一同から笑い）ねえ。

リーダー　今の子よりも皆さんの子どもの頃の方が楽しい遊びがあったような気が。

T　ねえ、今まあゲームばっかりね、家でゲームばっかりしてますわ。その代わり賢くなってはるよ今。私らはボケーとしてて、ほんまにねえ、頭も。

B　そやけど、昔はのんびりしてたねえ。

T　そりゃあ昔はのんびりしてました。

C　そうや。

T　することないもんねえ……それで、昔は洟垂《はなた》らしてる子でもありました。

コ・リーダー　（笑い）

リーダー　洟垂《はなた》らしてる子。

T　今は、こんな洟垂らしてる子ないもんね。それで服でねずーっと拭くさかい、テカテカになって。

リーダー　ここがテカテカになって。

T　うん、今みたいに洗濯機もないしねえ。そんな毎日毎日ね。ようほんまにここテカーっとねえ。（一同笑い）

【第二回】　回想のテーマは「遊びの想い出」でした。スタッフが用意したお手玉や紙風船、でんでん太鼓などをメンバーに手渡すと場がにわかに盛り上がり、何名かのメンバーは自らお手玉や紙風船遊びに挑戦しました。

S　これはね、あの富山のね、置き薬いうて薬屋さんあって、必ず風船くれたの。

リーダー　富山の薬屋。

S　置き薬、うん。あの方が風船くれた。

リーダー　その方がそういうのを、

S　うん。風船いつも持ってきた。

リーダー　昔はそういう薬屋さんが実際に風船をくれることが多かったんですか。

S　入れ替えするのや、飲んだ薬をねえ。で、お金払って。

O　風船もあの、富山いうて、富山の薬屋さんが来てな、薬屋さんからよう貰ったな。（笑い）

リーダー　今そのお話出ましたね。SさんとOさんから出ましたけど。

K　そうそう、あれ貰うの嬉しかった。

Ｓ　薬屋さんが持ってきたの。
リーダー　富山の薬売り。
Ｏ　うん、薬の入れ替えに来てな、なくなったら入れ替えに来るの。まわってきて入れ替えに来るわけ。風船貰った覚えがある。
リーダー　ああそうですか。
Ｕ　いろんな風船置いていきましたねえ。
Ｓ　飲んだだけのお金払うわけや。
リーダー　あれどうして富山なんですかね。
Ｏ　富山がね、行商富山の薬売りいうてね、富山に住んでたんです。
リーダー　富山の薬屋さんが日本全国に。
Ｍ　あの……東京にね、偉い人ばっかりが寄ってはるでしょ、
リーダー　はい。
Ｍ　その時に、殿様が腹痛をおこしはったんですって。その時に、富山から来てはる人が薬を出しはって、それでよう効いたっていうので、そういう風になったそうです。
リーダー　ああそうですか。
（中略　この後リーダーは一同にMさんの話を伝える。）
Ｓ　薬の名前もね、ハッキリとかね、スッキリとかね、そんな名前だった。
コ・リーダー　（笑い）

U　ナオルちゅうのもあった。

リーダー　ナオルっていう薬がある。（一同笑い）面白い名前ですね。スッキリは何がスッキリ？

S　頭がすっきりやろね。（一同笑い）

リーダー　ナオルはどこが治る？

U　なんや知らん。

S　なんか知らん、面白い名前やった。

U　絵が描いて、

S　絵が描いてある。頭をこう押さえてあったら頭痛の薬。

K　昔はね、ちょっと具合が悪くてもお医者さん行かなかった。

O　私ら田舎のあれで、お医者さんが来るような、自転車もないし、歩いてね。

リーダー　最近のお薬の名前も、ノド○ールとかジ○ニンとかありますけど、昔から名前がそのまま効用になってるようなものが多かったんですかね。

S　そうそうそうそう。

この後の展開については、紙面の都合から残念ながらあまり詳しく紹介することはできません。

全体的に回数を重ねるにつれ個々のメンバーの会への関わりは積極的になり、多くのメンバー間の相互交流や相乗的効果が認められました。ここでは、特に後半のセッションで重要な役割を果たしたNさんという男性メンバーについて紹介します。

Nさんはメンバーの中でも最年長に近い難聴のある男性で、回想法への参加意欲が高く、毎回何ページもの資料を用意して来られて昔の京都の様子や習慣などについて熱心に話してくれました。しかしながら、語られる内容がその時のテーマと一致しないこともあり、またしばしば個人的なエピソードよりも歴史的な事実が強調されました。そこでリーダーはNさんの回想をじっくりと傾聴した上で、今度はもっとNさんの個人的な思い出を聞かせて欲しいと伝えました。

すると、四回目のセッションからNさんの発言に変化が認められました。Nさんは、若いころ水泳選手を志していましたが、母親の反対で別の進路を選ぶことを余儀なくされたいきさつを紹介して、「えらいことになってしまった。せっかく（水泳を続ける道を）行きたいのに行かれんなあと思った」という当時の心情をいきいきと語りました。また、つづいて五回目には、結婚の翌日に兵隊に招集され、妻が母親の面倒を見て帰りを待っていてくれたというエピソードを話し、「そのことを思うといまだに涙が出る」という現在の心情が語られました。

ところで、Nさんは歌詞を自作して替え歌を作るという趣味を持っていました。六回目のセッションでは、会の終りに歌っていた「青い山脈」にこの茶話会についての歌詞をかぶせた「回顧の集い」という替え歌を作って持参されました。そこで、リーダーはNさんの替え歌をメンバー全員で歌うことを提案し、以降は会の終わりにこの歌を歌いました。

筆者はNさんが作って下さったこの歌がグループのまとまりに大きな役割を果たしたと考えています。Nさんが作られた「回顧の集い」の歌詞は、以下のようなものでした。

回顧の集い

一　北野お宮の　そば近く
　　集いの朝は　待ち焦がれ
　　昔　懐かし　話題は尽きず
　　纏め声　若きリーダーよ　有り難う

二　語る生い立ち　名札席
　　頂くお菓子　集うたび
　　交わす挨拶　笑顔で応え
　　学ぶ女《ひと》　仕草淑やか　お世話さま

三　卯月皐月の　想い出に
　　子供の袖は　湊すすり
　　手振り民謡　巧さにみとれ
　　閉じる今　続け集いよ　実りあれ

付記

本章の一部は、野村信威・山田冨美雄［2004］『高齢者に対する回想法の効果評価研究の展望―Evidence Based Medicine（実証に基づく医療）の観点から―』を加筆・修正したものです。

本章を執筆するにあたり、同志社大学文学部、橋本宰教授のご支援を頂きました。ここに記して御礼申し上げます。

（野村信威）

引用・参考文献

Ando, M.　2003　The effects of short- and long-term life review interview in the psychological well-being of young adults. ***Psychological Reports,*** 93, 595-602.

Butler, R. N.　1963　The life review：An interpretation of reminiscence in the aged. ***Psychiatry,*** 26, 65-75.

Castelnuovo-Tedesco, P.　1978　The mind as a stage：Some comments on reminiscence and internal objects. ***International Journal of Psychoanalysis,*** 58, 19-25.

Castelnuovo-Tedesco, P.　1980　Reminiscence and nostalgia：The pleasure and pain of remembering. In S. I. Greenspan & G. H. Pollack（Eds.）, ***The course of life：Psychoanalytic contributions toward understanding personality development.*** Vol.3：Adulthood and the aging process. U. S. Gov-

ernment Printing Office. NIMH.
Cohen, G.& Taylor, S. 1998 Forum : Reminiscence and ageing. *Ageing and Society,* 18, 601-610.
Coleman, P. G. 1994 Reminiscence within the study of ageing : The social significance of story. In J, Bornat.(Ed.), ***Reminiscence reviewed : Evaluations, achievements, perspectives.*** The Open University Press. 8-20.
遠藤英俊 2003 『いつでもどこでも「回想法」：高齢者介護予防プログラム』 ごま書房
Erikson, E. H. 1950 Childhood and society. W. W. Norton.（仁科弥生（訳）1977 『幼児期と社会』 みすず書房）
Erikson, E. H., Erikson, J. M. & Kivnick, H. Q. 1986 Vital involvement in old age. W. W. Norton.（朝長正徳・朝長梨枝子（訳） 1990『老年期：生き生きしたかかわりあい』 みすず書房）
Fallot, R. 1980 The impact on mood of verbal reminiscing in later adulthood. *International Journal of Aging and Human Development,* 10, 385-400.
Haight, B. K. 1988 The therapeutic role of a structured life review process in homebound elderly subjects. *Journal of Gerontology,* 43, 40-44.
Haight, B. K.& Burnside, I. 1993 Reminiscence and life review : Explaining the differences. *Archives of Psychiatric Nursing,* 7, 91-98.
Harp-Scates, S. K., Randolph, D. L., Gutsch, K. U.& Knight, H. V. 1985-86 Effects of cognitive-behavioral, reminiscence, and activity treatments on life satisfaction and anxiety in the elderly. *International Journal of Aging and Human Development,* 22, 141-146.
林 智一 1999 「人生の統合期の心理療法におけるライフレビュー」『心理臨床学研究』 第17号 390-400p.
林 智一 2000 「老人保健施設における心理療法的接近の試み―長期入所の高齢期女性との心理面

接過程から」　『心理臨床学研究』　第18号 58-68p.

Head, D. M., Portnoy, S. & Woods, R.T.　1990　The impact of reminiscence groups in two different settings. *International Journal of Geriatric Psychiatry,* 5, 295-302.

市橋芳則　2004　「回想法・高齢者ケアの古くて新しいツール―博物館と福祉と医療の連携により実現する高齢者ケアの取り組み」　『博物館における高齢者を対象とした学習プログラムの開発：文部科学省委託事業平成一五年度生涯学習施策に関する調査研究報告書』　日本博物館協会

藺牟田洋美・安村誠司・阿彦忠之　2004「準寝たきり高齢者の自立度と心理的QOLの向上を目指したLife Reviewによる介入プログラムの試行とその効果」　『日本公衆衛生雑誌』　第51号　471-482p.

伊波和恵・下垣 光・下山久之・萩原裕子　2004　『写真でみせる回想法：付　生活写真集・回想の泉』　志村ゆず・鈴木正典（編）　弘文堂

Ivey, A. E.　1971　*Microcounseling : Innovations in interview training.* Charles C Thomas.

回想法・ライフレビュー研究会　2001　『回想法ハンドブック―Q&Aによる計画、スキル、効果評価』　中央法規

河田政之・吉山容正・山田達夫・旭 俊臣・渡辺晶子・野村豊子・服部孝道　1998　「痴呆に対するデイケア、回想法の効果」　『老年精神医学雑誌』　第9号　943-948p.

来島修治　2002　「『テレビ回想法』のねらいと効果　生活場面で手軽に回想を」　『月刊 GPnet 5』　厚生科学研究所

黒川由紀子　1994　「痴呆老人に対する回想法グループ」　『老年精神医学雑誌』　第5号　73-81p.

黒川由紀子　2003　『百歳回想法』　木楽舎

黒川由紀子・松田 修・丸山 香・斎藤正彦　1999　『回想法グループマニュアル』　ワールドプランニング

Lewis, C. N. 1971 Reminiscing and self-concept in old age. *Journal of Gerontology,* 26, 240-243.
Lewis, M. I. & Butler, R. N. 1974 Life review therapy : Putting memories to work in individual and group psychotherapy. *Geriatrics,* 29, 165-173.
Lesser, J., Lazarus, L.W., Frankel, R. & Havasy, S. 1981 Reminiscence group therapy with psychotic geriatric inpatients. *The Gerontologist,* 21, 291-296.
LoGerfo, M. 1980 Three ways of reminiscence in theory and practice. *International Journal of Aging and Human Development,* 12, 39-48.
Magee, J. 1991 Using metaphors in life review groups to empower shame driven order adults. *Activities, Adaptation, and Aging,* 16, 19-30.
松田 修・黒川由紀子・斎藤正彦・丸山 香 2002 「回想法を中心とした痴呆性高齢者に対する集団精神療法：痴呆の進行に応じた働きかけの工夫について」 『心理臨床学研究』 第19号 566-577p.
Merriam, S. 1980 The concept and function of reminiscence : A review of the research. *The Gerontologist,* 20, 604-609.
Molinari, V. & Reichlin, R. E. 1985 Life review reminiscence in the elderly : A review of the literature. *International Journal of Aging and Human Development,* 20, 81-92.
中村敏昭・佐々木直美・柿木昇治・森川千鶴子 1998 「高齢者集団療法における回想法の試み」 『集団精神療法』 第14号 177-182p.
楡木てる子・下垣 光・小野寺敦志 1998 「回想法を用いた痴呆性老人の集団療法」 『心理臨床学研究』 第16号 487-496p.
野村信威・橋本 宰 2001 「老年期における回想の質と適応との関連」 『発達心理学研究』 第12号 75-86p.

野村信威・橋本 宰　2006（印刷中）「地域在住高齢者に対するグループ回想法の試み」　『心理学研』　第77号

野村信威・山田冨美雄　2004 「高齢者に対する回想法の効果評価研究の展望－Evidence Based Medicine（実証に基づく医療）の観点から」　『ストレスマネジメント研究』　第2号　71-78p.

野村信威・今永晴子・橋本 宰　2002 「高齢者における個人回想面接の内容分析の試み」　『同志社心理』第49号　9-18p.

野村豊子　1992 「回想法グループの実際と展開：特別養護老人ホーム居住老人を対象にして」　『社会老年学』　第35号 32-46p.

野村豊子（監修）　1997 『ビデオ回想法―思い出を今と未来に』　中央法規

野村豊子　1998 『回想法とライフレビュー：その理論と技法』　中央法規

野村豊子・黒川由紀子　1992 『回想法への招待』　筒井書房

大島真紀　2003 「痴呆性高齢者グループホームにおけるナラティヴ・アプローチ：回想法を用いた試み」『東洋英和女学院大学大学院修士学位論文（未公刊）』

太田ゆず・上里一郎　2000 「施設入所高齢者の回想と適応間との関連性について」　『ヒューマンサイエンスリサーチ』　第９号　23-40p.

Orten, J.D., Allen, M.E. & Cook, J. 1989 Reminiscence groups with confused nursing center residents : An experimental study. *Social Work in Health Care,* 14, 73-86.

長田由紀子・長田久雄　1994 「高齢者の回想と適応に関する研究」　『発達心理学研究』　第５号 1-10p.

Perrota, P. & Meacham, J. A. 1981 Can a reminiscing intervention alter depression and self-esteem? *International Journal of Aging and Human Development,* 14, 23-30.

Pincus, A. 1970 Reminiscence in aging and its implications for social work practice. *Social Work,*

15, 47-53.
Rogers, C.R. 1951 *Client-centered therapy; its current practice, implications and theory.* Houghton Mifflin.
佐治守夫・飯長喜一郎 1983 『ロジャーズ：クライエント中心療法』 有斐閣
Saxon, S. V., Etten, M. J.(著)・福井圀彦（監訳） 1990 『老年者のＱＯＬプログラム』 医歯薬出版
菅 寛子 2003 「グループ回想法施行に伴うメンバー間交流の質的変化」 『老年社会科学』 第25号 315-324p.
Thornton, S. &Brotchie, J. 1987 Reminiscence: A critical review of the empirical literature. *British Journal of Clinical Psychology,* 26, 93-111.
Webster, J.D. 1993 Construction and validation of the Reminiscence Function Scale. *Journal of Gerontology,* 48, 256-262.
Webster, J.D. & Haight, B.K. 1995 Memory lane milestones: Progress in reminiscence definition and classification. In B.K. Haight & J.D. Webster (Eds.), ***The art and science of reminiscing: Theory, research, methods, and applications.*** Taylor & Francis.
Wong, P.T.P. & Watt, L.M. 1991 What types of reminiscence are associated with successful aging? *Psychology and Aging,* 6, 272-279.
Yalom, I. D. 1975 *The theory and practice of group psychotherapy.* 2nd ed. Basic Books.
山口智子 2000 「高齢者の人生の語りのおける類型化の試み」 『心理臨床学研究』 第18号 151-161p.
山口智子 2004 『人生の語りの発達臨床心理』 ナカニシヤ出版
吉山容正・渡邊晶子・河田政之・野村豊子・旭 俊臣・服部孝道 1999 「アルツハイマー病におけ

る回想法を取り入れたデイケア反応例と非反応例の比較検討」『老年精神医学雑誌』第10号
53-58p.

ソーシャルサポート—他者との支え合い—

三浦正江

私たちは日々の生活の中で、家族、友人、病院・施設の職員といった周囲の人たちから、さまざまな援助（ソーシャルサポート）を受けています。ソーシャルサポートにはいくつかの種類がありますが、大きく分けて、①家事や仕事の手伝い、金銭援助などの〝具体的な援助〟、②話しや相談を聞くといった〝精神的な援助〟、③必要な情報や分からないことを教えるといった〝情報的な援助〟があります。

これまでの研究から、「ソーシャルサポートを十分に受けている」と感じている人、つまり「他者からの援助を十分に受け、支えられている」と感じている人は、日々のストレスを感じにくいことが確認されています。高齢者について調べたものでも、「サポートを十分に受けている」と感じている人は日常生活への充実感が高く孤独を感じにくいこと、また自分自身の価値や生きている意味を感じる（自尊感情）程度が高いことなどがいわれています。つまり、「周囲の人たちから支えられている」と思えるかどうかは、高齢者の心の健康やＱＯＬ（Quality of Life：人々の送っている生活の向上についての評価基準）を考える上でとても重要な点だといえるでしょう。

しかし、もし「いつも周りの人たちから助けられてばかりだ」と感じているとしたら、それでも「他者から支えられているのだから幸せだ」と思えるのでしょうか？　このような疑問から、最近では「自分自身が周囲の人を援助している、支えている」という気持ちが注目されつつあります。つまり、「自分自身が他者をサポートしている」という気持ちの大きさが、高齢者の心の健康に関係しているのではないかという考え方です。

このような視点からおこなわれた研究では、「サポートを受けている」という気持ちと同様に、「相手をサポートしている」という気持ちが高齢者の自尊感情を高めることが報告されています。また、「相手をサポートしている」と感じている人は生活充実感が高く、孤独を感じにくい特徴が見られました。

援助する相手が誰かによって、上記のような特徴が異なるかを調べたものもあります。援助の相手として、配偶者、配偶者以外の家族、友人・知人の三種類を設定し、それぞれの相手からどのくらい援助されているか、またどのくらい援助しているかを尋ねました。すると、友人・知人の場合は、「十分に援助され、かつ自分も相手を援助している（支え合っている）」と感じている人は充実感が高く孤独はあまり感じていないという特徴が見られました。一方、配偶者や家族と「互いに支え合っている」と感じている場合には、これらの特徴に加えて、人生満足度や自尊感情が高いなど、幅広く高齢者のＱＯＬに関与していることがわかりました。さらに、配偶者や家族に対しては、あまりサポートを受けていなくても「自分自身が夫（妻）／家族を支えている」という気持ちを持っている場合には、人生満足度や生活上の充実感が高いこと、逆に「家族は自分を十分に助けてくれているが、自分は全く助けになっていない」と感じている人は、充実感や自信が低いという特徴が見られました。

高齢期は、身体のさまざまな機能の低下や社会的役割を喪失する時期であり、他者からの援助を受ける機会が多くなっていきます。だからこそ、「自分は人から一方的に援助されているのではなく、自分自身も相手を助け支えているのだ」という気持ちを持つことが大切だといえます。人は、〝支えてくれる誰かがいる〟だけでなく、〝誰かを支え役に立っている〟と感じてはじめて、本当の満足感を抱くことができるのかもしれません。

（みうら・まさえ　東京家政大学）

第4章　ライフレビューブック

――高齢者との関係構築のための個別回想法――

1　生活者としての高齢者

高齢者の包括的な支援は、医師、看護師、介護福祉士、保健師、ケアマネージャー、理学療法士、作業療法士、ホームヘルパー、臨床心理士など多くの専門職が担っています。専門職は、専門性をもとにクライエントとの関係構築をします。例えば、臨床心理士の専門的技術や、彼らとの信頼できる職業的な関係は、クライエントとの信頼関係をつなぐきっかけとなります。それは、援助者と被援助者という専門性のある信頼関係（ラポール）です。日常生活を援助する他の多くの職種においても、専門的な援助技術は関係構築のための基礎となります。ラポールという専門的な関係は心理療法に欠くことのできない重要な関係ですが、高齢者をとりまく関係には、より多様なものがあるということも見逃してはなりません。

高齢者をとりまく社会的な支援には多様な資源があります。ごく自然な日常的な人間関係も高齢者にとって必要なのです。それは、すべての人がクライエントである前に生活者であり、常に専門家の援助に頼るという関係は、長い人生の経験からは、きわめて特殊で非日常的なことなのだということも忘れてはなりません。なじみ深い過去の生活や慣習に重きを置く人々――高齢者にとって、援助者に頼るという専門的な人間関係は、本当に心から望んだものなのでしょうか。

友人、家族、地域でのごくあたりまえの日常的な人間関係はとりわけ大切です。専門的な立場から見ても、高齢者の抱え環境［神田橋、1997］を生かすことの大切さが指摘されています。専門職が常に、高齢者の心を支えているし、支えるべきであると専門職側が考えることは、かえって高齢者自身を被援助の対象として特殊なものに変え、地域や日常性から分断された「援助場面での高齢者」という一面が強調されやすくなってしまいます。すなわち、高齢者の、脆弱な存在、あるいは常に注意を払うべき存在といった側面が強調されることで、「生活者としての高齢者」という面が見えなくなってしまいます。では、高齢者にとっての日常的な関係は、心理的援助としてはたしてどのような意味があるのでしょうか。

多様な心理療法のなかから高齢者にとって有効な方法を選択し、高齢者の適応を促す支援はもちろん重要なことと言えます。ただし、認知症のような障害のある高齢者、不治の病にかかった高齢者、人生の終焉にある高齢者にとって、どのような目的が、あるいは、どのような方法が、心理的な援助を行う上で大切になるのでしょうか。なかには、高齢者自身の個人としての成長や心理・行動・情緒的な改善に有効性が性急には期待できない場合もあります。高齢者が変化せずに維持していることを見守る支援もまた大切なことと言えます。老年期の多くの心理的な機能は、すべてが老い衰えていくものではありませんが、常に環境に適応的に成長したり変化を望めるものではありません。高齢者自身が自ら努力し、環境に適応していくスキルを高めることができれば、それは、大切なことであるのは言うまでもありませんが、周囲の援助者が、高齢者のありのままを認めることも、ごく自然なことでいて欠くことのできない環境側からの働きかけだと考えられます。家族形態とライフスタイルの変化によって効率的な介護や援助が求められている今日では、時間をかけて高齢者を認め、維持を見守る長丁場の支援は今日の社会では魅力的なものに映るとは限らないかもしれません。

さて、ライフレビューブックとは、高齢者が周囲に合わせて変化することを助けるための支援ではなく、援助者に高齢者を認める機会づくりのための支援方法です。すなわち、高齢者を支援する職員や家族が、高齢者の生きてきた生活の歴史を認める機会を提供する方法です。高齢者への対応方法を調整し、関係のなかで高齢者がありのままでいることを認めることは、働きかけは少なくても、多くの意味があります。

また、金沢［1999］によれば、長年にわたるカウンセリングの研究では、多様な方法論があるにもかかわらず、治療効果に違いがみられず、さまざまなアプローチや技法に共通する要素、すなわち治療同盟、作業同盟（カウンセラー――クライエント間の対人関係の良好な関係）がもたらす効果が大きいのではないかと指摘されています。そこで高齢者を援助する側の対人関係維持能力、すなわち、高齢者との良好な関係構築が心理的な援助として重要な鍵を握るのではないかと考えられます。本章では、高齢者の関係構築をめざした個別回想法であるライフレビューブックについて解説します。

2 ライフレビューとは

「ライフレビュー」（life review）という用語は、バトラー［Butler, 1963］によって提唱されました。死すなわち人生の終焉が近づくと、すべての人間が人生を展望するという、普遍的で自然な過程をさします。ライフレビューの過程では、過去の葛藤を解決したり、喪失について悲嘆したり、過去の過ちについて、自分自身や関わりのあった他者を許したりするという欲求が生じます。あるいは、自分自身の成功をねぎらい、自分の人生への満足感が生まれたりします。ただし、ライフレビューが肯定的な心理状態をもたらすか否定的な状態をもたらすかについては個人差があります。

エリクソン［Erilkson, 1963］は、心理社会的な発達課題の中で、老年期の発達課題と危機をとりあげ、課題を「自我の統合」すなわち永続的な包括の感覚とし、危機を「絶望」すなわち恐怖と望みがないという感覚と位置づけました。エリクソンら［Erikson, Erikson & Kivnick, 1986］によれば、老年者は、「残された未来を生き抜くための知恵の感覚を統合し、現在生きている世代の中でうまく釣り合う位置に自分を置き、無限の歴史的連続の中で自分を受け入れる」という課題に直面します。老年期の発達課題、自我の統合を達成するのに、「ライフレビュー」すなわち自らの人生をふりかえることは、自然ななりゆきであると言われています。

3 ライフレビューセラピーとは

バトラーが「ライフレビュー」(life review)を提唱して以来、「レミニセンス」(reminiscence)や「ライフレビュー」に関する議論や有用性について、多くの研究者によって議論が展開されてきました[Haight & Webster, 1995]。では、「ライフレビュー」にはどのような特徴があるのでしょうか。「レミニセンス」と「ライフレビュー」は、過去の記憶を扱うという点では共通していますが[Haight & Burnside, 1993]、「レミニセンス」とは、レクリエーションを目的とすることが多く、テーマの設定については、流動的であり、聞き手の質についても問われることはありません。一方、「ライフレビュー」は心理的援助という意味あいが強くなり、高齢者を統合に至るように導き、構造化され、治療的志向性を持った聞き手が傾聴する、という特徴が存在します。

また、ウェブスターとハイト[Webster & Haight, 1995]は、過去を想起すること(recall)に関連した用語として、「レミニセンス」「ライフレビュー」「自伝的記憶」「ナラティブ」の四つをとりあげています(**表1**)。

「ライフレビュー」は、「レミニセンス」に比べ、自発性という点では低いことが指摘されています。すなわち、「ライフレビュー」は、ライフイベントや危機的な状況、人生の転機といった引き金がないと、自然には生じにくい想起であることを示しています。あるいは、個人の発達過程の中で重要な出来事が、過去の価値観や目的の再評価を促した場合

表1 想起(recall)の4つのタイプ[Webster & Haight, 1995]

想起(recall)のタイプ	自発性	構造化	評価的	頻度	自己理解
レミニセンス	高	低	中	高	低
ライフレビュー	中	高	高	低	高
自伝的記憶	低	高	中ー高	低	中
ナラティブ	中ー高	低ー中	低	低ー中	低

※高、中、低は、程度を示している。※中—高は中と高の間、低—中は、低と中の間を示している

にも生じます。それに比べて「レミニセンス」は、回想の糸口や内容や方法はどのようなものであっても生じるとされています。

その他の指摘では、「ライフレビュー」は他の三つに比べ、「構造化」されているということも特徴です。「構造化」とは、子供時代から最近のことにかけての時系列的な話題をとりあげるという、体系化されたテーマにしたがって回想することをさしています。その手順は必ずしも発達段階の順に行わなくてもよいのですが、すべての段階についてのテーマを網羅するように回想します。**表2**は、ハイトらによって開発されたLife Review Experiencing Formです。これをみるとあらゆる発達段階をくまなく網羅しており、評価や洞察を促すような質問項目が用意されているのがわかります。

また「ライフレビュー」は「評価的」であり自己理解を促進しやすいという特徴があります。「評価的」というのは、生じた出来事が人生へ与えた影響、重みについて、十分に洞察できるプロセスのことをいいます。治療的な聞き手は「その出来事があったとき、どのように感じましたか」などのような質問によって、語っている内容についての感情や意味についても洞察し、吟味するように促します。語る内容は、肯定的内容と否定的内容の両者を含みます。このプロセスによって、過去の出来事についての洞察を深め、意味の再構成を促し、過去の葛藤を受容させ、否定的な感情を肯定的なものに変化させるよう援助します。また、テーマを繰り返し語ることは心理療法でのカタルシス効果の機能も持ち合わせています。そして、「ライフレビュー」は集団療法ではなく、個人療法で回想を行うのが通常です。

表2　Life Review Experiencing Form［Burnside & Haight,1994］（抜粋および一部改変）

A 幼少期

人生の中で一番思い出すことのできることは何ですか。出来る限り昔のことについて教えてください。

子どものときあなたが気に入っていたものは何ですか。

あなたの両親はどのような方でしたか。ご両親の短所、長所はなんですか。

兄弟または姉妹がいましたか。それぞれどのような方であったか教えてください。

あなたの成長過程でどなたか親しい方が亡くなったことはありますか。

あなたから離れていった大切な人はいましたか。

病気、事故、危険な経験がありますか。

あなたが失った大切なものはありますか。

教会は人生の大きな部分を占めますか。

ボーイフレンド・ガールフレンドとともにいる時間を楽しみましたか。

B 青年期

10代の頃というと最初に思い出すことは何ですか。

あなたにとって重要な人は誰でしたか。その人について教えてください。

兄弟、姉妹、友人、先生、特に親密であった人、あなたが認めた人、あなたが好かれたかった人は。

教会や青年グループに参加しましたか。

学校に行きましたか。そのことはあなたにとってどのような意味がありましたか。

青年期には働いていましたか。

青年期にあなたが経験した困難なことを教えてください。

あなたを魅了した人を覚えていますか。

性行為や性同一性をどのように感じていましたか。

C 家族と家庭

あなたの両親二人の関係はどうでしたか。他の人との関係はどうでしたか。

家庭という雰囲気はありましたか。

子供のとき罰せられたのは何処ですか。何のために。誰に。誰が「ボス」でしたか。

両親から何かもらいたいとき、それをもらうときにどのように振舞いましたか。

あなたの両親が最も好んでいた人はどのような種類の人でしたか。また最も好んでいなかった人は。

家庭の中でも最も親密だった人はどなたですか。

家族の中で最も好きだったのは誰ですか。なぜですか。

D 成人期

さて、あなたの成人としての人生に話を移します。20年さかのぼったこところから始めます。

成人期に起こった最も重要な出来事を教えてください。

20－30代の頃の人生はどのようなものでしたか。

あなたはどのようなタイプの人でしたか。楽しかったですか。

仕事について教えてください。仕事は楽しかったですか。生活に見合った収入でしたか。

懸命に働きましたか。それは評価されましたか。

〈次頁へつづく〉

結婚しましたか(はい：どんなタイプの配偶者でしたか。いいえ：なぜ結婚しなかったのですか)

結婚はよくなる、または悪くなると思いますか。

あなたにとって性的な営みは重要でしたか。

子どもはほしかったですか。子育てについてのあなたの考えを教えてください。

成人期に遭遇した主要な問題はどのようなものでしたか（親密な人の死、別離、病気、引越し、転職など）

E 要約と評価

概して、あなたが送ってきた人生はどのようなものでしたか。

もしすべてが同じだとしたら、もう一度自分の人生を生きてみたいですか。

もし同じ人生ならば、何か変えたいですか。それとも変えないですか。

あなたの人生についての感情や考えを話し合いましょう。今までの人生で満足したことを教えてください。

誰でも失望したことはあります。人生の中でも最も失望したことは何でしょう。

人生の中で直面した最大の困難はなんでしたか。

人生の中で最も幸福だったことは何でしたか。なぜ幸せでしたか。なぜ今はそうではないのでしょう。

人生の中で最も不幸だったことは何ですか。なぜ今のほうが幸福なのでしょうか。

人生の中で誇り高かったことは何でしたか。

今現在の自分自身について少しお話ください。今現在の自分自身でもっともよいことは何ですか。

今現在の自分自身で最も悪いことは何ですか。

年をとるにつれて、何が起こってほしいと思いますか。何が起こることが不安ですか。

ライフレビューに参加して楽しかったですか。

また通常の心理療法とは異なる点も指摘されています［Haight, Coleman & Lord, 1995］。心理療法では、語り手によって、問題性のある内容を集中的に治療的な聞き手が傾聴します。しかし、ライフレビューでは、特定の問題を想起させるのではなく、特定の期間の内容について全般的に話し合います。すなわち「ライフレビュー」では特定の病理や問題を見出すことのみが目的なのではなく、必要であるのは、語り手の肯定的な側面や普通の生活の側面も含めて包括的に聴くということです。心理面接に取り組み始めた初心者の臨床家では、治療のために問題を発見することに終始してしまい、病理的な側面や問題性ばかりに注意が向いてしまうことがあります。「ライフレビュー」では病理的な側面のみを扱うのではなく、肯定的な部分、生活の部分なども含めて傾聴することが求められます。

4　ライフレビューブックとは

(1)　ブックを作成する目的と活用方法

ライフレビューブック（以下ブックと記述）とは、高齢者の人生に個別に対応した回想を用いたコミュニケーションの方法です。ブック作成の目的は大きく分けて以下の三点です。第一に、ライフレビューとしての効果です。ブック作成を目標に、ライフレビューセラピーを展開することができます。第二に、語りの手がかりを提示するという試みです。語られた回想はブックとしてまとめられ、視覚的な手がかり資料として再びライフレビユーセラピーの導入に活用することができます。第三に高齢者の生きてきた時代を知り、聞き手が高齢者の人生を「認める」ことができます。ライフレビューでは、断片的に語られた内容が、最終的にブックにまとめられ、高齢者の人生を全体的に眺めたうえで理解し、その人となりや生活史を学ぶことができます。

(2) ライフレビューを日本の高齢者現場へ応用するための変更

ライフレビューセラピーは、欧米で発展してきた方法です。現場で実践する上で文化的差異を考慮し、日本の高齢者施設の事情に合わせ、いくつかの変更を加えました［志村ほか、2005／伊波ほか、2005／下垣ほか、2005／萩原ほか、2005］。ライフレビューの開発の過程で、実践の場のユーザーである医師、看護師、介護福祉士、作業療法士、臨床心理士、精神保健福祉士などの多職種の経験や体験を参考に手続きを大きく塗り替えてゆくことが有効であると考え、カウンセラーとしての教育を十分に受ける機会のない専門職でも実践できるように、ライフレビューセラピーに改訂を加えました。その特徴は、以下の二点に集約できるといえます。

①「構造化されている」ことへの変更

質問例やテーマ例などは、高齢者の個別性に合わせます。例えば、結婚生活で外傷体験のあった人にとって「結婚」というテーマは心の傷をおびやかすものとなる可能性もあります。事前の生活記録を参考にしてそれを避けるよう注意を促しました。男性にとっての

「仕事」は、女性で主婦を担ってきた人には「家事」というテーマがふさわしく、テーマは本人に選んでもらうように設定しました。加齢によって、体験の個別性が大きく広がる壮年期では、個人差に合わせてテーマを選択できるようにしました。また、子どもの頃、青年時代などのテーマは、「遊び」「友達・先生」「おしゃれ」などのようにその時期に生じる頻度が多いと思われる、具体的なテーマに書き換えました。漠然と子ども時代に生じた出来事を尋ねても回想することが難しいためです。そのため、具体的な出来事を想起するきっかけとなるように質問例を用意しました。ただし、このテーマに限定してしまうことで回想の自由度が限定されてしまうこともあります。そこでここから連想されることを大切にするように傾聴する話の広がりを重視しました。

②評価的であることへの変更

高齢者が自らの人生を評価するということは、外的な心の支えと自らの洞察する心の力が必要となります。そこで評価を促したり、支えたりする治療的な聞き手の存在は欠くことはできません。一方、ライフレビューの聞き手は必ずしも臨床心理士とは限りません。看護師、介護職、医師、ソーシャルワーカー、作業療法士と担うべき聞き手の職種は広がりをみせています。また、多くの高齢者の支援現場には必ずしもカウンセラーが在職しているわけではありません。さらに、対象者も自分の心について深く見つめなおす気力や精神力のある人ばかりとも限りません。「評価的であること」というのは、健康で認知機能の保たれている人にとっての大切な目標となりますが、それをすべての高齢者に急いだり、押し付けたり、強制することはしないように留意しました。とくに認知症などの障害のある高齢者は、聞き手にとって明確な言葉で内省し、洞察し人生の評価が展開できるとは限りません。最終的に「評価的であること」の部分は実施者や対象者の個別性に柔軟に合わせる必要があります。

(3) 回想を促す手がかり

過去の想起を促す手がかり刺激には、さまざまなものがあります。基本的には視覚、聴覚、嗅覚、触覚、味覚などの五感の感覚を刺激するものが記憶の手がかりになります。ブックを作成する際に使われる個人のアルバム、資料、写真などは回想を促す視覚的な手がかりとなります。たとえば、「単に子ども時代を思い出してください」と言われても、どの年代あたりを思い出したらいいか迷いをともなう高齢者に対して、視覚的な手がかりや過去を投影するイメージ（絵・写真・映像など）を提示することは手がかりとして有効です。また、仕上がったブックそのものが手がかりにもなります。

(4) 高齢者の生きてきた生活を知るということの意味

ブック作成は、当事者の生きてきた生活者としての歴史をそのまま知ることにつながります。

多くの高齢者施設には、利用者の「生活記録」があります。それは、聞き手が医療モデルとしての高齢者の疾患について客観的に理解するのに役立ちます。しかし、それを見ると、利用者の問題の部分が非常に多く記録されているのがわかります。例えば、異食、暴言、失禁などのような記述です。高齢者の問題性を浮き彫りにしたこの記述は、高齢者の身体の安全を守るために必要な情報ではありますが、職員の警戒を増し、注意すべき「高齢者像」のイメージを強くしてしまいます。そのような雰囲気を高齢者は受け取り、自分自身の行動に対する不安感が増し、かえってそのような行動が増える可能性が高くなってしまうこともあります。

ブックには高齢者の生活者としての記録を書き込むことになります。「ふるさと」、「家の周囲の様子」、「学校生活」などその人の送ってきた素朴な人生の思い出が書き込まれます。そこには病理的な側面ではなく、生活者として生きてきた素朴な生活や男性性や女性性、生活者としてのその人らしい個性が描かれます。生活というのは、援助者との接点を結ぶイメージの共有できるものであり、高齢者と援助者との関係を結ぶ材料になります。また、そこから生活者としてどのような生活を大切にしてきたのかという価値観を理解することができ、それが高齢者の生活の一部を支援する有益な情報となります。

そのほか、ブックに表現された内容に高齢者の生きてきた時代を知るさまざまな歴史的情報が表現されます。世代が高齢者からずっと離れている若年の臨床家や現場の援助者にとって、高齢者のその時代に重要視されてきた価値観などを知ることはその世代の理解を促すきっかけとなります。共通イメージがなく、共感することの難しい世代のギャップを埋めるための一助として、高齢者の生きてきた時代の補助的イメージを与えてもらうことは、高齢者の語る過去の出来事を理解する教育的な側面もあります。

(5) 専門家としてではなく共同作業者として語りを聴くということ

ブック作成のための話の聞き方というのは、ある枠組みや構えに従って話を聞くのではありません。ときに、聞き手は、聞き手の枠組みで高齢者の話を理解し、聞き手の表現で語りを構成してしまうことがあります。ブック作成とは、人生のありのままを聞き、それを本人と一緒に確認しながらブックに書き込むという共同作業です。高齢者の語った内容と聞き手の理解の不一致はブックへの書き込み時に確認して、誤っていたら書き直すことができます。

(6) ライフレビューブックの関係構築に関係した効果とは

これまでのライフレビュー研究から、対象者の障害の種類や導入方法によっても得られる効果が異なると報告されていますが、関係構築に関する効果の可能性を示した研究には次のようなものが挙げられます。

・介護者へのコミュニケーションスキル教育の効果［Puentes, 2000］
・高齢者と専門職との関係構築の効果［黒川、1994／野村、1996／Goldwasser & Auerbach, 1996］
・世代間交流の教育的な効果［McGowan, 1994］
・高齢者同志の関係形成の効果［Head et al., 1990／野村、1992］
・家族関係の構築の効果［Porter, 1998／Hussai & Racza, 1997／Sandberg, 1999］

5　ブック作成の実施方法

（1）　実施する前の準備

①作成を担うスタッフとの打ち合わせ

施設や病院では、施設長や管理職者を含めた施設職員の研修を行います。研修は、施設内での啓蒙（キャンペーン）活動という意味もあり、ブックの意味や効用や方法について組織やそれをとりまく資源全体に対して教育的な働きかけとなるようにします。すなわち、個別回想法を導入するために施設内で、ある程度の労力や費用が提供されることになるので、それへの理解を得るための活動が大切です。

②ブック情報を職員や家族と共有することの取り決め

個人情報保護法という法律の制定により、情報の守秘と共有には繊細な扱いがより重視されるようになってきました。ブックは、個人の思い出の簡単なコメントのように見えてもまぎれもない個人情報です。大前提としては、個人情報の書き込みは個人の「その人らしさ」を示すものであり、援助のために職員や家族で共有することは関係をつなぐのに有効な方法と言えます。一方で、個人情報保護に関する慎重さも大切です。

では、どのような点に留意が必要でしょうか。まずは、情報を家族や職員と共有することが前提であるブックの書き込み内容は、本人とよく相談して書き込むということが大切です。書き込んで共有してもいいものとしたくないものの希望をここで決めます。しかしながら、本人が認知症の場合には、思いがけず語ってしまったり、書き込みを許可したりして、後でやはり他の職員あるいは家族には見せたくないと訴えることもあります。職員や家族との関係に葛藤を生じていたり、書き込み内容が深刻で重いことに関連する場合にも、「ブックに書きたくない」、あるいは作成した後で「ブックを見せたくない」と訴えることがあります。だからといって、職員一人で情報を守秘するわけにもいかないことがあります。そのような内容は、チーム内の信頼関係で共有し、施設内で守秘を守り慎重に扱うことが大切になります。一方で情報を共有しなければ、質の高い援助ができない場合もあります。本人の援助にとって大切な情報が語られる場合もあるわけです。個人情報保護法の方針は、**表3**に示したとおりになります。この方針に合わせて柔軟な対応策を施設内で取り決めておく必要があります。

③チームでの連携

施設では、ブックを作成するグループをチームにして行い、ミーティングを行うとよいでしょう。チームにおけるアプローチは個別にブックを作成している過程で生じる疑問点、人生を支えているという重さをさまざまな職種で支えあうなどの工夫が必要です。ブック導入の初期には、精神科医、臨床心理士、ソーシャルワーカーなどメンタルヘルスの専門

表3　ライフレビューブック作成に関わる個人情報保護法の取り扱いの解説

●どのような目的で利用されているのかについて原則として本人に通知しなくてはならない。
●原則として、本人に書面または本人が同意した方法により開示しなくてはならない。
開示しないことができる場合の例
本人または、第三者の生命、身体、財産その他の権利利益を害するおそれがある場合
個人の情報取り扱い業者の業務の適性な実施に著しい支障を及ぼすおそれがある場合
●内容が事実でないときは、利用目的の達成に必要な範囲内において訂正を行わなければならない。
●利用目的による制限、適切な取得、第三者提供の制限に違反していることが判明したときは、違反を是正するために、必要な限度で、原則として、利用停止などを行わなくてはならない。

※首相官邸個人情報保護に関する法律ホームページアドレス：http://www.kantei.go.jp/jp/it/privacy/houseika/hourituan／を参考にして作成した。

家を交えてのコンサルテーションを行うとよいでしょう。

④ボランティアをコーディネートする

特別養護老人ホームなどで、スタッフの人数が不足し、個別回想法を担うスタッフの人数が限られる場合、ボランティアの力を借りることができるでしょう。ボランティアの方々へブック作成の研修を行い、常勤スタッフのサポートのもとで、ブック作成を担うと少ない人数を補うことができます。

⑤本人へのお誘い

回想法あるいはライフレビューという言葉でお誘いをすると、「何か難しいことをするのではないか」「大変な試みに参加しなくてはならないのでは」と大きく構えてしまいます。日常の言葉でわかりやすく伝えることが大切です。「記念に思い出のアルバムを作ってみませんか。一緒に協力をいたしますのでいかがでしょうか」作成見本などを持っていき、このような思い出の冊子であると見せながら伝えるとよいでしょう。

⑥高齢者の心理的アセスメント

ブック作成の過程で、「思い出してもらえない」、「質問に答えてもらえない」と不安を持つことがあるかもしれません。これは面接者の技術というよりも、高齢者のコミュニケーションの限界なのかもしれません。その限界をふまえずに、目標レベルを高く設定し、豊かな回想をしてもらおうと執拗に働きかけてしまうことは、ライフレビューが高齢者にとって負担になる可能性を生じさせてしまうものです。作成者がブックの導入に困難さを持たないかどうかについて、簡易なものであっても記憶に関するアセスメント、スクリーニングのための質問などを実施するとよいでしょう。現場に臨床心理士が勤務している場合には、心理アセスメントを依頼すると適切な情報をもらえます。作成者がライフレビューにおける評価や洞察をどのくらい深く行うことができるのか、発言量や想起量などを予測したり、限界や可能性を知るためにも大切です。

簡単なアセスメントであっても次のような方にはライフレビューは禁忌と考えられます。重度のうつ病、重度の認知症、重度の精神障害、身体的な治療を優先しなければならない場合、強い外傷体験があり心理的な動揺が激しく見られる場合。

⑦家族との連携

ブックを作成する前に、ご家族との連絡を取っておくとよいでしょう。これは、ブックを作成するというきっかけで、施設と家族、家族と高齢者の関係をつなぐきっかけになります。またブックをつくるために情報提供をしてもらうことによって、ブックに貼り付けるための視覚資料や情報が充実します。また認知症で、思い出すことに困難さを示す人にとって情報の補足になります。

⑧時間や場所の設定

スタッフのシフトや高齢者の都合との時間調整を行い、都合の良い時間を打ち合わせておくとよいでしょう。ブックにかける時間は一時間以内にします。それは、高齢者の疲労を避けるためです。ブックの作成は、多くの環境刺激と聞き手の働きかける質問とが混乱して聞きとりづらくならないよう、人通りの少ない静かな場所で行うのが適切です。また、ブックをいつどこでどのスタッフがどの対象者と行うのかのスケジュールを、ケアステーションなどに掲示をしておくとよいでしょう。**写真1**はスケジュールの作成例です。

⑨用意する材料など

聞き取りを記録する記録用紙（日付や時間などを記入）、ブック作成のための台紙（A4横向きの用紙にテーマを書いたもの［志村ほか、2005a］などを参照）、ブックに貼り付けるための素材（個人のアルバムからの写真、思い出の資料、祝いのカードや手紙、生まれた場所の地図、紅葉や銀杏の落ち葉、地域の資料、その人の希望で貼り付けたいものはカラーコピーして貼る）

⑩セッションの回数と最終セッションの設定

ブックを作成する際には、最終セッションの期限を決めておくのがよいでしょう。最終セッションの日程を決めておくことでセッション中の緊張感を保つことができるのと同時

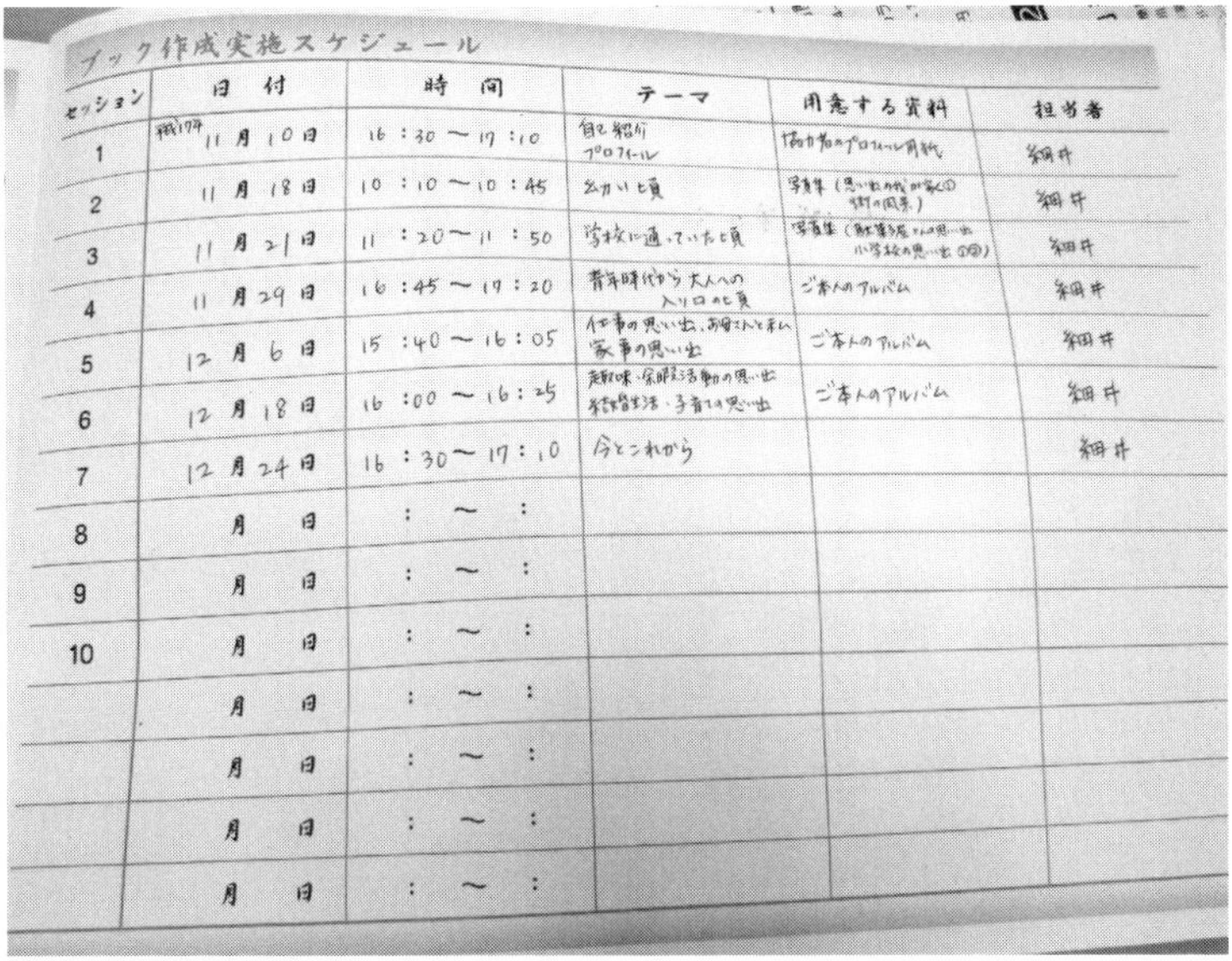

写真1　時間を柔軟に設定できるブック作成実施スケジュール

に、作成者にとってもどこかで期限があるという集中力を持つことができます。

(2) 実施の手続き

①作成の手順やフォームの例

ライフレビューの手続きは、110ページのようにアレンジを加えていますので、ハイト［Haight, 1988］とは若干異なる方法を紹介します。ブックの手順については、以下のような手順で行うと実践しやすいでしょう。

初回について　高齢者に語っていただくためには、自己紹介が重要な機能をもちます。これは回想前のウォーミングアップで、初回面接的なインタビューと位置づけられます。自分自身のプロフィールを視覚化できるように紙に書いておき、それを渡して自己紹介を丁寧に行うとよいでしょう。後で確認できるということは、高齢者の記憶を補助するために役立ちます。高齢者の自己紹介もしてもらうよう促します。これは、心理面接における生活歴聴取の面接とは異なり、高齢者の趣味、価値観など生活者としてのごく自然な会話を展開してゆく糸口ひろいとなります。

次の回から開始されるライフレビューセッションで語る話のテーマを決めておきます。いくつかのテーマ例（作成見本）や質問例を先に提示し、どのテーマが取りかかりやすいかを尋ねておくとよいでしょう。選んでもらったテーマをもとに、次回までに話のきっかけとなる資料や写真などを用意しておくとスムーズです。

ライフレビューセッション　前回選んでもらったテーマに関わる質問例を参考にして話を丁寧に聞きます。テーマに関連する写真や資料などを回想の想起のきっかけとして用います。こちらのわかる範囲で何の写真であるかのあらましを伝えた後で、語り手に写真の背景をより詳しく教えてもらったりするのもよいでしょう（**写真2**）。このように回想の糸口をこちらで大まかに準備します。聞いた話は、下書きとして記録用紙に記入しておきます。セッションのしめくくりは、そのセッションで語ってもらった話を振り返ります。そこでは、回想イメージで一杯にならないよう気分の冷却化をはかり、現実適応を目指すことができるように「現在の生活」「これからの生活予定」などについて聞いておきます。毎回のセッションの終わりには、ねぎらいと感謝を必ず伝えます。

ブック作成のセッション　次の回では、前回の話を振り返り、書き込む内容や貼りたい資料などを協働作業で選び、一緒に書き込んだり、貼り付ける作業を行います。でき上がったブックのページを振り返り、感想などを聞いておきます（**写真3**）。次の回のライフレビューセッションのテーマを決めます。選んでもらったテーマをもとに次の回までに話のきっかけとなる資料や写真などを用意します。

必要なセッションの繰り返し　「ライフレビューセッション」、「ブック作成のセッション」をブックの完成まで必要な回数だけ繰り返します。

まとめのセッション　最終回では、ブックの全体のページを振り返ります。作成されたページを概観し、ブックの要約を行います。ここでは、「過去のまとめ」、「今」、「これか

写真2　セッションで使う手がかり写真素材の例（撮影　市橋芳則）

「これは家族で食事をする時の部屋の様子です。ここには何があるでしょうか」と問いかけながら、回想の糸口にしていきます。

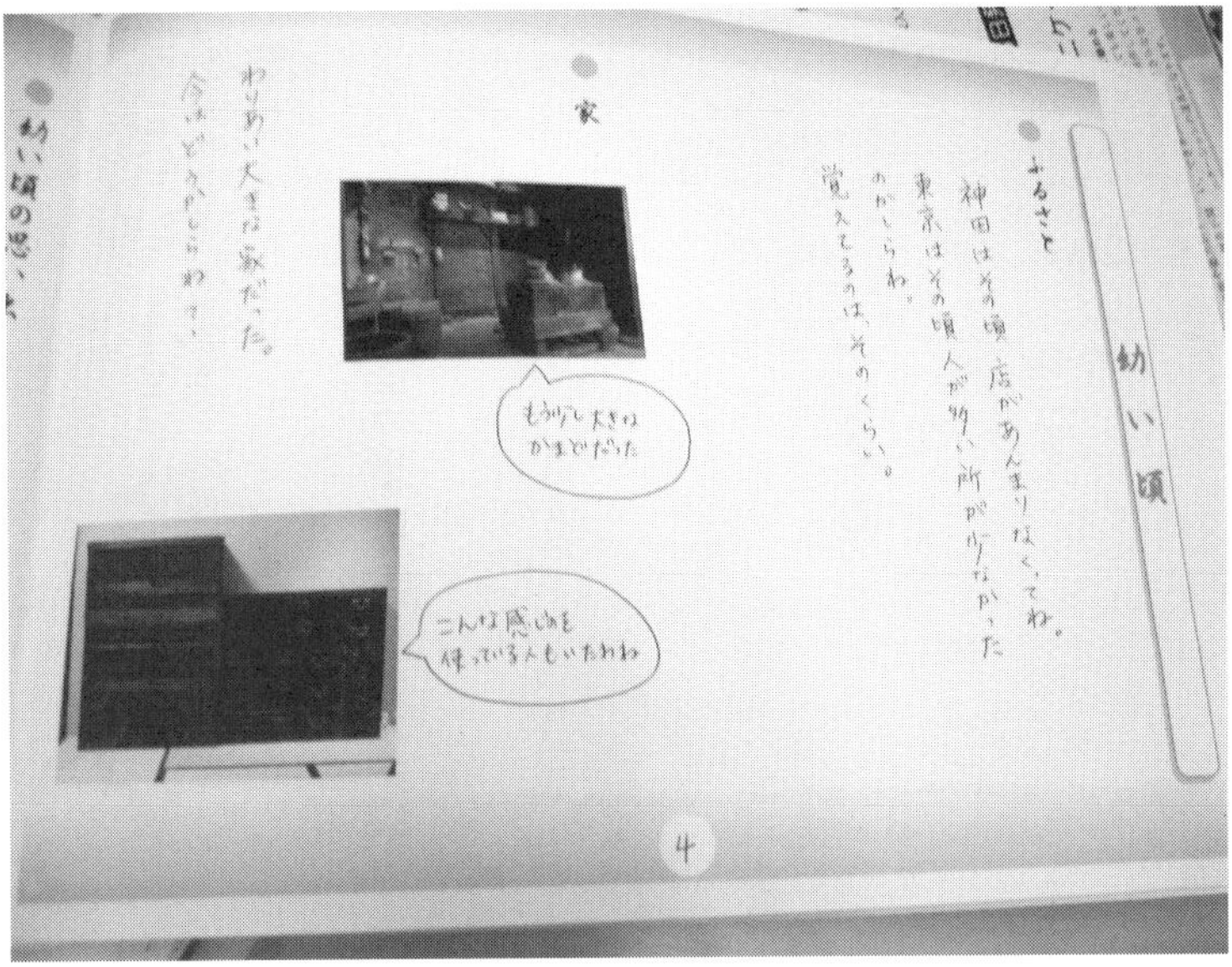

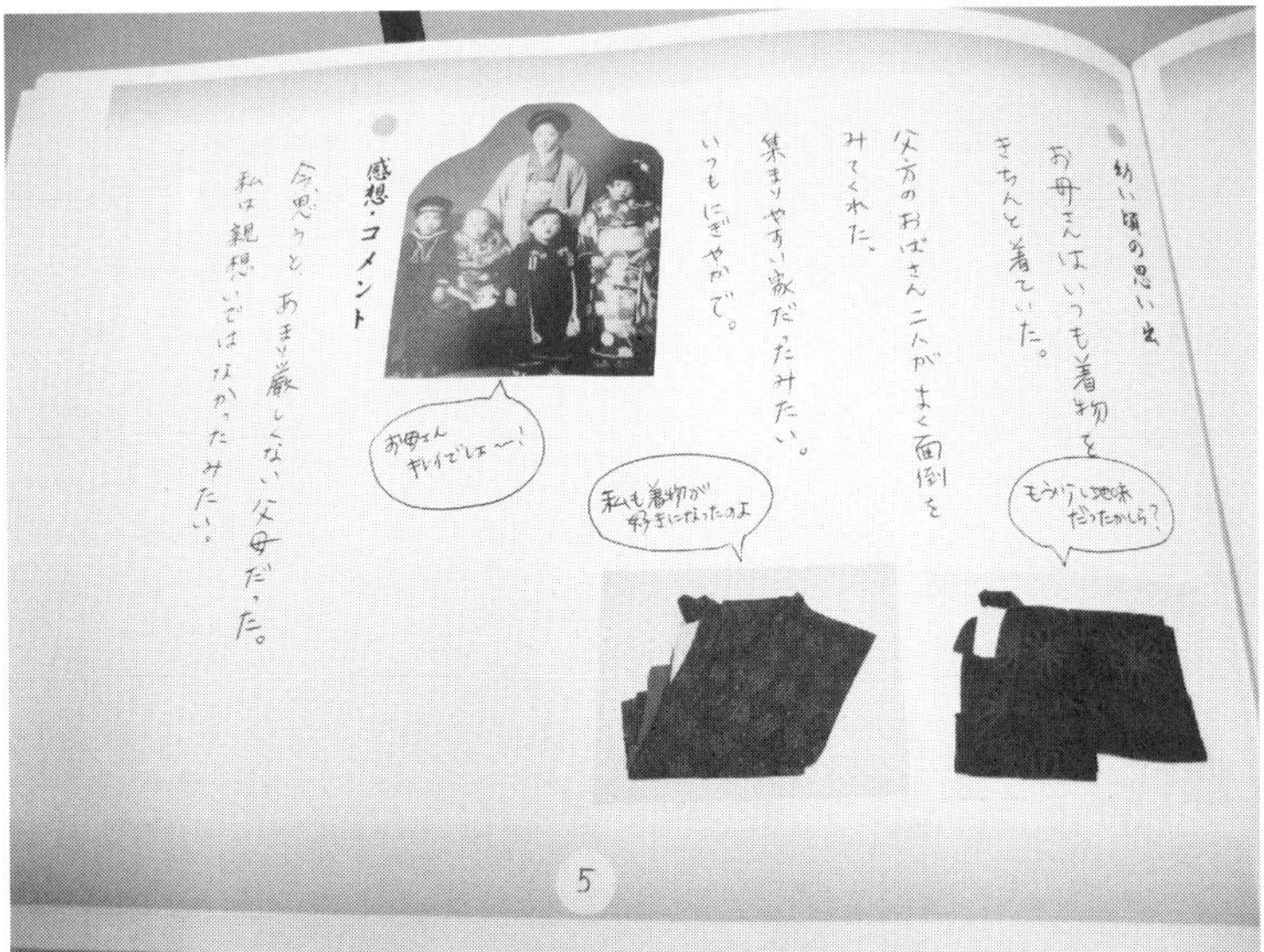

写真3　ライフレビューブック［Aさん(本人)と細井氏(ケアワーカー)で共同作成、2005］

ら」のことについて聞いておきます。このセッションは、過去を展望し、現在や未来への資源へとつなげるセッションです。ここでは、丁寧に過去を振り返った時の感情についてもモニタリングします。

(3) 各テーマと質問例とその扱い方

表4には、ブックの各テーマと質問例を示しました。テーマについてたずねる内容の概略と質問を問いかけていきます。時には、自分の回想も行います。ライフレビューに慣れていない初心者の聞き手は、質問の糸口のヒントとなるように質問例を参考にするとよいでしょう。しかしながら、これに固執しすぎると型にはまった柔軟性のない面接が展開されることになってしまいます。一人一人の対象者に合わせて、柔軟に質問を変化させることが大切です。受け答え、質問内容を対象者に合わせて発展させることができると質の高い交流を促すことができます。

(4) 聞き手のポイント

直接的に質問を投げかけるよりも、「……について教えていただけますか」というように高齢者への尊重を促すとよいでしょう。基本的に対象者が誰であろうと柔軟な対応が必要とされるカウンセラーでは、高齢者では、若年者にくらべて個別性、病理の違い、障害の重さによって聞き手としての幅が必要になります。この幅の広さに、話し手の感情の揺れ動きに聞き手としての方法を変えていく柔軟さが求められます。また、聞き手とは生活体験はもちろん、まったく異なる文化で育った高齢者もいます。地域が異なり、言葉の言い回しもまったく違うこともあります。

また、話を聴く時に、自分の語りたい内容を言語化し、語ることが問題なくできる人もいれば、自分の語る内容を言語化したり、それを開示したりすることが苦手な人もいます。言葉にはできないが、懐かしい気持ちを楽しみたいという人もいます。高齢になるにつれ個性の幅の広がる人々に、聞き手は柔軟に対応できるアートの部分を兼ね備えておく必要がありそうです。

6 グループホームのコンサルテーションにライフレビューブックを組織的に導入した事例

A施設は、介護老人保健施設、通所リハビリテーション（デイケア）、在宅介護センター（＊4月より地域包括支援センターとなる）、訪問看護ステーション、ヘルパーステーション、グループホーム、生活支援ハウスなどをもつ統合型の高齢者介護・福祉施設です。施設長より施設全体への筆者のライフレビューブックの導入の要請を受け、グループホームの職員にブック作成を組織的に導入し、教育的なアプローチから、施設組織体制になじむまでの導入方法や職員から見た高齢者との関係の変化のプロセスについての検討を報告します。

表4　各テーマと質問例（[志村ほか、2005a]を参考に抜粋）

段階	テーマ	小項目	質問のシナリオ集	手がかりの例
ライフレビューの導入	プロフィール　協力者（　　）さんの	（　　　）さんのこと	友人・知人や家族の情報などをわかる範囲でここに書いておきます。●友人・知人・家族について、わかりやすく伝えましょう。●そのほか、自分のことで知らせたい内容を書き込みましょう。	自分の写真など
		好き嫌い・気をつけていること	自分がどのような人間であるかを知らせます。●趣味、好き嫌い（食べ物、色、場所、人）、健康などで気をつけていることなどを書き込みましょう。	関連の写真や資料
	プロフィール　作成者（　　）さんの	（　　　）さんのこと	聞き手の自己紹介をした後に、友人・知人、家族の情報をお聞きします。●（　）さんの友人・知人・ご家族についてお伺いしてもよろしいでしょうか●今親しくお付き合いされているお友達や友人の方はいらっしゃいますか。	作成者の写真など
		好き嫌い・気をつけていること	趣味、好きな（食べ物、色、場所、物、人など）、健康などで気をつけていることを聞いてみましょう。●○○さんの趣味（好きな食べ物、健康などで気をつけていること）は何でしょうか。	関連の写真や資料
幼少期	幼い頃	ふるさと	小さい頃に過ごしていた場所についてうかがってみましょう。●ご出身はどちらでしょうか。どんな場所でしたか。	ポスターや絵葉書など
		家	住んでいた家の思い出についてうかがってみましょう。●どんな家に住んでいましたか、まわりには何がありましたか。	はだか電球、家の写真など
		幼い頃の思い出	そのほか、幼い頃の思い出のエピソードをうかがってみましょう。●どんな遊びをしていたと思いますか。	お手玉、メンコなど
		感想・コメント	幼い頃を思い出して、どんな気持ちがするかうかがってみましょう。●振り返ってみていかがでしょうか。どんな気持ちがするものでしょうか。	—
児童期	学校に通っていた頃	学校生活	学校生活にまつわる思い出をうかがってみましょう。●学校生活で楽しかった思い出は何でしょうか。●好きだった教科は何でしょうか。	教科書や学用品
		遊び	楽しんだ遊びの思い出についてうかがってみましょう。●好きだった遊びはなんでしたか。	ブリキのロボット、虫かご、ビー玉
		友達・先生	仲良くしていた友達や恩師との思い出についてうかがってみましょう。●仲の良かった友達はどなたでしたか（人柄や思い出など）。●恩師はどのような方でしたか（人柄や思い出など）。	写真など
		生活（服装・住まい・食べ物）	学校に通っていた頃の生活についてたずねてみましょう。●学校にはどのような服装で通われていましたか。●夕食は家族みんなで召し上がったのですか（思い出の献立など）。	学生服、思い出の料理
		感想・コメント	学校に通っていた頃を思い出して、どんな気持ちがするかうかがってみましょう。●振り返ってみていかがでしょうか。どんなお気持ちでしょうか。	—
青年期	青年時代から大人への入り口の頃	進学・就職	進学や就職についてきいてみましょう。●進学はどなたと相談しましたか。●最初についたお仕事はどんなお仕事でしたか。	当時の写真など
		恋愛	恋愛についてうかがいましょう。遠慮される人もいるので、軽く促す程度で話をふるようにしてみましょう。●ちょっと恥ずかしいことかもしれませんが、恋愛についてどんなことを思い出しますか。	当時の写真など
		おしゃれ・服装・お酒・たばこ	その人の好みに合わせて、その頃の体験についてうかがってみましょう。●はじめてのおしゃれはどんなことをしましたか。●若いときに飲んだお酒はどんなものでしたか。●たばこはいつから吸っていましたか。	タバコ、ビール瓶
		感想・コメント	青年時代を思い出して、どんな気持ちがするかうかがってみましょう。●振り返ってみていかがでしょうか。どんなお気持ちでしょうか。	—

段階	テーマ	小項目	質問のシナリオ集	手がかりの例
成人期（テーマの中から、本人の希望に沿って選択する）	仕事の思い出	職業・家業	どのような仕事をしていたのかうかがいましょう。●どのようなお仕事をなさっていましたか。●お仕事を通して得られたことは何でしょうか。	仕事道具など
		人づきあい・社員旅行	仕事を通しての人付き合いについて聞いてみましょう。●職場の同僚とはどんなお付き合いをされていましたか。	写真など
		感想・コメント	●振り返ってみていかがでしょうか。どんなお気持ちですか。	—
	家事の思い出	家事・炊事・洗濯・掃除・買い物	家事ではどのような工夫や苦労をなさったのか、教えてもらう気持ちできいてみましょう。●家事仕事の中で一番大変だった（好きだった）ものはなんでしょうか。	洗濯板、たらい、当時の写真など
		感想・コメント	●振り返ってみていかがでしょうか。どんなお気持ちですか。	—
	趣味・余暇活動の思い出	趣味	「趣味」というと謙遜する人もいますので、「好きなこと」「楽しみにしていたこと」というように表現をかえてきいてみるのもいいでしょう。●楽しみになさったことはありますか。●ペットを飼ったことはありますか。	趣味の道具など
		旅行	●旅行など、家を離れての遠出の思い出を教えてください。●これから行ってみたいところはありますか。	絵葉書など
		健康法	●健康のために心がけていることを教えてください。どんなことに気をつけて過ごされていますか。	
		ご近所づきあい・親戚づきあい・地域活動	●親しいご近所の方はいらっしゃいましたか。●親戚づきあいはいかがでしたか。●地域の組合員、役員などの活動はなさいましたか。	回覧板など
		感想・コメント	●振り返ってみていかがでしょうか。どんなお気持ちですか。	—
	結婚生活の思い出	なれそめ・結婚式	●旦那様（奥様）とはどのように知り合いましたか。どんな印象を持ちましたか。●結納や結婚式はどのようになさいましたか。	記念写真など
		結婚生活	●新婚生活はいかがでしたか。●夫婦喧嘩はしましたか。●夫婦円満の秘訣はなんですか。	資料や写真など
	子育ての思い出	出産	●お子さんを授かったとわかったときはどんなお気持ちでしたか。●準備をしたりするときの苦労はいかがでしたか。	粉ミルク、哺乳瓶など
		子育て	●一番、手がかかったことはどんなことでした。●子育ての喜びはどんなときに強く感じましたか。	写真など
		感想・コメント	●振り返ってみていかがでしょうか。どんなお気持ちですか。	—
要約と評価	今とこれから	人生を振り返ったときの思い	●○○さんの人生のお話をうかがいました。話してみていかがでしたか。●この本を作ってみて今のお気持ちはいかがですか。	—
		よき思い出・大切にしてきたこと	●○○さんがこれまで心がけてきたことはどのようなことですか。●これまで○○さんが頑張ったことは何ですか。	記念の資料や写真など
		今	●毎日どんなことをしてすごしていますか。日課にしていることはありますか。●これから楽しみにしていることは何かありますか。	今の○○さんの写真
		誰かに伝えたいこと・誰にみせたいか	●この本は誰に見せたいですか。●お子さんや若い人に伝えたいことは何ですか。	—

(1) 事例の概要と導入、およびライフレビューブックの作成の経過

①施設長との面接

X年九月上旬にA施設の施設長が筆者の勤務する大学に来談しました。普段介護事業を行っているが、個別的な回想法を施設に導入し、職員の個別的なスキルを高めたいので、研修講師として施設に来て欲しいという要請でした。研修の日程は、二日間で三回の研修を行いたいということでした。対象となる職員は、介護老人保健施設の職員で、一〇名前後の職員が研修を受ける予定でした。職員のシフトの関係で、各回には、社会福祉主事、ケアマネージャー、看護師、介護福祉士、ホームヘルパー二級の資格を持つ職員らでした。筆者は要請に対して同意し、研修を行うこととなりました。施設長はもともと医療関係者で、教育には非常にやる気に満ちた精力的な雰囲気がありました。

②職員への研修（啓蒙的な研修）

X年九月中旬にA施設に研修に行きました。職員への研修は、合計で三時間であり、1. ライフレビューブックを作成する意味、2. ブック作成の手順、3. コミュニケーションの方法、4. 質疑応答、の四つの内容で構成しました。1. では、「ブックの作成の意義」を取りあげました。ここでは、高齢者へのライフレビューの効果やブックを作成する目的などを説明しました。2. では、ブック作成の手順を実際のライフレビューブックのシー

トや素材などを見てもらいながら、作成の具体的な手続きを説明しました。質問例についても取りあげ、マニュアルにこだわらなくてもいいという側面、テーマは高齢者に選んでもらうということ、相談しながら書き込んでいくことを強調しました。3．コミュニケーションの方法では、マニュアルに固執した紋切型の質問に偏らないよう、質の高い相互作用が形成できるような質問技法、感情の反射、言語的なコミュニケーションと非言語的なコミュニケーションなどのマイクロカウンセリング［Ivey, 1985］のかかわり行動や基本的傾聴を高齢者の特徴に合わせてアレンジしたものです。認知症高齢者とのコミュニケーション技法についても加えて伝えました。以上の研修は講義形式で行いました。

職員の研修への態度は非常に個人差がありました。ほとんど話に集中できなかった人や前向きな感想や質問をする人などでした。そのような中、施設長自らが声をあげ、「質問のある人はいないかい？」とサポーティブにふるまってくれました。

研修終了時に出た質問は、「高齢者が行う作話のような内容をブックに書き込んでもいいのか」ということや「高齢者が思い出せない場合はどうしたらいいのか」、「家族が同意しないかもしれない」などでした。あるいは、「日常の業務の中で、まとまった時間がとれないので作れるかどうか」ということでした。とりわけ老人保健施設では、短期入所という形体のために、継続的にブックが作成できない人も多いことが意見として出されました。思いのほかブック導入に不安を感じている職員に対して、筆者は以下のような基本方針を明らかにしました。

a. 高齢者や家族が後でブックを見た時に不快にならないようにする。明らかに作話や非現実の内容とわかるような発言は書き込まないこと（ただし記録用紙には書いてもよい）。

b. ブックを作成することを目的にするのではなく、ブック作成は二次的な目的であり、ブックに書かれた内容よりもそこで行われた職員の方々との質の高いやりとりを大切にするということ。

c. できるだけ家族の協力を得るとよい。これによって、施設に家族が足を運ぶきっかけをつくれる。しかし、介護家族の中にはやむをえずに、高齢者と距離をとっている人もいる。介護家族の心に寄り添うことも大切である。

d. 日常業務の中で余裕のある時間帯に行う。まとまった時間がとれない場合には、一五分×四のように短時間を数回積み重ねるようにする。一つのテーマを数回にわたってきいてもよい。

e. A施設では、グループホームの現場が作成しやすい環境なのでまずはそこで作成する。

研修後は、施設長、関係者ともに自分の施設で高齢者、家族、介護職員をつなぐためのライフレビューブックの作成がいかに難しいかを筆者に伝えました。それは、「家族は認知症高齢者が家族のことについていいかげんなことを施設内で語ってしまうことに不安をおぼえ抵抗するのではないか」、「集団処遇で行っている介護を個別的に、特定の高齢者のみの話を聴くのは平等性を欠き介護の質が落ちるのではないか」という点でした。このような率直な意見交換は、コンサルタントを担当した筆者がひとりよがりにおちいらない大切な指摘でした。この点についても「障害の重さに合わせて個別処遇することは平等なことである」ということや「最初は大変な作業であるが、これが後で、高齢者と家族をつなぐきっかけとなったり、職員が高齢者の別の側面を見るきっかけにつながるということ」を説明し、職員の意見を聞き様子を見ながら導入方法を考えていくことにしました。

③実施前の研修

研修を受けた施設長と施設関係者と職員で話し合い、短期間で退所する高齢者もいる介護老人保健施設での導入は難しいが、グループホームでならば、長期入所の高齢者も多く、導入したいと連絡がありました。X年一〇月下旬に、啓蒙的な研修から一ヶ月が経過しているので、再び導入前の研修を行いました。これは、ブック作成の手順を再び復習し、作成前の不安を取り除き、モチベーションを高めるという意味もあります。研修の内容は、「②職員への研修（啓蒙的な研修）」と同じ内容に加えて、基本方針a.～e.を再度説明し、家族と本人のお誘いの方法（見本をみせながら説明すること）、写真や資料の使い方（写真の簡単な説明などをしながら見せていくこと）などを説明に加えました。

実施前の研修では、認知症高齢者とのコミュニケーションについては自信が持てないと多くの職員が感じていました。職員の発言内容は、認知症高齢者の問題性の部分に焦点が当たっており、職員の日常のコミュニケーションスキルへの気づきや不安や心配が特徴です。記憶障害、注意のそれやすさ、感情の不安定さなど認知症高齢者のコミュニケーションの困難さとそれに対する不安を訴えていると言えます。

・質問の内容を理解してもらえないのではないか。
・過去のことを思い出せないのではないか。
・別の方面に注意がいってしまうのではないか。
・利用者の行動は変化しやすく対応が難しい。
・信頼関係が持てるか不安だ。
・機嫌が悪いとコミュニケーションできない。
・人間だれでも嫌な出来事があるので、前むきに話ができるか不安だ。
・思い出したくないことを聞かれて辛い思いをしないか心配だ。

④中間ミーティング

X年一一月上旬に作成後一ヶ月経過後に中間ミーティングを行いました。そこでは作成している職員と施設長、フロアの責任者をまぜたミーティングを行いました。ここでは、職員からブック作成の現状報告と困難な点、対応策などを話し合いました。困難な点の話し合いでは、職員の意見は、高齢者の問題の部分に焦点が当たり、認知症高齢者の具体的なコミュニケーションの問題の特徴を取りあげていることがわかります。（※傍線は認知症高齢者の問題の側面についての介護者の発言です。）

・ブック作成の時間がなかなかとれない。勤務外の時間で行っている。

・認知症高齢者は、「わからない」「忘れた」という発言が多く、しばらくは考え思い出そうとするが、思い出せず、これ以上聴かないでほしいという拒否的な様子になる。
・話を聴くとまったく別のことを言われたり、歌いだすことがある。
・自分の子育てと孫を育てたことと話の内容が混乱する。

対応策としては以下の意見があがりました。

・勤務時間の中にブック作成時間を組み込む体制にする。
・短時間で行う。
・手がかりになるような言葉や資料を活用する。
・話の内容よりも楽しんで語っているかを大切にする。
・話のつながりが難しい時は、話の要素になる言葉をメモしておく。
・根気強く付き合う。

「つじつまの合う正確な語りをいつもていねいに聴くのではなく、内容の齟齬があったとしても耳を傾けるよい交流ができるのが目的です」と筆者から職員に伝えました。A施設では以上の中間ミーティングをふまえ、勤務時間中にブック作成時間を組み込むことを検討しました。ブック作成のために用意したライフレビューブック用のＣＤ[志村ほか、2005a]からプリントアウトした写真をテーマ別にファイルに入れ、ほかの資料なども集め、施設独自の写真集を作成し、ブック作成の補助とする工夫を施設側で行いました。

⑤作成後ミーティング

作成開始後の二ヶ月後のX年一二月は、ブック作成を終了する期限です。このミーティングでは、ブック全体を作成した時の感想や課題について話し合いました。職員より高齢者とのコミュニケーションの楽しさや意味や尊敬など前向きな側面についての発言が多くなっています。さらにミーティングで個々の職員の発言も多く出るようになり、職員同士のチームとしてのより深いつながりが出てきたようにみえました。

・ある程度の時間、共に過ごし話をすることで、高齢者からの声かけも多くなった。
・その人の過去を知ることで親しみと尊敬の気持ちが強くなった。
・話は聞けるが話の内容を発展させることには課題がある。
・高齢者が笑顔で話をしてくれることが多くなってきた。
・話がなかなか出てこなかったのを「写真ファイル」を見せることで、たくさん話ができてよかった。
・一つ一つの話は漠然としたものだったが、ブックにまとめると一つの流れとして理解することができた。

(2) 事例のまとめとそこから浮かびあがる組織導入への留意点

ブック作成の意味、手順、スキルなどについては、教育的な導入を行いましたが、それを実践に結びつけるためには、ロールプレイやスキルのフィードバックに時間をかけて丁寧に行う必要があります。また、トレーニングしたスキルを実際の現場で用いるようになるには、誰でもある程度の時間がかかります。また、施設内の組織や環境的な文脈に沿って、それを柔軟に対応してもらうように働きかけることが大切です。これを行うのに、三回のミーティングは有意義でした。また、各職員は個人のコミュニケーションのスキルについてもより深く考えるようになっていました。さらに、業務内でコミュニケーションの時間をいかに確保できるかについて組織としての配慮をともないながらミーティングを通して考えるようになっていきました。

Aさんのブックの書き込みを紹介します。**表5**を見るとAさんの人物像をイメージすることができます。控えめな口調とそれなりに人生を楽しんできた高齢者像です。控えめに語る口調の中に、人生への誇らしかった側面などが語られています。本人の写真も多く掲載されており、家族や本人が前向きにブック作成に関与していることがわかります。セッションを重ねるにつれ、高齢者はその語りの深さを増し、親密性が増加していったことが職員から報告されました。このブックをつくり、その内容を職員同士で共有することにより、高齢者を異なる側面から理解するきっかけとなりました。

ただし、ブックに書かれた内容は、高齢者のある側面を取りあげており、聞き手や語った時によって変化する可能性もあることに注意を払う必要もあります。

表5　Aさんのライフレビューブックの書き込み内容（細井氏とAさんの共同作業にて）

大項目	小項目	ブックへの書き込み内容
作成者：Aさんのプロフィール	Aさんのこと	私兄弟がたくさんいるの。長女だったのよ。あんまり裕福じゃなかったけど、わりとのんびり暮らしていたみたい。おじさんやおばさんの家によく行ったよ。
	好き嫌い・気をつけていること	好きな物？困っちゃうわ。これは特にってものがないの。嫌いな物も無いわねえ。編み物は好きな方だね。
協力者：Bさんのプロフィール	Bさんのこと	三人兄弟の末っ子で、一人娘のため、父親にとてもかわいがられて育ちました。家業は農家。夏はメロン、冬はトマトを作っています。ここに勤める前は、ペットショップでトリマー（犬猫の美容師）をしていました。32歳になりましたがまだ花嫁修業中です。今年の春から一人暮らしをはじめました。
	好き嫌い・気をつけていること	一番好きな食べ物は、「さくらんぼ」。山形県へ行って、おなかいっぱいさくらんぼ狩りしてみたいです。嫌いな物は「ゴキブリ」。怖くて叩くことができません。年をとった（？）せいか、休日にはよく大好きな温泉に行きます。自分がされて嫌なことを人にしないように心がけています。
幼い頃	ふるさと	K（地名）は、その頃店があんまりなくってね。T（地名）はその頃人が多いところが少なかったのかしらね。覚えているのはそのくらい。
	家	わりあい大きな家だった。今はどうかしらね。
	幼い頃の思い出	お母さんは、いつも着物をきちんと着ていた。父方のおばさん二人がよく面倒をみてくれた。集まりやすい家だったみたい。いつもにぎやかで。
	感想・コメント	今思うと、あまり厳しくない父母だった。私は親想いではなかったみたい。
学校に通っていた頃	学校生活	T(地名)は一番先に何でもあった。ランドセルの子もいたわよ。通知表を見せてもくやしくなかったから、成績は悪くなかったのかしらね。
	遊び	いっぱいおかし屋に行った。
	友達・先生	わりあいとしっかりした先生。級長もしっかりしてた。よく女の子達が友達を一人占めしているのをみて私はそんなことをしないと思った。大勢で遊ぶのはよかったわよ。
	生活	制服はなかった……と思う。給食はあった。
	感想・コメント	—
青年時代から大人への入り口の頃	進学・就職	兄弟が多かったから、花嫁修業という名の子守をしてた。
	恋愛	どうだったかしら？
	おしゃれ・服装	ミニスカートはあまりはかなかった。
	感想・コメント	—

大項目	小項目	ブックへの書き込み内容
仕事の思い出	職業・家業	養鶏場の手伝いをした。おもしろかったわよ。白い鶏がたくさんいて、卵を市場に持って行った。葉っぱを刻んであげたよ。
	感想・コメント	—
家事の思い出	家事・炊事・洗濯・掃除・買い物	家事全般をしてたの。
	感想・コメント	家事よりも鶏の世話が楽しかった。
趣味・余暇活動の思い出	趣味	長流の会でいろいろな所へ行ったよ。そんなに一生懸命じゃなかったけど。編み物は自分の事のあいまにできるからいいのよ。
	旅行	旅行へもよく行った。親戚に引っ張られて行ったのよ。いろいろ行くのはよかったわよ。
	健康法	特にこれってないよ。
	ご近所づきあい・親戚づきあい・地域活動	小学校にお手玉づくりを教えにいったけどたいしたことじゃない。
	感想・コメント	今思うとよく行ったなあ。子供の相手は大変だった。
結婚生活の思い出	なれそめ・結婚式	お見合いはやめた。親戚のすすめで結婚した。22 歳だった。おばが「あなた、あそこへ行った方がいいわよ」って。
	結婚生活	旦那さんが早く亡くなっちゃったからねえ・・・もう一回苦労はしたくなかったから再婚なんて考えもしなかった。
子育ての思い出	出産	安産だった。自宅出産だったような・・・。
	子育て	かぜをよくひく子たちで大変だった。「勉強しなさい」とよく言った。そしたら、勉強したの。
	感想・コメント	先生と調子が合っていたみたいで学校は楽しそうだった。何をしていても子どものことはいつも気になっていたよ。
今とこれから	人生を振り返ったときの思い	ごちゃごちゃしていた。楽しいところまではいかないが、悪くはなかった。
	よき思い出・大切にしてきたこと	三ヶ所くらい行ってよかった所があった。子供っぽくない所。友達と行った旅行とか。大したことないけどね。
	今	別にどうってことないけど。やりたいことは自分がその気になればできるけどだんだんだめになってきた。今はもう何も心配することはないわね。
	誰かに伝えたいこと・誰にみせたいか	息子だろうねえ。大きくなって。

注：以上の書き込み内容は、本人とご家族の了承を得て、掲載しました。心より御礼申しあげます。

付記　事例報告にご協力をいただきライフレビューブックの組織的導入をサポートしてくださいました伊藤徹氏（あつみの郷所長）、中神吉且氏（ＷＡＣ）、山本正人氏、渡邉利行氏、細井章由氏、ブックの作成にご尽力くださいましたＡさんとご家族、職員の方々、関係者に心より御礼申し上げます。

（志村ゆず）

引用・参考文献

Butler, R. N.　1963　The life review：An interpretation of reminiscence in the aged. ***Psychiatry,*** 26,65-76.

Erikson, E.H.　1982　***The life cycle completed : A review.*** W.W.Norton.（村瀬孝雄・近藤邦夫（訳）1989『ライフサイクル―その完結』みすず書房）

Erikson, E.H., Erikson,J.M. & Kivnick, H. Q.　1986　***Vital involvement in old age.*** W.W.Norton.（朝長正徳・朝長梨枝子（訳）1990　『老年期　生き生きしたかかわりあい』みすず書房）

Ivey, A. E.　1985　Introduction to microcounseling.（福原真知子・椙山喜代子・國分久子・楡木満生（訳）1985『マイクロカウンセリング〝学ぶ―使う―教える〟技法の統合―その理論と実際』川島書店）

Goldwasser, A. & Auerbach,S.　1996　Audience-based reminiscence therapy intervention：Effects on the morale and attitude of nursing home residents and staff. ***Journal of Mental Health and Aging,*** 2, 101-114.

萩原裕子・志村ゆず・伊波和恵・下垣光・下山久之・吉越淑子　2004『ライフレビューブックフォームを用いた介護職員教育の試み』国際アルツハイマー病協会第二〇回国際会議・京都

Haight, B. K. 1988 The therapeutic role of a structured life review process in homeboud elderly subjects. ***Journal of Gerontology,*** 43 (2), 40-44.

Haight, B. K. & Burnside 1993 Reminiscence and life review : Explaining the differences. ***Archives of Psychiatric Nursing,*** 7, 91-98.

Haight, B. K., Coleman, P. & Lord, K. 1995 The linchipins of a successful life review : Structure, evaluation,and individuality.In Haight, B. K. & Webster, J. D.(Eds.), ***The art and science of reminiscing.*** Washington, DC : Taylor & Francies, 179-192.

Head, D., Portnoy, S., & Woods, R. T. 1990 The impact of reminiscence groups in two different settings. ***International Journal of Geriatric Psychiatry,*** 5, 295-302.

Hussain, F. & Raczka, R. 1997 Life story work for people with learning disabilities. ***British Journal of Learning Disabilities,***25 (7), 73-76.

伊波和恵・志村ゆず・萩原裕子・下垣 光・下山久之・水野 裕 2005『軽度認知症高齢者に対するライフレビューブックフォームの開発⑵―質的内容の検討』日本心理学会第六九回大会

金沢吉展 1999 『カウンセラー専門家としての条件』誠心書房

神田橋條治 1997 『精神療法面接のコツ』岩崎学術出版

黒川由紀子 1995 「痴呆老人に対する心理的アプローチ」『心理臨床学研究』第13号 69-179p.

McGowan, T. 1994 Mentoring reminiscence : A conceptual and empirical analysis. ***International Journal of Aging and Human Development,*** 39 (4), 321-336.

野村豊子 1992 「回想法グループの実際と展開―特別養護老人ホーム居住老人を対象として」『社会老年学』第35号 32-45p.

野村豊子 1996 「痴呆性高齢者への回想法 グループ回想法の効果と意義」『看護研究』第29号 53-70p.

Porter, E. 1998 Gathering our stories; claiming our lives: Seniors'life story books facilitate life review, integration and celebration. *Journal on Developmental Disabilities,* 6 (1), 44-59.

Puentes, W. 2000 Using social reminiscence to teach therapeutic communication skills. *Geriatric Nursing,* 21 (6), 315-318.

Sandberg, J. 1999 "It just isn't fair" Helping older families balance their ledgers before the note comes due. *Family Relations,* 48 (2), 177-179.

下垣 光・志村ゆず・伊波和恵・下山久之・萩原裕子 2004 『ライフレビューブックを用いた介護者研修 高齢者と介護者の関係形成のために』日本認知症ケア学会第五回大会

志村ゆず・伊波和恵・下山久之・下垣 光・萩原裕子 2004 『ライフレビューブックを用いた個別ケアの試み 高齢者と介護者の関係形成のために』日本認知症ケア学会第五回大会

志村ゆず（編） 伊波和恵・萩原裕子・下垣 光・下山久之（著）2005a 『ライフレビューブック―高齢者の語りの本づくり―』弘文堂

志村ゆず・伊波和恵・萩原裕子・下垣 光・下山久之・市橋芳則・水野 裕 2005b 「生活歴を活用したライフレビューブックの実際」『認知症介護』日総研

志村ゆず・伊波和恵・萩原裕子・下垣 光・下山久之・水野裕 2005 c 『高齢者に対するライフレビューの試み(1)―認知症高齢者に対するライフレビューブックを用いた個別面接の効果の検討―』日本心理学会第六九回大会

Sokosky, D. 1994 Life review in family psychotherapy. *Journal of Family Psychotherapy,* 5 (2), 21-39.

檮木てる子・下垣 光・小野寺敦志 1998 「回想法を用いた痴呆性老人の集団療法」『心理臨床学研究』第16号 487-496p.

Webster & Haight 1995 Memory lane milestones: Progress in reminiscence definition and classification. In Haight, B. K. & Webster, J. D.(Eds.), *The art and science of reminiscing.* Washington, DC: Taylor & Francies, 273-286.

ストレスマネジメント

中村菜々子

平成一三年度版の高齢社会白書（内閣府、二〇〇一）によると、現在、高齢者の医療費は国民医療費の約35％を占めています。高齢者の医療費削減は国民全体の課題であると言えるでしょう。高齢者医療の内訳を見ると、入院医療費の占める割合が大きくなっています（厚生労働省大臣官房統計情報部（編）『平成一三年我が国の保健統計』、二〇〇二）。このことから、自立した健康的な生活を送ること、つまり、高齢者ご自身の健康維持や増進を進めることが医療費の削減につながると考えられます。

今までの研究から、高齢期の健康維持・増進のために必要不可欠なライフスタイル習慣として、良好な栄養、定期的な運動、禁煙などとならんで、ストレスマネジメント[*1]（ストレスの成立阻止のために用いられる、複数の方法が体系化されたプログラム）の習慣を、各人が身につけることの重要性が指摘されています。では実際に、高齢者にはどんなストレスマネジメントが有効なのでしょうか。本コラムでは、高齢者の健康維持・増進に役立つストレスマネジメントのプログラム例をいくつか紹介します[*2]。

ストレスマネジメントはどういった場面で多く使われているでしょうか。諸外国の研究を見ると、高齢者のストレスマネジメントの多くは、身体疾患を持つ患者を中心に実施されています。中でも多いのが、心臓や血管の疾患を持つ患者に、正しいライフスタイルについて教育する際、あわせてストレスマネジメントを行うことです。ストレスは一般に血圧を上げるので、ストレスをコントロールする方法を身につければ、心臓や血管の負担を下げるライフスタイル改善の効果をさらに高めることが期待できます。例えば、高血圧症の患者を対象に、薬物を使わずに、運動、ストレスと高血圧との関連などの講義からなるストレス教育、リラクセーション法の指導、バイオフィードバック訓練を組み合わせ実施したところ、総コレステロールなどの指標が改善することが示されています。

心臓や血管の疾患以外にストレスが大きく関わる身体疾患として、慢性の関節リウマチなどにともなう痛みの問題が挙げられます。外科的な治療に加えて、ストレスマネジメントを実施することで、患者は自分の痛みという問題（ストレス）

に対処するための方法を知ることができます。ストレスはまた痛みを強める作用があるため、痛み以外のストレスをコントロールするようになると、結果として痛みも軽減する可能性があります。具体的な取りくみとしては、外来の慢性関節リウマチ患者を対象に、ストレス教育（問題解決法、ソーシャル・サポートなどの講義）とリラクセーション訓練を組み合わせたプログラムを実施した結果、セルフ・エフィカシー*3（自己効力感─ある結果を生み出すために必要な行動を、自分はどの程度できるのかという点に関する主観的な評価のこと）が増加し、それにともない主観的な痛みや抑うつが減少したことが報告されています。

　疾患患者以外にもストレスマネジメントは用いられ、成果を上げています。自立して生活する地域居住者を対象にストレス免疫訓練を実施した研究では、訓練を受けたグループが、ストレスの情報のみを与えられたグループや何もしなかったグループと比較して、不安やネガティブな感情の改善程度が大きいことやストレスの対処スキルが向上したことが報告されています。高齢者向け住宅に居住する黒人女性を対象として、ストレスマネジメントを含む包括的な健康の自己管理プログラムを実施する研究や、高齢の患者を抱えた高齢介護者を対象とした研究もあり、それぞれ成果を上げています。

　ストレスマネジメントのプログラムを開発するためには、実践研究だけでなく、基礎的な研究（アンケートや面接などの調査、ストレスのメカニズムに関する実験など）を充実させることも大切です。高齢者自身のニーズを把握することや、実際にプログラムを実施する際の内容を明らかにすること、またプログラム効果の評定を様々な側面から行うことなどは、より良いプログラム作りに必要不可欠なことです。

　日本では、高齢者を対象にしたストレスマネジメントは、（「ストレスマネジメント」という言葉を使わずに、ストレス軽減の援助をしている研究があることを差し引いて考えても）基礎研究もプログラムの実践もまだ不十分です。今後、基礎的な研究と実践がともに発展することが期待されます。

*1『学校、職場、地域に於けるストレスマネジメント実践マニュアル』（坂野雄二（監修）、北大路書房、二〇〇四）などを参照

*2 中村菜々子『ストレスマネジメント研究』（第一巻第一号、二〇〇三）

*3『セルフエフィカシーの臨床心理学』（坂野雄二（監修）、北大路書房、二〇〇二）などを参照

（なかむら・ななこ　比治山大学）

第5章　高齢者の睡眠へのアプローチ

1　生活課題としての睡眠問題

これまで、睡眠の問題は、医療領域でも治療・対処としての枠組みでのみ取り扱われることが多く、予防医学、生活課題としてとらえられることは少なかったようです。近年、睡眠は心と体の健康と密接に関係していること［Dinges et al., 1995／Kiley et al., 1994／Ustun & Sartorius, 1995／田中，2002a／Tanaka, 2004］や高齢者の三人に一人が不眠で悩んでいることが報告され［Kim et al., 2000］、高齢社会化したわが国では、高齢者の不眠対策は大きな社会問題となっていることが指摘されています。また、最近の睡眠科学の成果によれば、短時間の昼寝習慣は、脳の疲労回復や夜間睡眠を改善させる効果があること［白川・高瀬・田中ほか，1999／Tanaka et al., 2002］、さらに、アルツハイマー型痴呆のリスクを五分の一に軽減する効果［Asada et al., 2000］や生活習慣病の予防に有効であること［Tamaki et al., 1999／Tanaka, 2004］などが報告されています。また、高齢者においては、睡眠に問題がある場合でも、睡眠薬に対する反応性の低下、他疾患の治療薬との併用、長期投与による常用量依存や副作用などの問題から、睡眠薬の投与が困難な場合も多いことがあります。従って、高齢者の適正な睡眠の確保のためには、ライフスタイルの改善が重要な意味を持ってきます。

これらのことは、ライフスタイルを再点検し、良質な睡眠を確保することが、今後、急速な増加が予想される痴呆や寝たきり高齢者の数を大幅に軽減するのに有効であることを示しています（図1）。つまり、高齢期の快適な睡眠の確保、心身の健康と密接に関係する睡眠問題の予防や対処は、高齢者自身のＱＯＬを高めるためにはもちろんのこと、高齢者に関わる家族や介護者をはじめ社会全体の幸福にもつながる重要課題であると言えます[田中、2002b]。

本章では、高齢者の睡眠と健康、睡眠のメカニズムについて概説するとともに、健やかで生き生きとした高齢期を過ごすための必須条件である快適な睡眠確保に有効な生活指導法や睡眠環境整備法を科学的根拠、地域保健現場での実践例を交えながら紹介します。

2　高齢者の脳・心と体の健康と睡眠

ＷＨＯ（世界保健機構）の国際共同研究によれば、不眠患者の50％が、一年以内に睡眠障害以外の医学的治療にかかっていることが報告されています[Ustun & Sartorius, 1995]。高齢期では、ライフスタイルや加齢の影響から不眠が生じやすくなりますが、眠れないことをあきらめている場合や本人自身が不眠と気づいていない場合も少なくありません。

不眠のタイプには、①なかなか寝つけない（入眠困難）、②頻繁に夜間に目が覚める（中

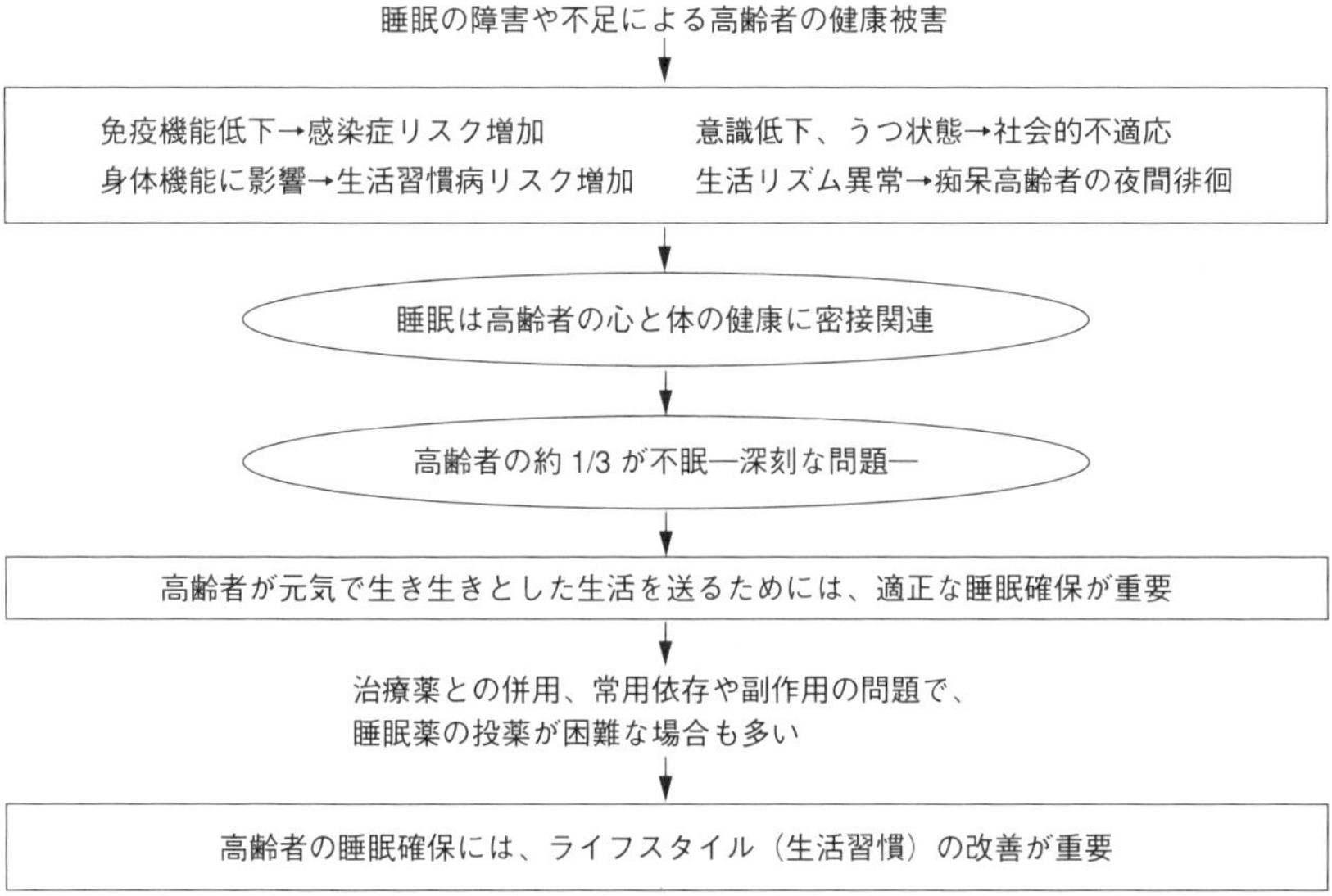
睡眠の障害や不足による高齢者の健康被害
免疫機能低下→感染症リスク増加
身体機能に影響→生活習慣病リスク増加
意識低下、うつ状態→社会的不適応
生活リズム異常→痴呆高齢者の夜間徘徊
睡眠は高齢者の心と体の健康に密接関連
高齢者の約 1/3 が不眠―深刻な問題―
高齢者が元気で生き生きとした生活を送るためには、適正な睡眠確保が重要
治療薬との併用、常用依存や副作用の問題で、
睡眠薬の投薬が困難な場合も多い
高齢者の睡眠確保には、ライフスタイル（生活習慣）の改善が重要

図1　ライフスタイル改善からの快眠アプローチ

途覚醒）、③朝早く目が覚めすぎてしまい、再入眠できない（早朝覚醒）、④十分な時間眠ったはずなのに熟眠した感じがない（熟眠不全）などがあります。もし、いずれかひとつでも当てはまれば、不眠ということになります。最近の調査では、入眠困難は、高齢者の約一〇人に一人、中途覚醒は約五人に一人、早朝覚醒は約八人に一人に見られることが報告されています［Kim et al., 2000］。大切なことは、まず、不眠は夜間ばかりの苦しみではなく、日中の状態に大きく影響を与えているということを認識することです。また、高齢者の不眠の大半は、ライフスタイル（生活習慣とストレスの受け止め方）を改善することで解消できるということに留意し、あきらめないことです。そのためには、自分の不眠のタイプを知ることやこれまでのライフスタイルを振り返ることが重要となってきます。

睡眠は生体の機能を適正に維持するための積極的な働きを持っており、睡眠の障害は生命維持にさまざまな影響を与え、ただでさえ健康を阻害されやすい高齢者の日常生活の質を低下させています（**表1**）。睡眠の障害や不足の脳機能への影響としては、記憶・学習機能の低下［Bonnet, 1985／1994］や注意力や集中力の低下［Drake et al., 2001／Monk & Carrier, 1997］があります。高齢者における注意力や集中力の低下は、転倒や骨折などの事故の危険性を増大させます。つい見落としがちですが、これらの原因は日中の眠気と言えます。睡眠が改善し、日中の眠気が減少することで、本人の本来の能力を充分に発揮させ、注意力や集中力の低下や転倒リスクはある程度、軽減できると考えられます。

また、身体への影響としては、睡眠の障害や不足は、生体の修復機能と防御（免疫）維持機能を低下させます［Dinges et al., 1995］。免疫機能の低下は感染症に対する抵抗力を低

表1　睡眠の不足、障害による脳、心、体への影響

脳機能への影響	身体の健康への影響
集中力の低下	運動能力の低下
注意維持の困難化	免疫力の低下
記憶・学習能力の低下	身体回復機能の低下
心の健康への影響	生活習慣病の増加
感情制御機能の低下	循環器系機能の低下
創造性の低下	疲労症状数の増加
意欲の低下	肥満・肌荒れの増加

下させ、特に高齢者においては感染リスクを増加させます。さらに、睡眠時呼吸障害は、循環器系に重大な影響を与え、虚血性心疾患や高血圧や痴呆リスクを上昇させることも知られています［Kiley et al., 1994］。

一方、心の健康への影響としては、感情コントロールや意欲、創造性の低下が知られています［白川・田中・渡辺ほか、2003］。高齢者における睡眠の不足や障害は、意欲低下、抑うつ状態など高齢者の社会的不適応を引き起こす要因ともなっています［白川・田中・駒田ほか、2003］。また、痴呆高齢者における夜間徘徊、薄明期のせん妄なども生体リズム異常が起因と考えられていますが、直接的には睡眠期への覚醒の混入、あるいは覚醒期への睡眠の混入がその原因となっています［白川・田中・山本、2001］。日中、光をしっかり浴びること、三〇分程度の短い昼寝をすること、夕方以降から就床前にかけての居眠り防止を心掛け、日中の覚醒の質を高めることで、夜間の問題行動の軽減も可能になってきます。

3 睡眠と寿命—沖縄の高齢者に学ぶ—

睡眠時間と寿命の関係について一〇〇万人を対象にした海外の研究によれば、睡眠時間が五時間以下の短時間睡眠者と一〇時間以上の長時間睡眠者は、睡眠時間が約六・五〜七・五時間の人に比べて、死亡率がきわめて高いことが報告されています［Kripke et al., 2002］。しかも、この関係は七〇歳以上の高齢者において特に顕著で、睡眠が短すぎても長すぎても死亡率が高いことが指摘されています。しかし、ここで、留意していただきたいのは、適正な睡眠時間は、個人差があり人それぞれということです。六時間眠ったほうが、七・五時間眠るより、翌日の体調が良い人もいる。また、八時間眠ったほうが、六・五時間眠るより、翌日の体調が良い人もいる。つまり、適正な睡眠時間とは、翌日の体調が一番良い長さを自分で体感することで決めるものです。従来、根拠なく言われていた睡眠八時間という神話にとらわれないことも、良質な睡眠をとるためには大切です。最近の研究では、睡眠が良好な高齢者は、睡眠が不良な高齢者に比べ、情緒的適応性が高く、精神健康も良好であることや、また、日常生活動作能力（ADL）が高く、病気の数も少なく主観的健康感も高いことが明らかになってきました［田中、2002a］。さらに、睡眠が良好な高齢者は、自己の生き方に対する自信や他者からの信頼性に対する自信（社会的自信度）も高く、健康で意欲的であることが明らかになっています［田中・城田・林ほか、1996／Shirota et al., 2002］。

　沖縄と東京の高齢者のライフスタイルを比較した研究［田中・平良・上江洲ほか、2000］では、沖縄の高齢者は睡眠健康が良好であり、また、睡眠健康の維持や増進には昼寝（特に一三〜一五時の間に三〇分間程度）や夕方の散歩、運動（深部体温の最高期近傍）の非都市型のライフスタイルが重要な役割を果たしていることが指摘されています（図2）。さらに夜間睡眠の悪化は日中の適正な覚醒維持機能の低下、とりわけ、夕方以降の居眠りが有力な原因であることも指摘されています［Tanaka & Shirakawa, 2004／田中、2002／田中・平良・荒川ほか、2000］。人間本来の体にあった古き良きライフスタイルを見直す必

長寿の秘けつは熟睡

睡眠と健康 国の機関など調査

佐敷

質の良い睡眠が長寿の秘けつではないか―。佐敷町健康課と国立精神・神経センター精神保健研究所の老人精神保健研究室（千葉県）、琉球大学教育学部生活健康基礎学講座の三者が一体となって、佐敷町在住の六十代から九十代の高齢者を対象に、睡眠と健康の調査を実施している。沖縄の食生活と長寿に関する研究は数多いが、「睡眠の状態」に着目した研究は新しい試み。同センターの田中秀樹博士（[illegible]）は「質の良い睡眠をとっている沖縄の高齢者の生活習慣を明らかにし、具体的な方策を探ることは、これからの高齢社会を考える上でも全国への良い見本を示すことになるのでは」と話している。

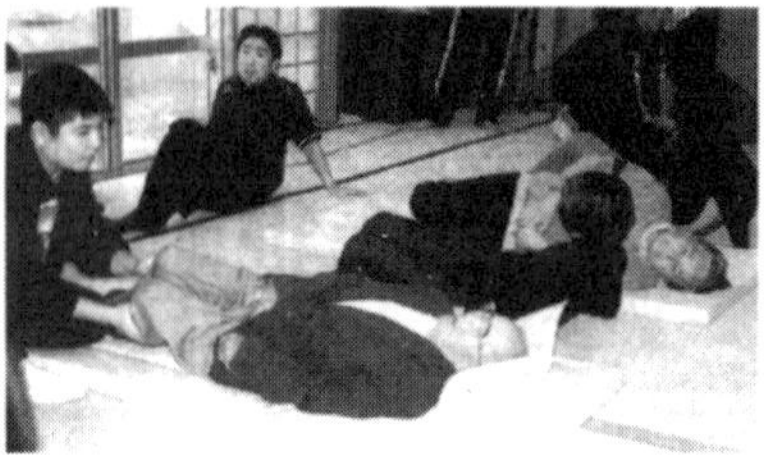

30分の昼寝と夕方の運動が質の良い睡眠を促す―。調査に協力する佐敷町の高齢者＝佐敷町社会福祉センター

「快適な老後」の源

約30分の昼寝

明日への意欲出ます

夕方の軽い運動も

調査は一昨年六月、佐敷町に住む約八百人の高齢者を対象に行われ、睡眠が良好な人は、精神的・身体的にも健康なことが明らかになった。

さらに、生活習慣や睡眠の状態について、東京と沖縄でそれぞれ約三百人の高齢者を対象に調査したところ、「睡眠のことで困っている」「夕方以降の居眠りがよくある」という回答が、沖縄は圧倒的に少なかった。また生活習慣として、短い昼寝や夕方の運動が習慣化している人が東京に比べ多いことも分かった。

佐敷町では引き続き、睡眠状態が良好な人とそうでない人各九人に協力してもらい、全員に寝ている時の微動も感知する腕時計用の機器・アクチグラム（活動量計）を一週間連続して着用させ、昼と夜の活動量を調べた。

その結果、睡眠状態が良好な人は、夜中に目が覚めることは少なく、活動量も高かった。

田中博士は「三十分ほどの昼寝と夕方の軽い運動が、夜の質の良い睡眠を促し、また翌日起きている時に意欲がわいてくるという良い循環ができている」と説明する。

運動は器具を使わず手軽にできる体操が基本。調査に協力している吉田トモさん（[illegible]）は「運動と昼寝を取り入れるようになって、朝の目覚めも良く、体が軽く感じるようになった」と話す。二月下旬に改めてアクチグラムを使用し、睡眠状態の違いを確認する予定。

佐敷町健康課の高江洲順達課長は「高齢者の健康について、睡眠も重要であることが分かり、生活習慣の見直しを多くの町民に呼び掛けていきたい」と話している。

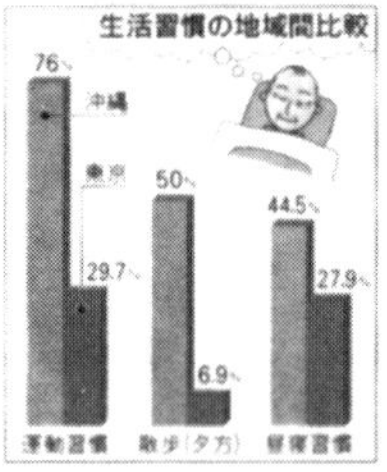

図2　長寿県沖縄と東京の高齢者の睡眠健康とライフスタイルの比較記事［琉球新報、2002］

要があります。

4　短い昼寝と夕方の軽い運動の睡眠改善効果

全国の総合病院外来患者六四六六名（三〜九九歳）を対象とした睡眠障害の実態調査では、眠るための補助手段として、睡眠薬や安定剤を服用している人は、全体で8.2％で、六〇代では男性で11.2％、女性17.8％、七〇代では男性で16.3％、女性で20.9％と女性高齢者で特に多いことが明らかになっています［白川・石郷・石束ほか、1996］。しかし、不眠に悩んでいるにもかかわらず、睡眠薬服用に抵抗を示す高齢者やアルコールに頼る高齢者も少なくありません。

最近、適正なライフスタイル改善で、高齢者の睡眠が改善することが明らかになってきました［Tanaka & Shirakawa, 2004／田中、2004a／2004b］。高齢者を対象に、短時間の昼寝（一三時から一五時の間で三〇分）と夕方の軽運動（一七時頃、体温最高値近傍）による時間生物学的手法を用いた生活指導を四週間、週三回、全一二回、短期集中型で介入的に行うと、夜間睡眠や日中の眠気、精神的・身体的健康や脳機能が改善することが科学的に実証されています。筆者らは、一九九八年から良質な睡眠の確保を高齢社会のライフスタイルづくりと絡ませ、国立精神保健研究所老人精神保健部、琉球大学と沖縄県佐敷町（現・南城市）健康課と共同で現場での検証研究、睡眠健康教室の開催などを行ってきました［田中、2002a／2002b／2002c］。その結果、不眠で悩む高齢者を対象に、昼食後の短時間昼寝および夕方の軽運動（福寿体操［田中、2002b／2002c］とは、覚えやすく、座っても、寝てもできる軽いストレッチや腹式呼吸で習慣づきやすいもの）の指導を四週間、週三回介入的に行うと、覚醒の質が向上し、夕方から就床前にかけての居眠りが減少し、夜間の睡眠を改善することが確認できました（**図3**）。また、日中の眠気の改善や活動のメリハリがでてくること、精神健康も改善することも確認できました。さらに、体力測定の結果に柔軟性やバランス感覚、脚筋力の測定値が有意に向上し、覚醒度、意欲、身体的疲労、集中力、食欲などの主観的評価も有意に改善していることが確認されています（**図4**）［Tanaka & Shirakawa, 2004／田中、2002a］。覚醒度や注意力、柔軟性やバランス感覚、脚筋力が改善したことは、転倒、骨折予防に効果があり、寝たきり防止策にも有効であることを示しています。睡眠が改善したメカニズムのポイントは、日中の適正な覚醒維持、夕方から就床前にかけての居眠り防止です（**図5**）。高齢者では、深部体温の位相が若年者と比べ二～三時間前進［Czeisler et al., 1992］するため、夕方五時頃は、高齢者にとって、〝睡眠禁止帯（forbidden zone）〟［Lavie, 1986］にあたり、深部体温が高く、運動には望ましい時間帯［Atkinson & Reilly, 1996］となります。このため、この時間帯での運動は覚醒系の活動を上昇させ、夕方以降の居眠りを減らし、就床前の覚醒の状態を質的に改善させたと考えられます。短い昼寝により午後の覚醒維持が容易になり、さらに夕方に軽運動を行うことで、日中の覚醒の質が向上していたものと考えられます。また、夜間睡眠が改善することにより、翌日の覚醒状態、日中の眠気や活動量、精神健康、コンピュータ認知課題の成績などが改善することも指摘されています［Tanaka & Shirakawa, 2004／田

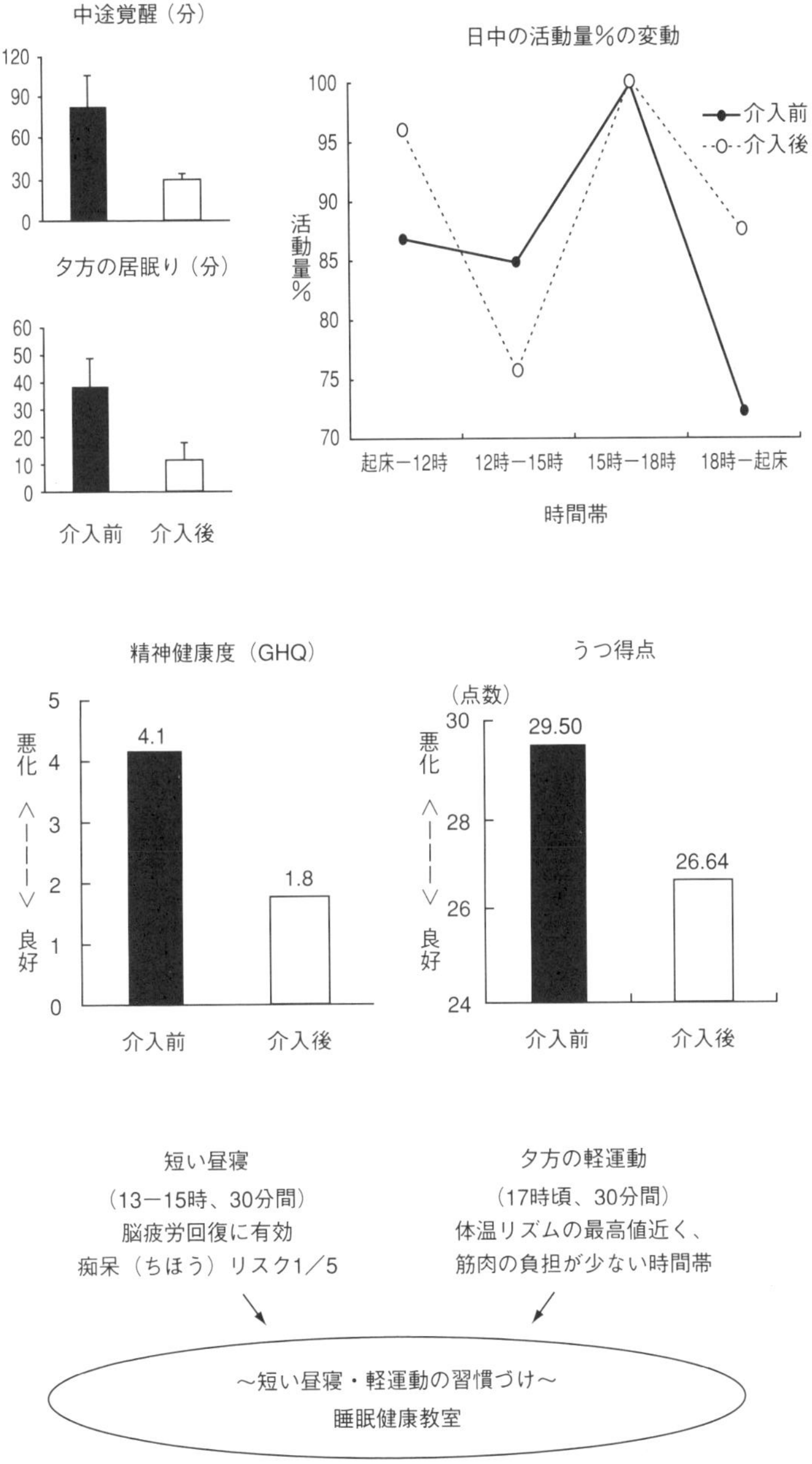

図3　短い昼寝と夕方の軽運動の睡眠、精神健康改善効果

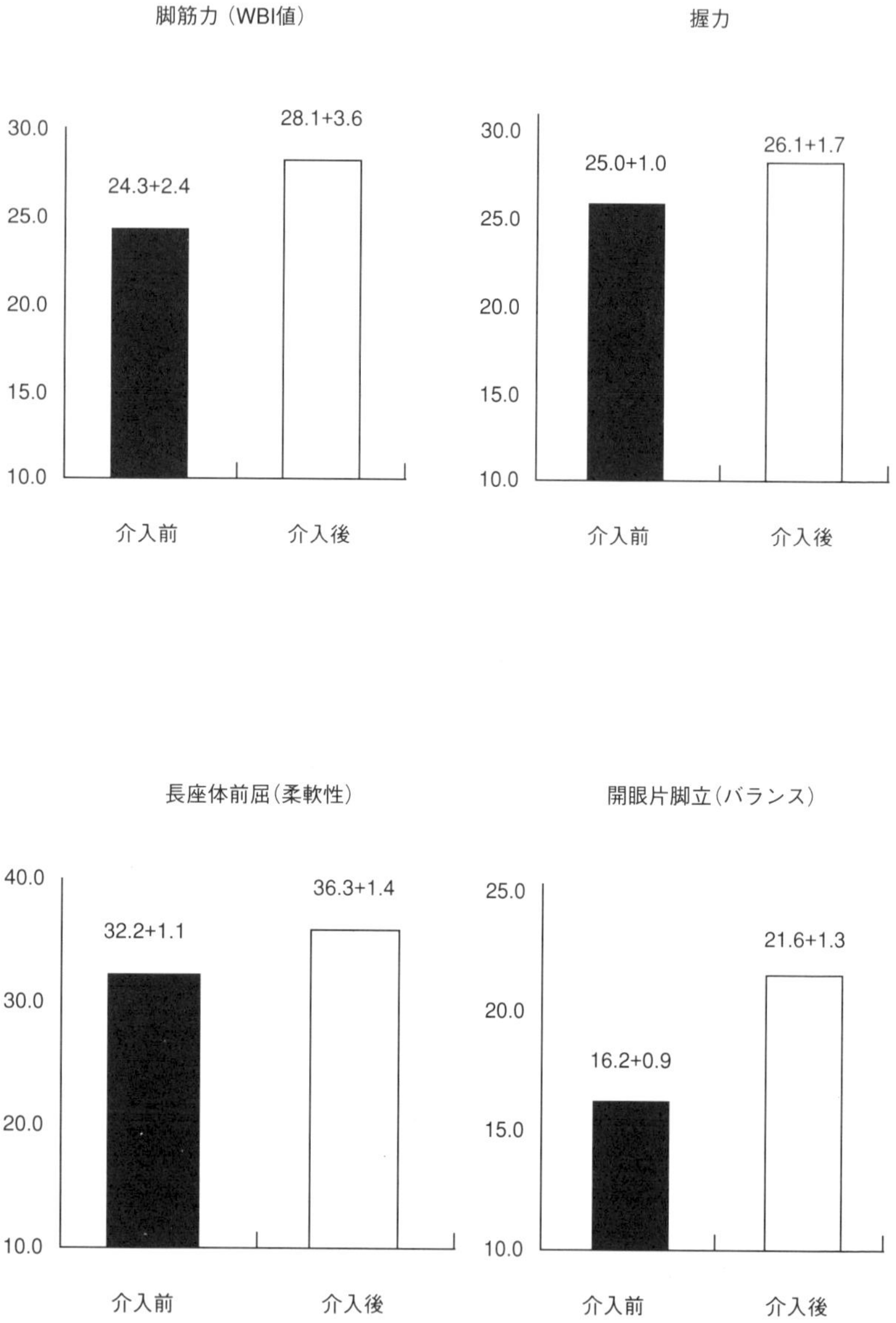

図４　睡眠健康教室による体力値の改善効果

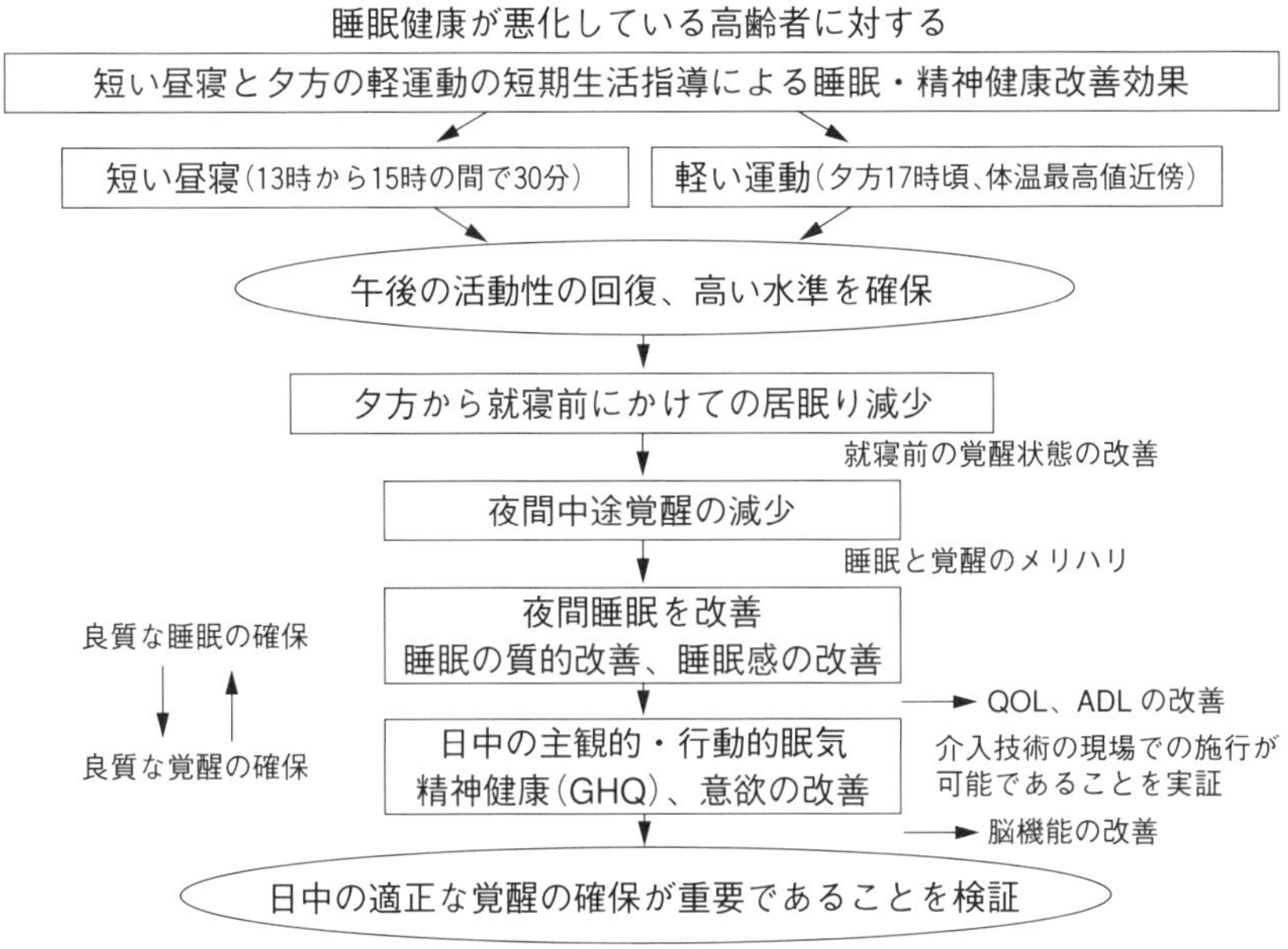

図5　ライフスタイル改善による睡眠改善のメカニズム

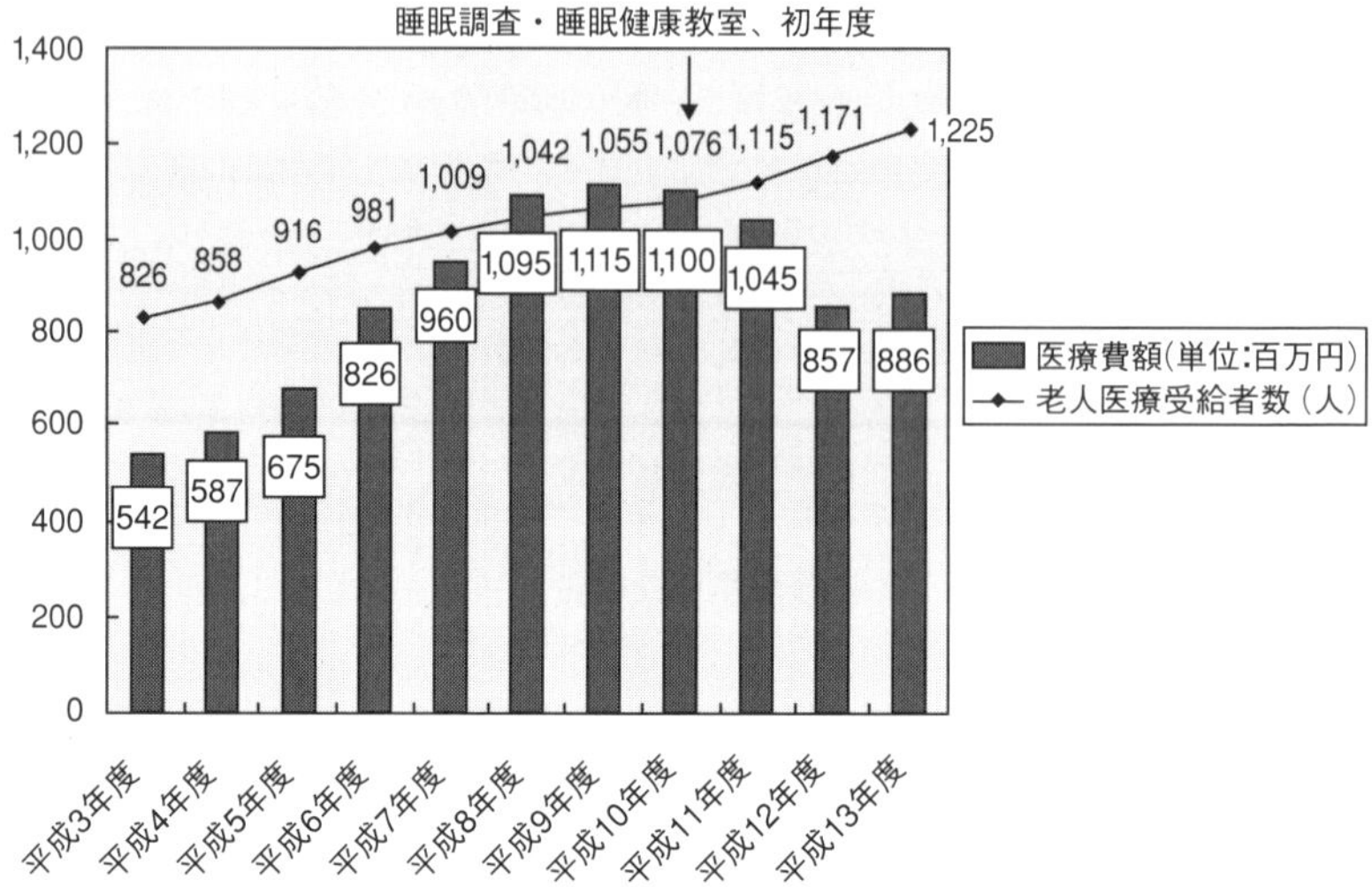

資料：沖縄県佐敷町（現・南城市）健康課、総務課、提供

図6　医療費の推移

中、2002a]。日中の眠気低減が脳機能向上にも寄与しているものと考えられます。つまり、三〇分の短い昼寝と夕方の軽い運動が夜の質の良い睡眠を促し、また、翌日起きている時も生活の質が高まるという良い循環が形成されたと言えます。福寿体操の普及、健康カレンダーの配布(全世帯)や高齢者の睡眠健康教育や健康増進活動に精力的に着手した沖縄県佐敷町(現・南城市)では、毎年数千万円単位で医療費が減少し(図6)、四年前には高齢者一人あたり一〇〇万円を越えていた医療費が、現在では、約七〇万円に減少したとの興味深い結果が出ています[田中、2002a/2002b]。

(1) 昼寝は痴呆の予防にも効果的

これまで昼寝は、夜間睡眠の入眠や維持を障害し、不眠を引き起こす原因と考えられ、睡眠に問題がある高齢者の生活指導においては、昼寝の禁止と日中生活の充実が強調されてきました。ところが、最近、健康な高齢者ほど短い昼寝を習慣的にとっていることや、三〇分以下の昼寝が不眠を予防することがわかり[田中、2002a/白川・田中、1999]、昼寝について見直しがせまられています。また、三〇分以下の昼寝は痴呆の発病の危険性を五分の一以下に軽減させること、一方、一時間以上の昼寝は、アルツハイマー型痴呆の危険性を二倍に増加させることが指摘されています[Asada et al.,2000]。つまり、習慣的な短時間の昼寝は効果的ですが、長すぎる昼寝は逆効果になり[田中、2004a]、デイ・ホームや病院・施設などでよく見受けられる長すぎる昼寝は、少し考えものです。三〇分以下の昼寝が発病の危険性を低減する要因としては、昼寝で脳の疲労が軽減することや、睡眠が改善することによって免疫機能が上昇する可能性などが考えられています。また、二〇〇四年に報告された論文によれば、習慣的な運動は、痴呆の発病の危険性を三分の一以下に軽減するという興味深い知見も得られています。

5 睡眠の質と生体リズムの加齢変化

加齢にともなって、就床・起床時刻・睡眠時間帯の前進が見られます［Bilwise, 2000／田中・白川・鍛冶ほか、1999］。また、睡眠時間（着床時間）は六〇歳以降、加齢とともに延長し、八〇歳以上では八時間を超えることも報告されており［Bilwise, 2000］、高齢化すると睡眠時間も顕著に延長します。

図7は加齢による睡眠構造と生体リズムの変化をモデル化したものです。高齢者の睡眠の特徴を一言で表現すると、浅い、効率の悪い眠りと言うことができます。加齢とともに、深い眠り（徐波睡眠、段階3＋4）が著しく減少し、夜間の中途覚醒が増え、睡眠の分断化が目立つようになります。さらに、朝早く目が覚めすぎてしまい、再入眠できない早朝覚醒も増えてきます。もう一度眠ろうとしても全く眠れないまま床の中で朝を迎えてしまいます。睡眠状態が悪いため、起床時の気分や機嫌が悪く、意欲も出ないまま一日を過ごす高齢者も少なからず見られます。加齢による徐波睡眠の減少は、睡眠中における日中の疲労や睡眠圧の解消過程の効率低下を表します。加齢にともなう徐波睡眠の減少、中途覚醒の増加などは、睡眠を発現させ維持、管理するシステムの老化現象の現れと言えます

[Bilwise, 2000]。加齢とともに充分な睡眠の確保が難しくなり、床についている時間が必然的に長くなります。また、睡眠の効率が悪い（夜間、砂時計に充分な量の砂が貯まってない）ため、たとえ長時間眠っても、睡眠と覚醒のメリハリが乏しく、日中に強い眠気をもよおしやすくなります。

一方、加齢による生体リズムの劣化［Bilwise, 2000］は、深部体温リズムなどのさまざまなサーカディアンリズム（概日リズム）に見られ、リズム位相の前進、リズムの振幅の減少（**図7右**）などが認められます。しかし、この生体リズムの周期は正確な二四時間でなく約二五時間であり、私たちは太陽の光などで、毎日、一日二四時間という外界の昼夜リズムに合わせて約一時間修正して生活しているのです。日の出によって太陽の光を目でキャッチし、その光信号は脳の視床下部にある視交叉上核という場所にいきます。この視交叉上核の中には、体内時計があって、光によって一日の明暗サイクル二四時間周期に修正されます。サーカディアンリズムを二四時間の環境周期に同調させる因子を同調因子と呼び、人では二五〇〇ルクス以上の光や食事、社会的接触や運動などが知られてます。加齢による生体リズム劣化の要因の一つは、体内時計のある視交叉上核そのものの機能低下です。また、社会的接触や運動量の減少など、同調因子である光、運動、社会的接触、食事の規則性などの入力が低下するのもリズム劣化の要因です。高齢者の不眠には、種々のサーカディアンリズム現象の同調の乱れ（内的脱同調）も原因の一つと考えられています［白川・田中・駒田ほか、2003］。

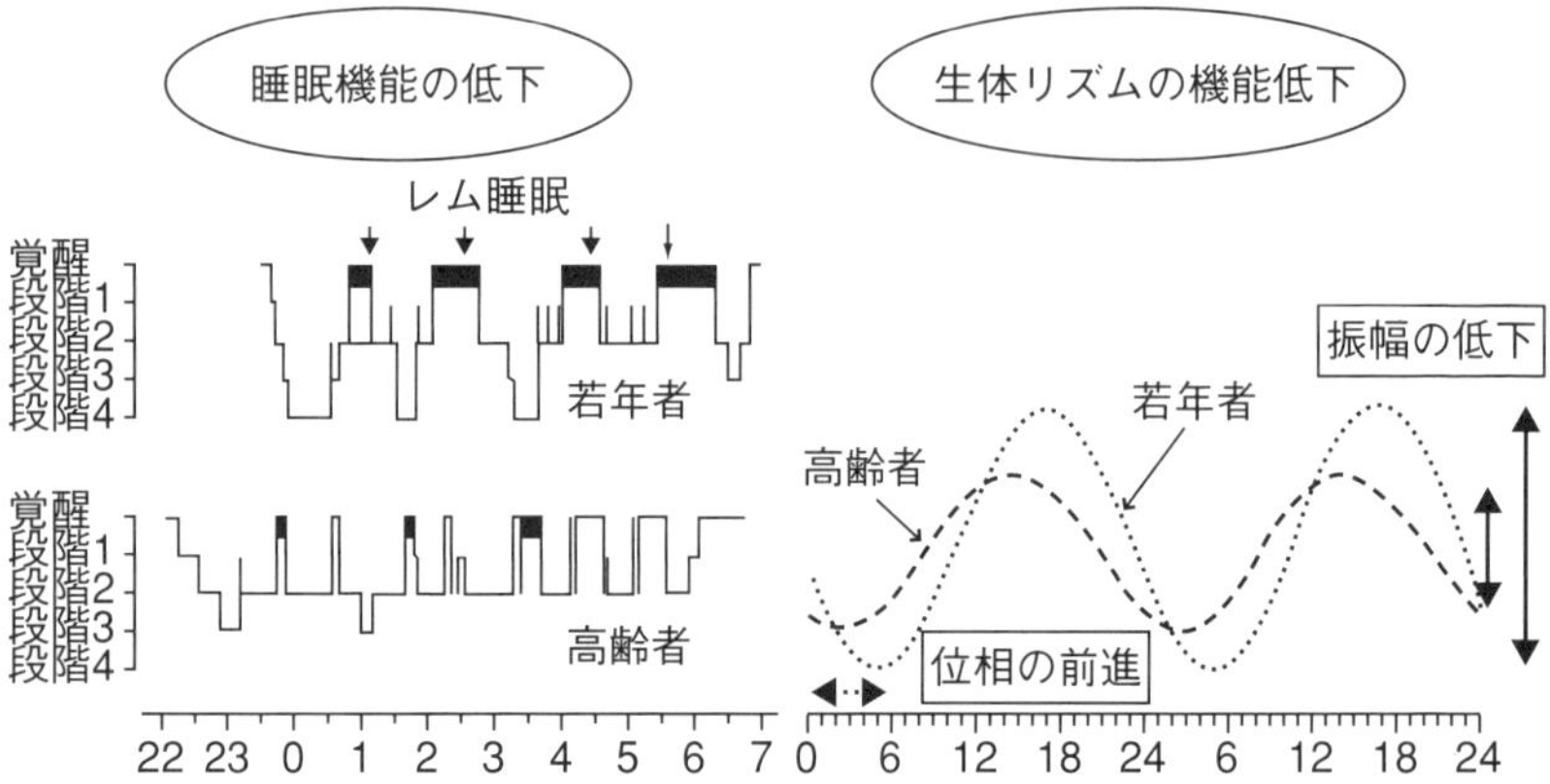

図7　加齢による睡眠の質と生体リズムの機能の低下

6　快適睡眠のためにはライフスタイルの見直しが大切

不眠問題へ向けて、取り組むべき課題は、スリープマネージメント、つまり、ライフスタイル改善と環境整備［白川・田中、1999］です。スリープマネージメントのポイントは、①サーカディアンリズムの規則性の確保、②日中や就床前の良好な覚醒状態の確保、③睡眠環境の整備、④就床前のリラックスと睡眠への脳の準備です（表2）。これらのポイントをふまえつつ、高齢者の睡眠確保に有効な生活メニューを朝、昼（日中）、夜に分けて提案してみます（図8）。

(1)　朝起きてからの過ごし方

朝起きたら、太陽の光を浴びることを心がけましょう。朝の太陽の光は、約二五時間で働いている私たちの体内時計を一日のリズムに調整し、同時にさまざまなサーカディアンリズムの同調を強化します。また、散歩や軽い運動をしたり、規則正しく朝食をとりましょう。体のサーカディアンリズムを整えるほかに、脳を目覚めさせ睡眠から覚醒への切り替えを円滑に進める効果があります。しかし、早朝から過度な運動をすることはくれぐれも避けてください。虚血性心疾患などの循環器系の疾患の発生が睡眠後半から起床三時間後までに集中することや、過度の運動は血圧などの変動に悪影響があることが報告されています。朝の運動は、散歩や軽い運動にとどめることが事故を防ぐためにも重要です。

表２　スリープ・マネージメントのポイント（［白川・田中、1999］を一部改変）

１）サーカディアンリズム（概日リズム）の規則性の確保
・規則正しい食生活と規則的な睡眠スケジュールを守る
・規則正しい軽い運動をする
・できるだけ午前中に太陽の日を浴びる
２）日中や就床前の良好な覚醒状態の確保
・日中はできるだけ人と接触するよう努力する
・夕方以降は、居眠りしたり仮眠をとることは避ける
・就寝時刻から15時間後前後に短時間の昼寝をとる習慣をもつ
・就寝時刻から５時間前ごろに散歩などの軽運動習慣をもつ
３）睡眠環境の整備
・自分にあった寝具を選ぶ
・静かで暗く適度な室温、湿度の寝室環境を維持する
４）就床前のリラックスと睡眠への脳の準備
・就寝間近のお茶や多量のアルコールなどの摂取や喫煙は避ける
・就寝間近の激しい運動や心身を興奮させるものは避ける
・就寝間近に熱いお風呂に入ることは避ける
・眠れない場合には、無理に眠ろうとはしない
・寝床で悩みごとをしない

図８　高齢者の良質な睡眠確保に有効な生活メニュー

(2) 昼、日中の過ごし方

日中は、趣味を楽しんだり、友達や家族と話したりして、社会的接触を大切にしましょう。老人会のクラブなどに参加するのもいいことです。家事をして生活の張りをつくるのも大切です。役割や生きがい、やりがいをもっている高齢者ほど、元気でいきいきしているとの報告もあります。些細なことでもいいので、何か役割を見つけてチャレンジしてみるのもいいでしょう。遠慮は体に毒です。お昼になったら、毎日、ほぼ決まった時間にきちんと昼食をとり、食後は、短い昼寝をしましょう。一三時〜一五時の間で三〇分程度の昼寝をするのがポイントです。長く寝てしまいそうな不安があるときは、ソファやリクライニングチェアーに座って眠ることをお勧めします。また、昼寝の達人になると、目覚まし時計がなくても、三〇分くらいで自然に目を覚ますことができる人がいます。この自己覚醒法を習得すると、目覚まし時計で起きる強制覚醒法に比べ、寝起きの気分が良いとの報告もされています。また、今まで昼寝習慣がなく、昼寝をしようとしても、なかなか寝付けず、どうしても無理だとお思いの方は、眠れなくていいので、まず目を閉じて休息することをお勧めします。目を閉じているだけでも、普段、目から入ってくる外界の情報が減りますので、情報の処理に対する脳への負担は減ります。眠れなくても、それだけで脳を少し休息させていることになります。また、これを一週間くらい続けていると、自然と昼寝ができるようになる方も結構おられます。まずは、午後一三〜一五時の間で三〇分程度目を閉じてリラックスしてみることから始めて、徐々に昼寝習慣を獲得していくのも一策です。昼寝で脳と体の疲労を回復したら、午後の活動性も上がります。また、夕方五時くらいには、軽い運動か散歩を三〇分程度する習慣をつけましょう。体温が高く、筋肉への負荷が少ないこの夕方の時間帯の運動は、健康維持の観点からも、高齢者には効率的かつ有効です。昼寝と組み合わせて行なうことで、睡眠改善ばかりでなく、意欲や日中の気分の改善、体の調子の改善にも効果があることが確かめられています。

(3) 夕食後から就床前の過ごし方

毎日、ほぼ決まった時間にきちんと夕食をとり、夕食以降の居眠りや仮眠は避けるように心がけましょう。夜間のトイレ回数の多い高齢者は、夕食以降のコーヒー、紅茶、お茶などカフェイン摂取は避けることをお勧めします。カフェインには利尿作用があり、夜間のトイレを増やす要因となります。特に、就床間近のお茶や多量のお酒や喫煙は避けるべきです。ニコチンやカフェインは寝つきを悪くしますし、アルコールは、一見、寝つきを良くするように思われますが、実は睡眠の質を悪化させます。ニコチン、カフェイン、アルコールともに利尿作用がありますので、コップ一杯程度の水を飲むのが良いでしょう。

また、就床間近に入浴される高齢者は、熱いお風呂は避けましょう。熱いお風呂は体温を過剰に上昇させ、長時間、交感神経系を興奮させます。入眠のためには、体温が下がっていくことが大切です。また、脳が過剰興奮することも避けるべきです。また、ストレスなどによって眠れない状態が続くと、眠れないことへの不安、焦りから無理に眠ろう眠ろうとしてさらに眠れなくなることがあります（精神生理性不眠）。眠るためには、脳や身体がリラックスしていることが大切で、脳や身体が興奮していれば寝つきは悪くなります。

脳と身体をリフレッシュさせるためには、三八～四〇度のぬるめ入浴が望ましいです。沈静効果のある心地よい香り入りの入浴剤の使用も効果的です。お風呂が長めの高齢者は、入浴前にコップ一杯程度の水を飲むことも、脱水の影響を避けるためには大切です。冬など浴室内と風呂との温度差が激しい場合には、前もって浴室内を暖かくしておくなどの対処が事故を防ぐ上で必要です。入浴後過ごす部屋は白熱灯にすることも有効です。就床前は、音楽や香りなどでリラックスし、眠るための心身の準備をしましょう。激しい運動は禁物です。また、床に入って眠れないときは無理に眠ろうとはせず、焦って緊張を高めないよう、リラックスすることが大切です。また、普段の就床時刻の二、三時間前は、最も眠りにくい時間帯（生体リズムの関係）であることを留意しておいてください。翌日、早起きしたくて、普段より早く寝床についたにもかかわらず、かえって眠れないことがあるのはこのためです。そのときにあわてても間に合いません。翌日早起きしたくて、前日早く眠るためには、前日の朝、早く起きることです。その他、割合は少ないのですが、就床と同時にむずむずとほてったような違和感が生じ、寝つけなくなることがあります。この「むずむず脚症候群」あるいは「睡眠時周期性四肢運動障害」の疑いのある人は、男性の1.8％、女性の1.4％にみられ、八〇歳以上では男性の4.8％、女性の5.9％であったことも報告されています［白川・石郷・石東ほか、1996］。眠れないために下肢に異常感覚が出ると思い込みがちですが、これは、鉄欠性貧血や腎機能異常があると起こりやすく、専門医への相談が大切です。最後に、不眠の行動療法（非薬物治療）でよく使われる方法を紹介しておきます。入眠に問題を抱えている人は、寝床を寝るためとセックスだけに使うように留意するのも一策です（刺激制限療法）。また、中途覚醒の多い人は、実際に睡眠の取れている時間だけに、床上時間を減らす方法も有効です（時間制限療法）。

7 短い昼寝と夕方の福寿体操の習慣づけと地域への展開

今後、ライフスタイルの改善と睡眠環境の整備に関する高齢者を取り巻く家族、介護者、住民への睡眠健康教育を充実させることも必要になってくると思います。さらに、介護予防としてのスリープマネージメントや睡眠健康教室の地域展開やソーシャルサポートシステムの定着化も重要になってくると思われます。現在、先述の現場検証研究の成果をもとに、広島県を中心に、沖縄県、京都市、福岡県などで、良質な睡眠の確保技術（短い昼寝や福寿体操の習慣づけ）を痴呆・寝たきり予防、ヘルスプロモーションと絡ませたさまざまな睡眠健康教室・睡眠啓蒙活動が展開しています（**図9**）。これらの地域と大学が連携した健康増進活動と実証研究（一教室につき、週三日、四週間、約二〇～三〇人。広島県、沖縄県で実施）には、保健師や運動指導士を中心に、地域のボランティアや学生ボランティアが参加しています。

また、地域での睡眠健康指導の定着化には、簡便で有効かつ継続性のある介入システムや評価法が必須です［田中、2003］。広島県では、高齢者の日中の適正な覚醒の確保からの快眠法に注目した、新しいミニ・デイサービスプラン（快眠ミニ・デイサービス）がい

短い昼寝と福寿体操で高齢者の眠りを快適に

短い昼寝と夕方の軽い運動を習慣にすれば、高齢者の睡眠が改善して、健康も高まることを、田中秀樹・広島国際大助教授（臨床心理学）と白川修一郎・国立精神・神経センター室長らが実際の健康指導で確かめた。

軽い運動には、高齢者も覚えやすく、簡単にできる新体操を平良一彦・琉球大教授らと共同で考案して、「福寿体操」と名付けた。

高齢者の三人に一人は熟睡できないなど睡眠に悩み、健康を悪化させている。快適な眠りを取り戻すことが大事だ。

日中の活動量が減り、夕方に居眠りしがちになることが、夜の眠りを妨げている。田中助教授らが高齢者の生活を調べて突き止めた事実だ。この研究で①午後一時から三時までに三十分の昼寝②夕方の軽い運動（福寿体操）―などを習慣づける快眠法を開発。それを伝授する健康教室も沖縄県佐敷町、広島県の庄原市や本郷町で開いた。

佐敷町の高齢者（六十五―八十七歳）三十人にこの快眠法を指導して、四週間続けてもらった。その結果、午前中の活動量が上がり、夕方から寝るまで居眠りが減って、夜の睡眠が改善した。体調がよくなり、食事をおいしく感じて、意欲もわくなど一日の生活にメリハリが出てきた。

福寿体操は体の伸縮や腹式呼吸が中心で、柔軟運動に筋力運動を取り入れた。体力に応じ、寝ても座っても約三十分で簡単にできるようにした。夕方の運動は散歩でもよいという。

田中助教授は「お年寄りの脳と心の健康増進には、睡眠の改善がポイントになる。昼寝と福寿体操は継続が大切だ」と話している。

福寿体操

5つの留意点

- 自分の柔軟の度合いに合わせる
- はずみ・反動をつけない
- 決して息を止めない
- 生活の中に自然に取り込む
- 継続することが何より大切

（田中秀樹広島国際大助教授らによる）

図9　睡眠健康活動の地域保健現場への普及
（記事は共同通信社より各地方紙に配信：2004年2月）

くつかの市や町で行われています［田中、2004 b］。この取り組みでは、前述の短い昼寝、福寿体操の習慣づけに加え、レクリエーションあるいは、グループワークを昼寝終了後と夕方の福寿体操の間の時間帯に行うことで、夜間睡眠に影響しやすい午後三時以降の覚醒維持をより確実にしました。この方法は、病院や施設でのリハビリなどにも応用可能です。「ぐっすり・すっきり宣言」［田中、2004b／田中・荒川・古谷・上里・白川ほか、2004］をスローガンに掲げ、睡眠健康教室［田中、2002a／2002b／2004b］や睡眠の自己管理法［田中（監修）、2004］の講習を展開している本郷町では、三年前より毎年、住民健診時に睡眠健康調査を行い、全員に結果をフィードバックしています（**図10**）。さらに、睡眠問

「ぐっすり·すっきり宣言」

■ 睡眠健康調査

住民健診(予防·早期対処)→全員にフィードバック
広報、啓発活動

睡眠非良好者に対して ↓

睡眠健康教室(短期集中体験講座;脳と心の癒し塾)
生活習慣指導、グループワーク
快眠とストレス対処のための習慣づけ

他の住民→睡眠健康教育(ぐっすり·すっきりセミナー)
(自己管理法) 習慣チェック、目標設定、日誌、セルフモニタリング
スタッフ定期的に巡回、助言指導

↓

睡眠健康活動からの脳と心身の健康づくり·仲間づくり

855

様

睡眠の健康度について、バランスをチエック

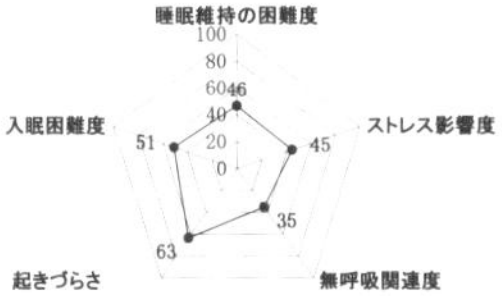

・不眠には、いろんなタイプがあります。

上の図は、あなたの睡眠をいろんな側面からみた結果です。長所、短所を確認しましょう。

35点以下	非常に良好です。
36点～45点	良好です。
46点～60点	普通です。
61点～75点	あまり良好ではありません。
75点以上	良好とはいえません。以下の習慣に心掛けましょう。

【快適 な睡眠と健康のために】
不眠でお悩みの方、全タイプへ
・午前中に、太陽の光をしっかり浴びましょう。

眠りの浅い人へ・・・活動のメリハリが大事。(夕方の居眠り避ける)
・昼食後1～3時の間で30分の昼寝で、脳と体の休息
短い昼寝は、痴呆の危険性を1/5に減らします

・夕方(体温最高期)には軽い運動や散歩をしましょう。
脳と心をリフレッシュ！居眠り防止に有効！

寝つきの悪い人へ・・・就床2時間前は脳と体をリラックス！
・興奮を高める激しい運動や熱いお風呂は避ける。
・お茶やコーヒーや寝酒は極力、慎みましょう。

図10 ぐっすり・すっきり宣言

題がある中高年一二三名に短期集中型の睡眠健康教室「脳と心の癒し塾」（四週間、週三回、全一二回）を開催し、快眠とストレス緩和のための習慣づけを行っています（図11）。一方、時間の都合などで教室に参加できない、不眠で悩む四三名に、睡眠の自己管理法の講習会を行い、教材（図12）［田中、2004a／2005／田中（監修）、2004／田中・荒川、2005］や習慣行動チェックリスト［田中（監修）、2004］を用いて、一ヶ月、睡眠日誌（図13）［田中、2004a］と目標行動の記入法を指導しています。こちらの方法でも睡眠や脳機能が改善することが定量的に検証でき、精神的・身体的健康も半年以上維持されていました。高齢の地域住民に対しては、ポイントをしぼり、睡眠に有効な生活メニューを朝、昼（日中）、夜に分けて、具体的な習慣行動を提案する方が実際に理解が高く、行動変容を促しやすいようです。また、目標行動の達成率の低い場合は、保健師が定期的に確認、相談に応じることが効果的です。

8　香を用いた睡眠環境整備の地域実践例―高齢者施設、病院での環境整備への可能性―

スリープマネージメントの基本は、ライフスタイル（生活習慣）の改善と睡眠環境整備［白川・田中、1999］ですが、睡眠生活指導介入および睡眠の自己管理法指導に加え、睡眠環境の整備の具体的方策も今後必要となります。近年、芳香剤やアロマオイルなどを用いて眠りの改善をはかろうとしている人も増えています。ラベンダーなどリラックス効果がある香が重宝される一方で、香りに対する好みも多岐にわたっており、人によってはそ

睡眠がからだに及ぼす影響

2002年７月にこころの問診を行なった結果です。健診を受診された方全員を対象に調査しました。

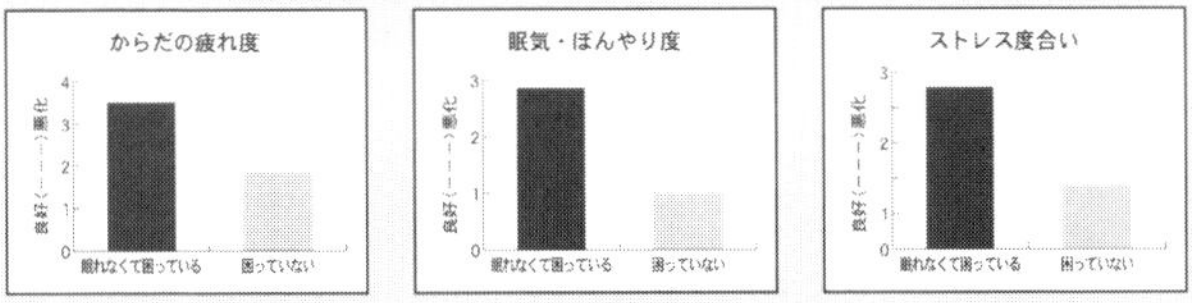

このグラフは、睡眠がからだ・集中力・こころの状態にかなり影響していることを示しています。睡眠の善し悪しが、生活の質まで左右するといっても言い過ぎではないでしょう。

だから、「眠れないのは仕方ない」「自分の習慣」などとあきらめないでほしいのです。

良質な睡眠は、生活習慣の改善の方法を正しく知り、続けて実行することで実現できることがわかっています。

「脳と心の癒し塾 」塾生の声 (2002.11 実施)

夜中に２・３回、目が覚めていた。その都度すぐに眠り込まないのが不安でした。「塾」に来てからは、目が覚めてもすぐに眠り込みます。これは今までと違った感じで、「塾」で習ったことが効いていると思います。

学習会に参加して、同じような悩みを持った人と知り合い、話し合いを重ねて行く中で、自分自身が整理でき、気持ちも落ち着くようになって来ました。（60代：男性）

頭から無理だと思っていた昼寝も、する気になれば出来るし、体操もしやすくて、このまま続けていきたいと思っています。「努めて日光に当たろう」、「前向きに生活していこう」という気になって本当によかったと思っています。

前ほど落ち込まなくなり、参加者と連帯感が生まれて、あまり落ち込まなくなりました。（60代：女性）

不眠で悩んでいるのは私一人ではないことを知り、少し安心しました。昼寝をすると眠れなくなると思い込んでいましたが、昼食後の昼寝を実行するようになり、初めは目をつぶるだけでしたが、今は、15～30分眠れるようになり、そのあと大変すっきりします。

夜少々眠れなくても、「太陽に当たり昼寝もしたのだから必ず眠れる」と考えられるようになり、いらいらしなくなりました。

生活に笑いを少しずつでも多く取り入れ、明るく過ごすように心がけます。塾に来てから、心が少し軽く広くなったような気がします。（70代：女性）

塾終了後の変化 (2002.12)

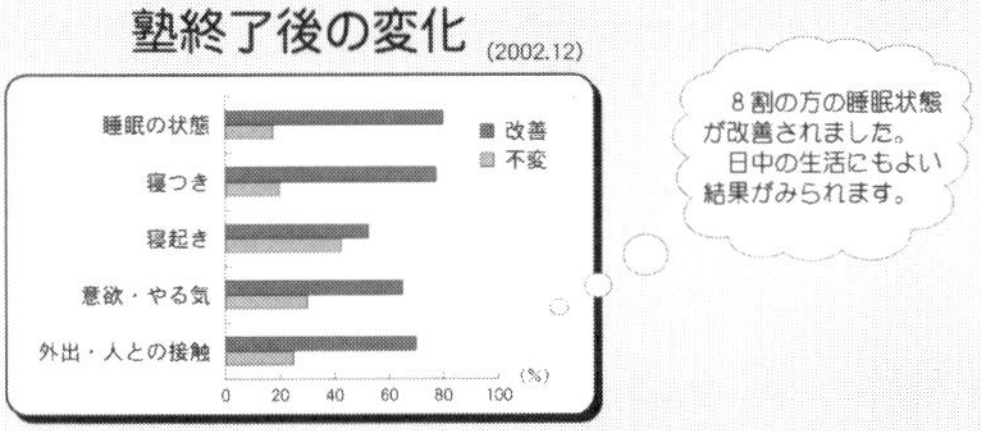

図11　脳と心の癒し塾の効果

図12 睡眠指導の教材（パンフレット、ビデオ）

快眠のために、一日の過ごし方を振り返りましょう♪

① (　　)の中に、非常によくできていることには◎、既にできていることには○、頑張ればできそうなことには△、できそうにないのには×をつけてください。

1.(　　)毎朝ほぼ決まった時間に起きる
2.(　　)朝食を毎日食べる
3.(　　)午前中に太陽の光をしっかりと浴びる
4.(　　)日中は活動的に過ごす
5.(　　)昼食後から午後3時の間に30分以内の昼寝をする
6.(　　)夕方に軽い運動や散歩をする
7.(　　)夕方以降、コーヒー、紅茶、緑茶などを飲まない
8.(　　)寝床につく1時間前はタバコを吸わない
9.(　　)就寝の2時間前までには食事を終わらせる
10.(　　)ベッドでテレビを見たり、仕事をしない
11.(　　)ぬるめのお風呂にゆっくりつかる
12.(　　)寝る前は、脳と体を休ませるように心がけ
13.(　　)眠るためにお酒を飲まない
14.(　　)寝床で悩み事をしない
15.(　　)眠くなってから寝床に入る
16.(　　)睡眠時間帯が不規則にならないようにする

●睡眠薬を服用される事のある方のみお答えください

17.(　　)決まった時間に決められた量の薬を飲む
18.(　　)薬を飲んだ日はお酒を飲まない

効用　1.2.3.4.5.7.9.11.13.16.…睡眠全般　8.10.14.15.…寝つき　4.6.…熟眠　12.…目覚め

☆ チェックの結果はいかがでしたか?できるだけ◎や○を増やし、△や×が減るような生活習慣に変えていきましょう。

② あなたの睡眠の満足度を確認しましょう。次の質問に100点満点でお答えください。

寝つきの満足度は……(　　)点　熟睡の満足度は……(　　)点　日中のすっきり度は……(　　)点

☆ 満足度が低い方は、生活習慣の改善と合わせて、睡眠の満足度がどう変化しているかについて時々振り返りましょう!

生活改善のために ～ あなたの行動改善の目標を決めましょう。

頑張ればできそうなこと△の中から3つほど自分で、実践できそうなものを記号で記入してください。

目標1(　　　)　目標2(　　　)　目標3(　　　)

☆ 選んだら、毎日の生活の中で実践してください。カレンダーに達成できたかどうかを記録すると習慣になりやすいでしょう。

睡眠日誌と目標チェック

16年　　月
氏名　　　　　　　　様　　歳

習慣チェック(別紙)で△だったものの中から、目標を3つ決めてください。
例)目標1　昼寝をする
　目標2　お風呂をぬるめ

目標を記入
目標1
目標2
目標3

時刻 日	曜日	午前 0 1 2 3 4 5 6 7 8 9 10 11 12	午後 1 2 3 4 5 6 7 8 9 10 11 12	目標1	目標2	目標3	起床時刻	就床時刻	消灯時刻	寝つくまで(分)	睡眠時間 時間:分
例)				○	△	○	5時	22時	23時	30分	8時間

ぐっすり眠った(黒で塗りつぶす)　はっきり目が覚めた　寝床にいた、横になっていた時間

図13　自己管理法と睡眠日誌

の香に嫌悪反応を示し、リラックスや睡眠を妨げる場合もあります。この課題に対して、最近、香りが微弱であり、香りに対する好みの影響、嫌悪反応が生じにくい利点でセドロールという香気成分が注目され始めています。この香り（セドロール）を用いた実験室実験によれば、セドロールは入眠を円滑にし、中途覚醒量を減少させる効果があることが報告されています。また、本来の睡眠構造を歪めることなく睡眠を改善させることも指摘されています。今後、睡眠環境整備の一助としての可能性を探るためにも、日常生活下での睡眠状態および広範囲の年齢層、特に、中高年者への有効性を検証することが重要になっていました。筆者らは、研究協力に承諾の得られた中高年者一六名（平均68.2±10.8歳）を対象に、地域保健現場で睡眠生活を四週間連続測定し、交感神経活動抑制効果、睡眠促進効果が実験室で検証されている香気成分セドロールが、日常生活下における睡眠・精神的・身体的健康に及ぼす長期効果について検討しました［Tanaka, 2004］。その結果、睡眠の状態、寝つき、寝起き、朝の気分などが有意に改善していました（**図14上段**）。また、高精度の万歩計様のアクチグラムで昼夜連続活動量を比較した結果、中途覚醒が減少し、夜間睡眠が改善していることが定量的に確認できました（**図14下段**）。一方、OSA睡眠感調査票（MA版）を用いてセドロール使用期間前後の状態を検討した結果、入眠と睡眠維持、疲労回復、睡眠時間に関する因子得点が改善し、疲労回復効果も認められました（**図15上段**）。また、GHQ得点（**図15下段**）も有意に減少し、精神的健康も向上していました。次に、睡眠、寝つきについて、どのくらいの人が改善したかを調べたところ、睡眠の状態69％、寝つき63％といずれも改善した割合が六割を越えていました。日中、特に夕方以降の居

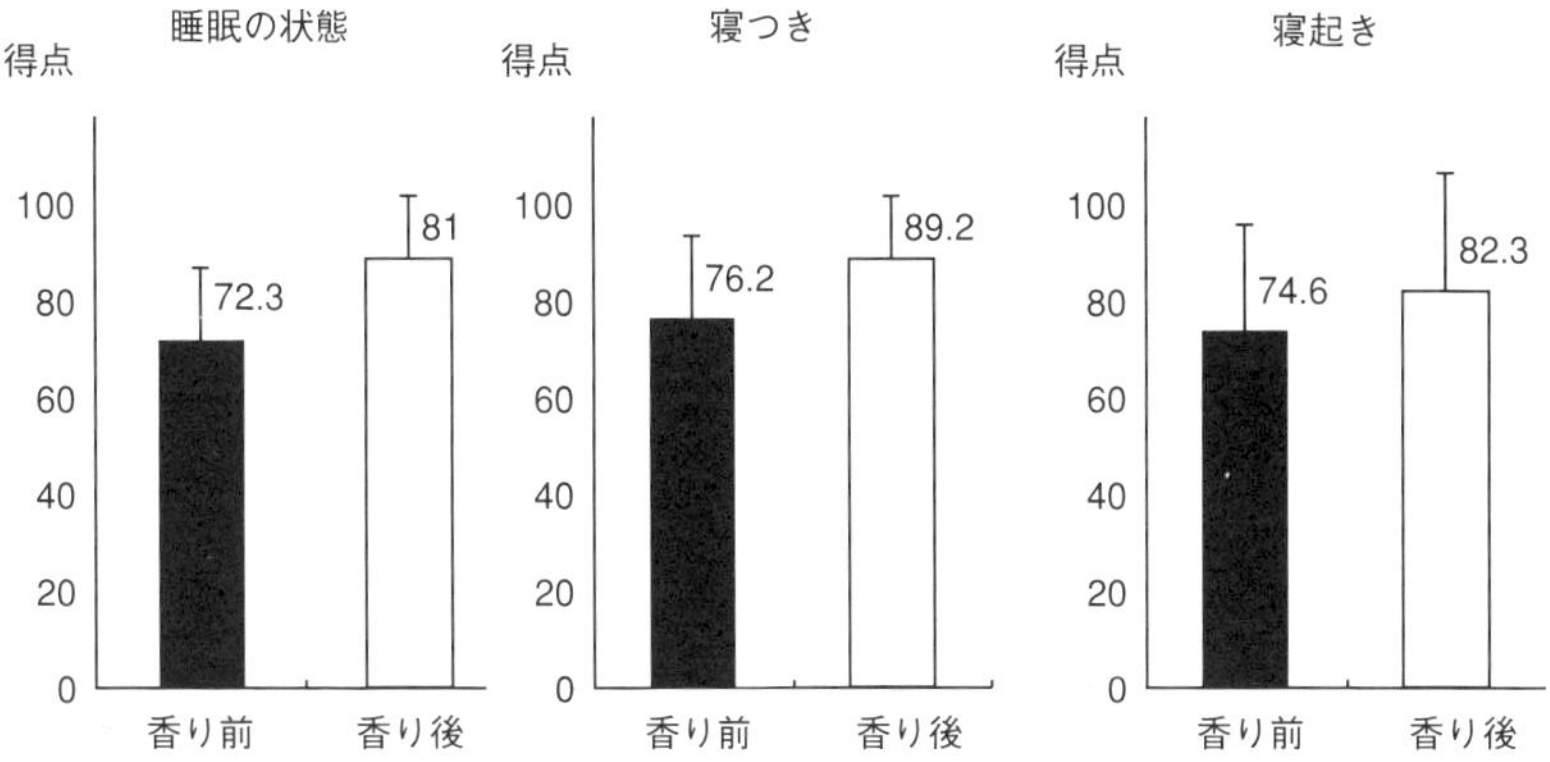

睡眠についての香り使用前後比較

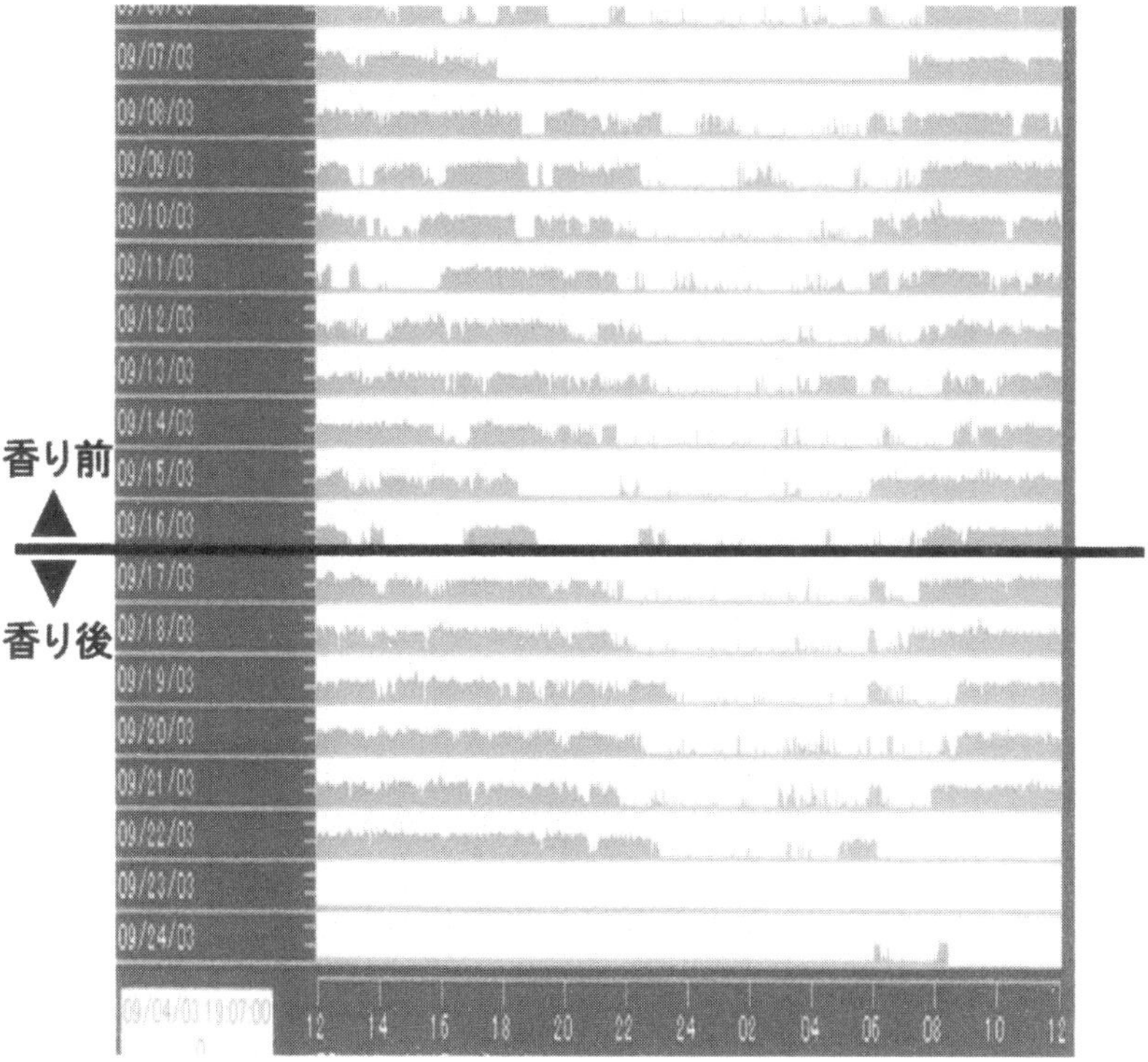

アクチグラムでの香り使用前後比較

図14　セドロールの睡眠改善効果

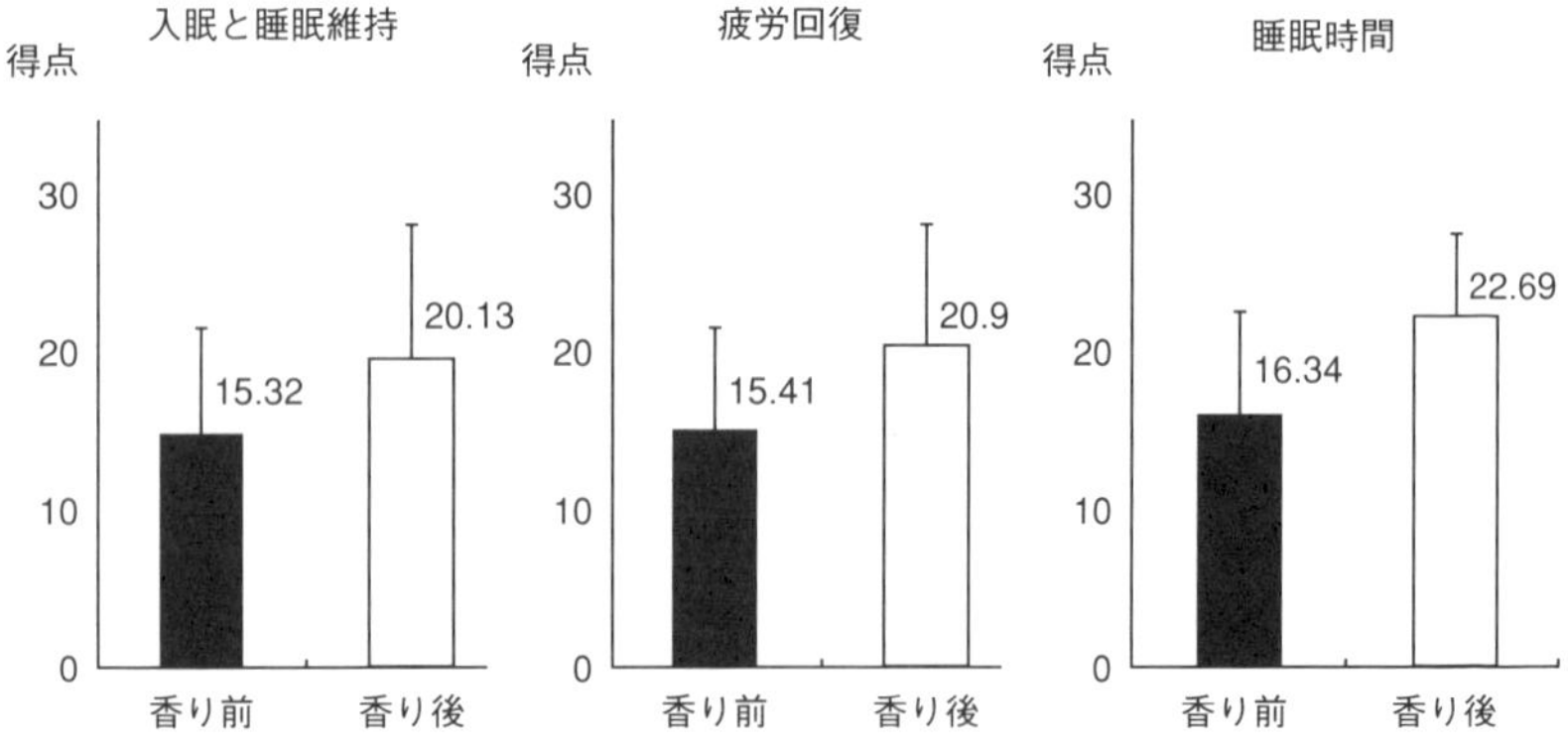

OSA睡眠感調査による香り使用前前後比較

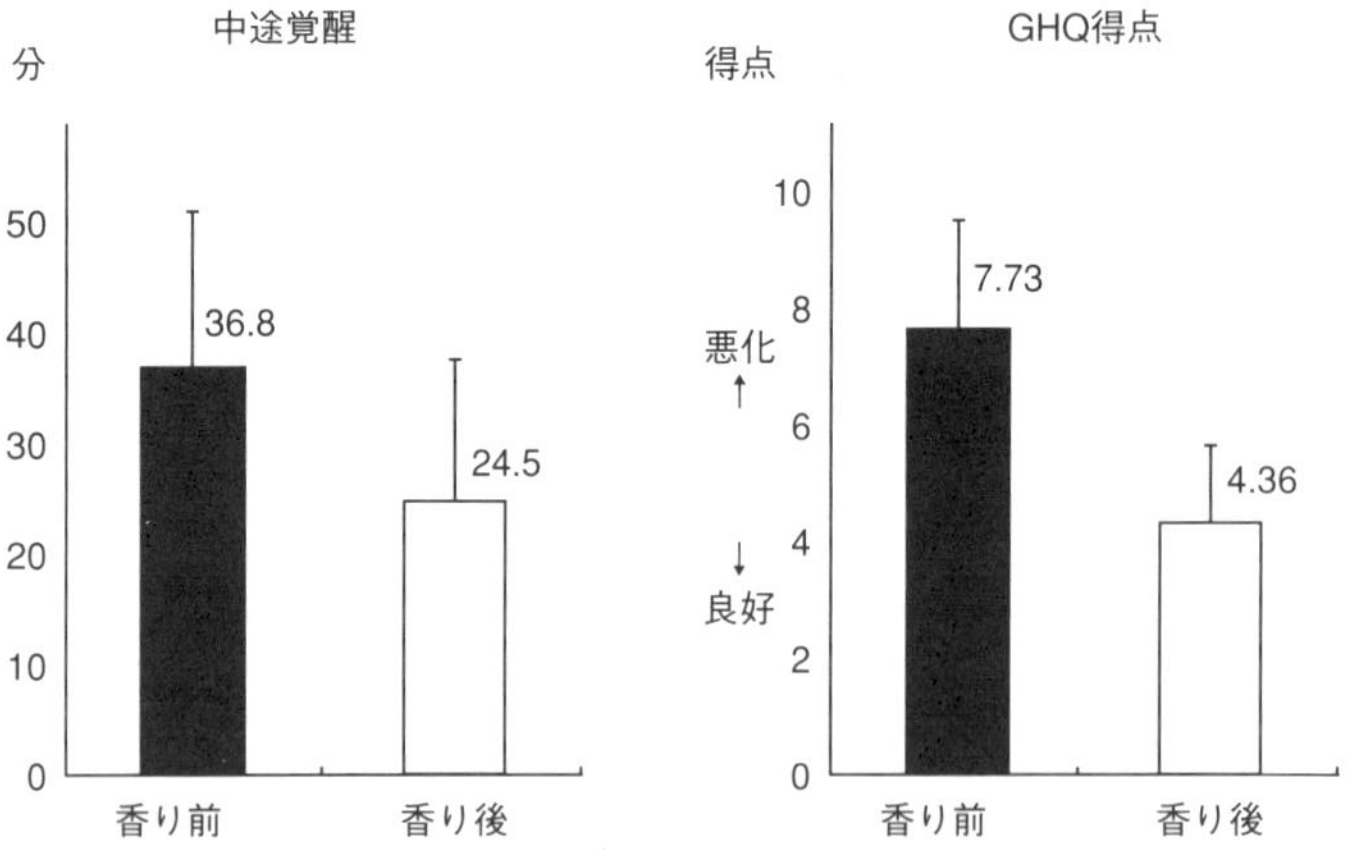

中途覚醒、精神健康の香り使用前後比較

図15　セドロールの睡眠、疲労回復、精神健康への改善効果

眠り混入が多い人については、際立った改善効果が認められなかったものの、中途覚醒が三〇分を越える人、入眠潜時が三〇分を越える人で改善効果は顕著でした。副作用の愁訴も認められなかったことから、実生活に導入しやすい不眠対処手段と考えられました。また、「寝床で悩み事をしてしまう」などの行動も改善され、セドロールの交感神経活動抑制作用が就寝前リラックス、入眠促進、睡眠維持、起床時気分や日中の覚醒、心身健康向上という良い循環に寄与していることがうかがえます。日常生活下で不眠住民の睡眠・精神的・身体的健康確保に長期的に有効であることが確認でき、睡眠環境整備の具体的手段として利用可能であることが期待できます。香りが微弱であり、嫌悪反応が生じにくく、睡眠薬の有する弊害を示さない利点のあるこの香（セドロール）をライフスタイル指導と併用することで、今後、高齢者施設、病院などでより充実したスリープマネージメントが実現できる可能性も広がります。

9　高齢者のための睡眠環境の工夫

ただでさえ睡眠が劣化している高齢者では、睡眠環境の整備にも配慮が必要です。

(1)　枕

枕は気道を確保でき、頸椎に負担のないものが良く、高さを調節できる枕を選ぶことが重要です。人が自然の姿勢で立つと、背骨が緩やかなS字状になります。枕はこのS字カーブが保てる高さのものが理想です。枕の高さとは後頭部・首～布団の隙間の距離を指します。枕の大きさは寝返りが十分うてるように、頭三個分の大きさを確保しましょう。また、枕に頭だけしか乗せていないと、肩の疲労が大きくなることがあります。枕には肩・首・頭をしっかり乗せる事が大切です。硬さについては、しっかり頭を支えてくれる硬さが必要です。夏は通気性や熱の放散が良く、冬は首や肩を保温してくれる素材が望ましいです。

(2) ベッド・布団

ベッドは寝がえりができる幅と反発力のある硬さが必要で、腰が沈むものは避けるべきです。広さは、両手を広げた長さが必要です。掛け布団は、軽くて保温性や通湿性の良いものが理想です。手足が冷えて眠れない場合には、布団乾燥機などで布団を暖めてから、床に入ることをお勧めします。電気毛布は、寝床内を乾燥させるため、皮膚が乾きやすく、体温調節機能の低下している高齢者にとって適切ではありません。逆に、足がほてって眠れないときには、発熱時用の冷却シートなどを用いて、足を冷やしながら寝ると寝つきが良いとの報告もあります。暑くて寝苦しい夜は、寝床内の通気性や湿度の発散を確保しやすい竹製や籐製の通気性の良い抱き枕も効果的です。一方、頭を冷やすことも寝つきを良くするのに効果的であると言われています。

若い人ではさほど気にならない大きさの物音や振動でも、高齢者では入眠を阻害し、中途覚醒も増加させます。特に、突発的な物音は要注意です。トイレと寝室が近すぎると、夜間、家族の人のトイレで高齢者は目を覚ますことがしばしばあり、配慮が必要です。

(4) 光環境

騒音・振動に加え、寝室の光環境は特に重要です。明るい光はメラトニン分泌を抑制し入眠を妨げます。**図16**に示すように、睡眠は生体リズムの中でも特に、体温リズムと密接な関係があります。夜間の睡眠は深部体温が下降することで起こります。体温は図に示すように早朝に最低点に達します（早朝に亡くなられる方が多いのも、このことと関係しているようです）。体温が最低点に達した後、あるレベルまで体温が上昇すると睡眠は終了し、人は目を覚まします。すなわち、体温がスムースに下降することが入眠を円滑にします。また、メラトニンには、体温を下降させる働きのあることが近年判明しています。このメラトニン分泌は、入眠前から血中濃度が上昇し、生体が夜と認識する時期に増加します。メラトニンが分泌され、体温が下降することで円滑な入眠がほどこされるのです。しかし、生活が夜型化し、いつまでも電気がこうこうとついていると、メラトニン分泌は光により抑制されてしまいますので、自然な体温下降も妨げられ、入眠も困難になり、睡眠も不足がちになります。夜型社会の進行は、睡眠や脳・心身の機能維持に少なからず影響

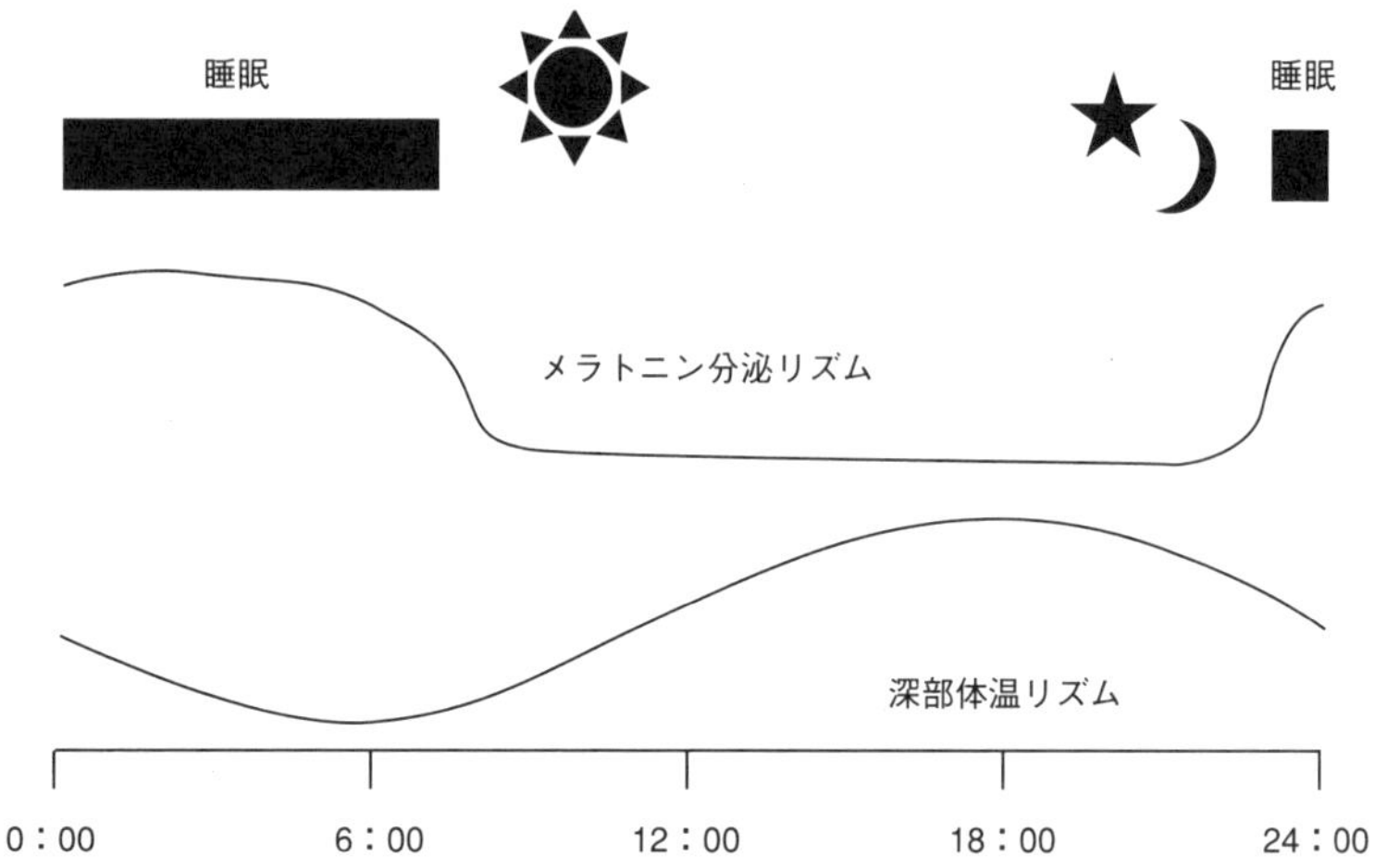

図16　睡眠とメラトニン、深部体温リズム

を与えているようです。寝床につく一～二時間前にはメラトニン分泌への影響が少ない一五〇ルクス以下に照明を落とすことが望ましいです。また、寝る前に過ごす部屋は白熱灯にすることをお勧めします。白熱灯の方が、蛍光灯に比べて覚醒効果が低いことが知られています。睡眠中も適度の照明（五〇ルクス）を確保することが望ましいです。真っ暗な部屋よりほの暗い程度の方が不安も少なく、夜間トイレ時のつまずき、転倒、骨折事故などの予防にもなります。トイレへの通路も床の方がよく見えるように五〇ルクス程度の明かりを確保することが大切です。

二〇〇二年五月には、日本学術会議の精神医学・生理学・呼吸器学・環境保健学・行動科学研連合同で「睡眠学の創設と研究推進の提言」が行われましたが、生活者はもとより、医療・保健・教育・産業関係者においても、睡眠問題がもたらす深刻な事態への正確な認知や問題意識が低いのが我が国の現状です。今や、睡眠は疲れたから寝るといった単なる生命維持現象としてだけでなく、不眠への予防・対策は、介護予防、脳や心のヘルス・プロモーションに欠かせないものとして、認識を高める必要があります。生活課題としての視点からも、睡眠問題への予防意識の重要性を強調する社会・生活教育が重要な課題の一つになってきていると考えられます。

（田中秀樹・古谷真樹・松尾監）

荒川雅志・平良一彦・田中秀樹　2004　「ストレッチング、レジスタンス運動を中心とした高齢者向け体操プログラムの開発とその評価」『保健の科学』第46巻第10号 769-774p.

Asada, T., Motonaga, T., Yamagata, Z., Uno, M. & Takahashi, K. 2000 Associations between retrospectively recalled napping behavior and later development of Alzheimer's disease : Association with APOE genotypes. *Sleep,* 23 (5), 629-634, 1.

Atkinson, G. & Reilly, T. 1996 Circadian variation in sports performance,*Sports Medicine,* 21, 292-312.

Bilwise, Dlc. 2000 Normal aging. In M.H.Kryger, T. Roth & W. C. Dement (Eds.), *Principles of sleep medicine.* Philaderphia : WB Saunders Co. 26-42.

Bonnet, M.H. 1985 The effect of sleep distribution on performance, sleep, and mood. *Sleep,* 8,11-19.

Bonnet, M.H. 1994 Sleep deprivation. In M.H.Kryger et al.(Eds.), *Principals and practice of sleep medicine.* Philadelphia : WB Saunders. 50-67.

Czeisler, C.A., Dumont, M., Duffy, J.F. & Steinberg, J.D. 1992 Association of sleep-wake habits in older people with changes in output of circadian pacemaker. *Lancet,* 340, 933-936.

Dinges, D.F., Douglas, S.D., Hamarman, S. et al. 1995 Sleep deprivation and human immunefunction. *Adv Neuroimmunol,* 5, 97-110.

Drake, C.L., Roehrs, T.A., Burduvali, E. et al. 2001 Effects of rapid versus slow accumulation of eight hours of sleep loss. *Psychophysiology,* 38, 979-987.

Kiley, J.P., Edelman, N., Derderian, S. et al. 1994 Cardio-pulmonary disorder of sleep. *Wake up america : A national sleep alert.* Vol.2. U.S. Department Health and Human Service. 10-75.

Kim, K., Uchiyama, M., Okawa, M. et al. 2000 An epidemiological study of insomnia among the Japanese general population. ***Sleep,*** 23 (1), 41-47.

Kripke, D.F., Garfinked, L., Wingard, D.L. et al. 2002 Mortality associated with sleep duration and insomnia. ***Arch Gen Psychiatry,*** 59, 131-136.

Lavie, P. 1986 Ultrashort sleep-wake schedule, Ⅲ Gates and "forbidden zones" for sleep. ***Electroencephalogro Clinical Neurophysiology,*** 63,414-425.

Monk, T.H. & Carrier, J. 1997 Speed of mental processing in the middle of the night. ***Sleep,*** 20, 399-401.

白川修一郎・石郷岡 純・石束嘉和ほか 1996 「全国総合病院外来における睡眠障害と睡眠習慣の実態調査」『平成七年度厚生省精神神経疾患研究委託費「睡眠障害の診断・治療および疫学に関する研究（主任研究員 大川匡子）」研究報告書』第７－23号

白川修一郎・高瀬美紀・田中秀樹ほか 1999 「計画的昼寝の不眠高齢者に対する夜間睡眠改善効果」『臨床脳波』第141号 101-105p.

白川修一郎・田中秀樹 1999 「睡眠・覚醒障害の生活習慣指導」井上雄一・岸本 朗（編）『精神科治療の理論と技法』星和書店 158-167p.

白川修一郎・田中秀樹・駒田陽子ほか 2003 「高齢者における睡眠障害と認知機能および睡眠改善技術」『精神保健研究』第16号 国立精神保健研究所 89-95p.

白川修一郎・田中秀樹・渡辺正孝ほか 2003 「アルツハイマー病の予防に関わる睡眠の役割と改善技術。非薬物によるアルツハイマー病の予防と治療」***Cognition and Dementia,*** 2 (2), 45-53.

白川修一郎・田中秀樹・山本由華吏 2001 「睡眠障害を予防するための生活習慣の工夫」菱川泰夫（監修）井上雄一（編）『一般医のための睡眠臨床ガイドブック』医学書院 207-224p.

Shirota, A., Tanaka, H., Nittono, H. et al. 2002 Volitional lifestyle in healthy elderly : Its relevance to rest-activity cycle, nocturnal sleep, and daytime napping. *Perceptual and Motor Skills,* 95, 101-108.

Tamaki, M., Shirota, A., Tanaka, H. et al.　1999　Effects of a daytime nap in the aged. *Psychiat Clin Neuros,* 53（2）, 273-275.

田中秀樹　2002a　「睡眠確保からの脳とこころのヘルスプロモーション、睡眠・ライフスタイルと脳・心身の健康」『地域保健』第6号 5-26p.

田中秀樹　2002b　「快適睡眠と生活習慣病、痴呆予防─眠りを楽しみ、豊かな熟年期を過ごすためのライフスタイルと地域活動！」小西美智子（編）『介護ハンドブック』関西看護出版 90-135p.

田中秀樹　2002c　「高齢者の心身の健康、脳機能に関わる睡眠改善の為の生活指導介入と現場での評価技法の確立に関する研究」『平成一三年度健康づくり等調査研究委託事業報告書』健康・体力づくり事業財団

田中秀樹　2003　「睡眠関連疾患の予防意識の必要性、睡眠医学─総合的な睡眠診療をめざして」『総合臨床』第52巻第11号 2894-2901p.

田中秀樹　2004a　「脳と心身のヘルスプロモーションとしての睡眠指導介入と自己管理法」『診断と治療』第92巻第7号 1219-1225p.

田中秀樹　2004b　「高齢者に快眠をもたらす健康教室・睡眠健康活動の提案　─快眠ミニデイサービスを実践して─」『生活教育』第47巻第1号 39-48p.

田中秀樹（監修）　2004　『しっかりぐっすり、さわやか宣言！〜高齢期のための快眠読本〜』

田中秀樹　2005　ビデオ教材『きれいに歳をとる方法、快眠生活のススメ　上巻解説編』『ぐっすり体操　下巻実践編』東京法規出版

Tanaka, H. et al.　2002　Improvement effects of intervention by short nap and exercise on sleep and mental health. *Psychiat Clin Neurosciences,* 56, 235-236.

田中秀樹・荒川雅志　2005　「短い昼寝と夕方の福寿体操のススメ」『認知症、転倒予防のための快眠術』東京法規出版

田中秀樹・荒川雅志・古谷真樹・上里一郎・白川修一郎ほか　2004「地域における睡眠健康とその支援方法の探索的研究」『臨床脳波』第46巻第9号 574-582p.

Tanaka, H., Mitobe, H., Yada, Y.et al.　2004　The effects of cedrol on sleep quality, mental and physical health in the elderly. ***Sleep Research Online,*** 308.

Tanaka, H. & Shirakawa, S.　2004　Sleep health, lifestyle and mental health in the Japanese elderly. ***Journal of Psychosomatic Research,*** 56,465-477.

田中秀樹・白川修一郎・鍛冶 恵ほか　1999「生活・睡眠習慣と睡眠健康の加齢変化、性差、地域差についての検討」『老年精神医学雑誌』第10号 327-335p.

田中秀樹・城田 愛・林 光緒ほか　1996　「高齢者の意欲的なライフスタイルと睡眠生活習慣についての検討」『老年精神医学雑誌』第7号 1345-1350p.

田中秀樹・平良一彦・荒川雅志ほか　2000　「不眠高齢者に対する短時間昼寝・軽運動による生活指導介入の試み」『老年精神医学雑誌』第11巻第10号 1139-1147p.

田中秀樹・平良一彦・上江洲榮子ほか　2000　「長寿県沖縄と大都市東京の高齢者の睡眠健康と生活習慣についての地域間比較による検討」『老年精神医学雑誌』第11号 425-433p.

Ustun, T.& Sartorius, N.　1995　***Mental illness in general health care : An international study.*** John Wiley & Sons.

集団心理療法

佐々木直美

高齢者を対象とした集団心理療法には、音楽療法、回想法、芸術療法、コラージュ療法などがあります。これらはすべて心と身体に働きかけるアプローチであり、その効果を論じた報告は多数あります。たとえば、回想法とは、過去を振り返り、語る技法を指しますが、自分の人生を「いろいろあったけれどどいい人生だった」と肯定的に感じられる効果があります。また、音楽療法は、音楽に合わせて歌ったり、マラカスでリズムをとったりする技法を指しますが、認知症による徘徊や問題行動が低減するという効果があります。また、コラージュ療法（マガジンピクチャーコラージュ法）は、雑誌のなかから気に入った文字や写真を切り抜いて一枚の画用紙にバランスよく好きなように貼り付けて一枚の作品を完成させるという技法ですが、紙面のなかに自己を表現し、作品を完成させせたという満足感や達成感を持てるという効果があります。

ここで挙げた回想法、音楽療法、コラージュ療法のすべてに共通した効果で、多くの研究で証明されていることは、認知症の主症状である知的機能の低下を食い止める可能性が高いということです。また、これらの技法は、セラピスト一名と高齢者一名でおこなう個人療法と、セラピスト一名と高齢者数名でおこなう集団療法のどちらでも実施できますが、個人療法と集団療法で実施したときでは、その効果は違ってきます。個人療法だと、セラピストは高齢者個人の進みや感じ方、捉え方に歩幅を合わせることができます。つまり、セラピストと高齢者の二者の間には特別な関係性が生まれ、セラピストは目の前の高齢者一人の世界に共感し、高齢者もセラピストに受容されている、深く理解されていると感じるでしょう。

しかし、そのセラピストがいなくなったら、その関係性は終わってしまいます。それでは、集団療法で実施した場合はどうでしょうか。ここから次に挙げる場面を、想像してください。セラピスト一名に高齢者が数名いて、過去を回想したり、一緒に作品を作ったり、音楽に合わせて皆で歌ったりする場面です。例えば、回想法では、

Aさん「ねえ、あなたは昔のことを思い出すと、どんな子どもだったの？　私は母親の手伝いをよくする子どもだったわ」

Bさん「私は、木登りが得意でお転婆な子どもだった」

というやり取りが想像できます。また、コラージュ療法では、

Aさん「あなたのその作品はとっても素敵ね」

Bさん「ありがとう。あなたの作品もぜひ見せてください」

などといったやり取りが想像できます。つまり、そのやり取りは、セラピストと高齢者の間でなされるものではなく、高齢者同士でなされるものです。

このように、高齢者を対象とした集団療法の効果は、心理療法の時間以外でも高齢者同士がお互いに話をする、話を聴くという交流が自然発生的に生まれることです。特に、施設に入所している高齢者の場合、家族と離れて暮らすことで、他者との交流の機会が減ってきます。しかし、高齢者同士の交流があれば、互いに刺激しあい、互いに思いあうことでQOL（Quality of Life：人々の送っている生活の向上についての評価基準）が全般的に上がってきます。最後に、集団回想法に参加した高齢者Cさんの言葉を記します。

「最初にこのグループに参加したとき、みんなが集まって何を話すのか不安だった。普段は、同じ場所にいても、ちっとも話をしなかったから。しかし、毎週こうして会って、お互いに話をすることで一人一人のことがわかってきた。そして、今となっては、ここにいる一人一人が同じ時間にこうして会えたことがとても良かったと思える。普段でも、お互いのことがとても身近に感じるから」

……Cさんの言葉に、集団のよさを感じませんか？

（ささき・なおみ　広島国際大学）

column

第6章　高齢者の水中運動療法

高齢者の健康に対する関心は強く、ウォーキングなどのさまざまな運動をする人の姿を町でよく見かけます。しかし、高齢者には体力や筋力の低下や関節痛など、特有の問題が存在するため、その運動に制限が生じたり、さらに閉じこもりになったりすることがあります。一方、廃用症候群*ならびにその予備軍の高齢者は、二〇〇〇年当初約二六〇万人と言われ、高齢者特有の問題を克服した新しい概念に基づく運動療法（リハビリテーション）の開発は、介護予防とあわせ、急務と言わざるをえません。

高齢者のリハビリテーションの基本は、障害機能の回復ではなく高齢者の生き方、つまり心身機能、活動、参加をふまえた「生活改善」です。このために高齢者にとって必要なことは移動能力の改善、すなわち歩行距離の増大をはかることです。以前にも増して下肢筋力強化、バランスの改善や共同運動*の改善など、さまざまな要因をクリアする高齢者のリハビリテーションが実施されています。その中でも、古くからある水中運動療法（アクアエクサイズ）が最近注目されています。平均寿命が八〇歳を越える超高齢化社会の日本では、水の特性を活用した水中運動療法が最適のリハビリテーションであると考えられます。そこで「高齢を生きる」のテーマにそって、水中運動療法の理論と実践について述べていきます。

廃用症候群
組織は自己本来の機能が低下状態に長くおかれると漸次萎縮してくる。筋および骨において、筋・骨の萎縮、関節の拘縮などが出現する状態のこと。

共同運動
必ずいくつかの筋群が同時に働き、上肢全体あるいは下肢全体の動きになることをいう。上下肢共に屈筋共同運動と伸筋共同運動がある。

1　水中運動療法の特徴と理論

高齢者の水中運動療法の特徴には、①水の特性を利用する、②全人的リハビリテーション、すなわち参加、生活、心身機能を包括的にとらえ、ＩＣＦ（国際生活機能分類）に基づく目標指向的リハビリテーションを目指す、の二つがあり、私達はこれに基づいて高齢者の水中運動療法を行っています。水中運動を行ううえで基礎となるのは「水」を知ることです。そこで⑴水の特性、⑵水中運動療法での運動生理について、以下に述べていきます。

(1)　水の特性

①　浮力

水中では身体が軽く感じられます。これが浮力というものです。浮力は**図1**に示すように水深により違いが生じます。例えば、剣状突起（胸骨体の下端に続く薄いへん平な突起）下まで水につかると体重の30％しか重量を感じません。

地球上のすべてのものは重力を受けています。私達は常にこの重力の影響を受けて生活していますが、陸上と水中では媒介する物質が「空気」と「水」とで異なるため、その影響に変化が生じます。

浮力が優位の時は身体のバランスは頭部の動きでコントロールされます（重力が優位の

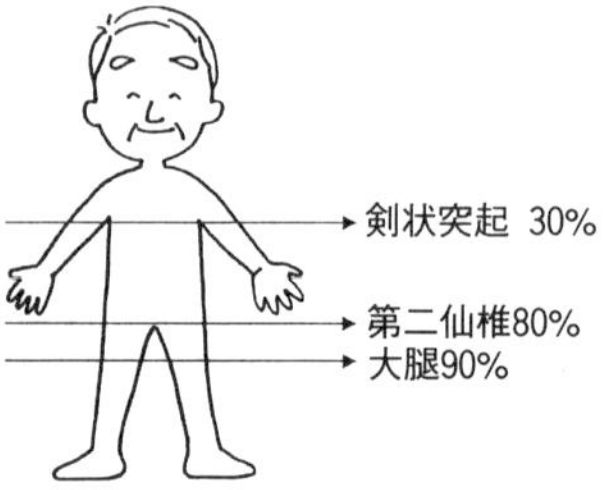

図１　水深による荷重負荷の割合

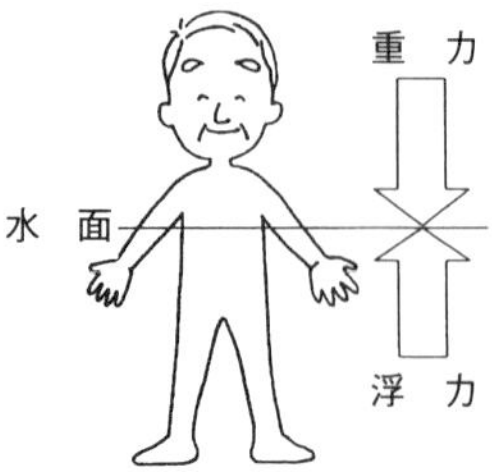

図２　水中における浮力と重力

時は、股関節でコントロール）（**図2**）。浮力を受けると骨格筋や関節にかかる負担は軽減されます。さらに骨格筋の緊張がとけ、リラックスします。そして身体はのびのびと動くようになります。このことは、骨格筋が関節の運動を障害（例えば痛み）している人でも楽に運動ができることを示しています。また水中での歩行は、陸上（空気中）での歩行と違い足を下げる時にも筋肉を使うことになるため、普段使用しない筋肉にも作用することになります。

② 水圧

水は液体です。そのため身体にかかる水圧はパスカルの原理（液体中にある物体に加わる圧力は、あらゆる方向に均等に加わりその力は深さに比例する）にしたがいます（**図3**）。

この水圧は身体にさまざまな影響を与えます。そのひとつが呼吸機能への影響です。水中に入ると、水圧により胸郭が圧迫され全肺容量などが減少します。呼気時に肺の収縮は促進され、吸気時には元に戻すため余分な力が必要となり、呼吸筋の訓練となります。プールで胸の深さまで入水すると息苦しさを感じることがあるのはこのためです。

また、水中ウォーキングでは足の水深が最大となるため水圧も最大となり、足の血管は圧迫され静脈の環流が増加し、足が軽く感じたり浮腫がとれたりします。

③ 抵抗

水中で移動や静止をしようとすると、水の抵抗を受けます。この抵抗に関与する要素と

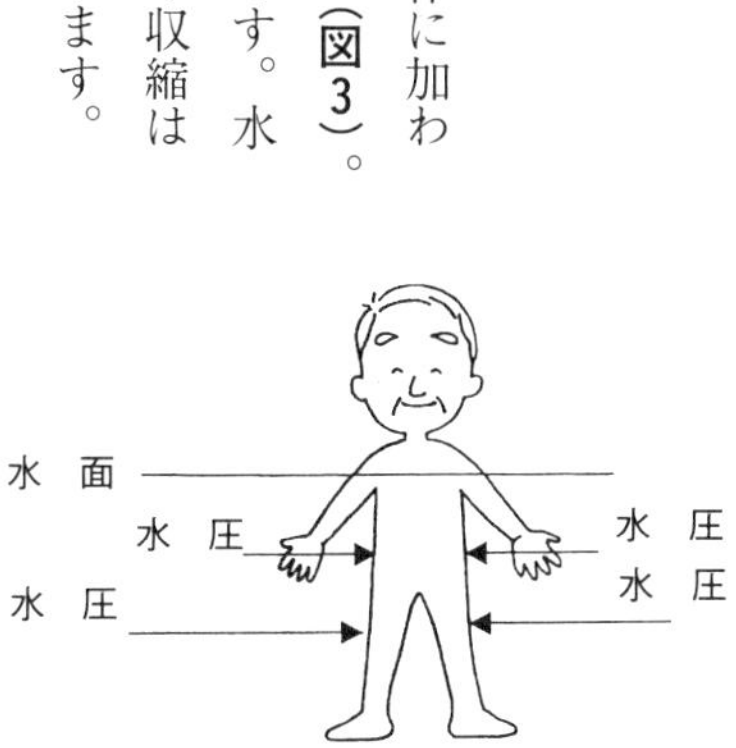

図3　身体にかかる水圧

して、密度、粘性抵抗、表面張力や渦流などがあります。これらにより水中で身体は空気中の約二八倍の抵抗を受けます（**表1**）。

水中で運動すると、皮膚は水圧や抵抗を感知し、運動負荷量（運動を始めたり静止したりする時のスピードの緩急により抵抗などの力が変化する）を自覚します。そのため、水に慣れるにしたがって個々に運動量やスピードなどの運動負荷量を自ら調節することが可能となります。また、体重や体表面積の大きな人は水中での移動に、より大きなエネルギーを要します。

④ 水温

水温感受性は人種、環境や習慣により個人差が大きく、ばらつきがあります。**表2**に示すように、水温にはさまざまな温浴帯があります。水中運動療法時の水温は不感温度に近く、高齢者には最適と思われます。

水の熱伝導は空気に比し約二七倍高く、水の方が熱放射しやすいことになります。体温より低い水中にいると体温維持のため身体内で熱産生がおこり、エネルギー消費がなされます。

⑤ 流水

通常のプールは静止水です。これに水流を加えると抵抗・水圧・浮力・水温に大きな影響を受けます。

表１　水中での抵抗の要素

	対空気比（陸上）
① 密　　度	約８３３倍
② 粘性抵抗	約１５倍
③ 表面張力	約７９０倍
④ 渦　　流	

表２　日本人の水温の感じ方

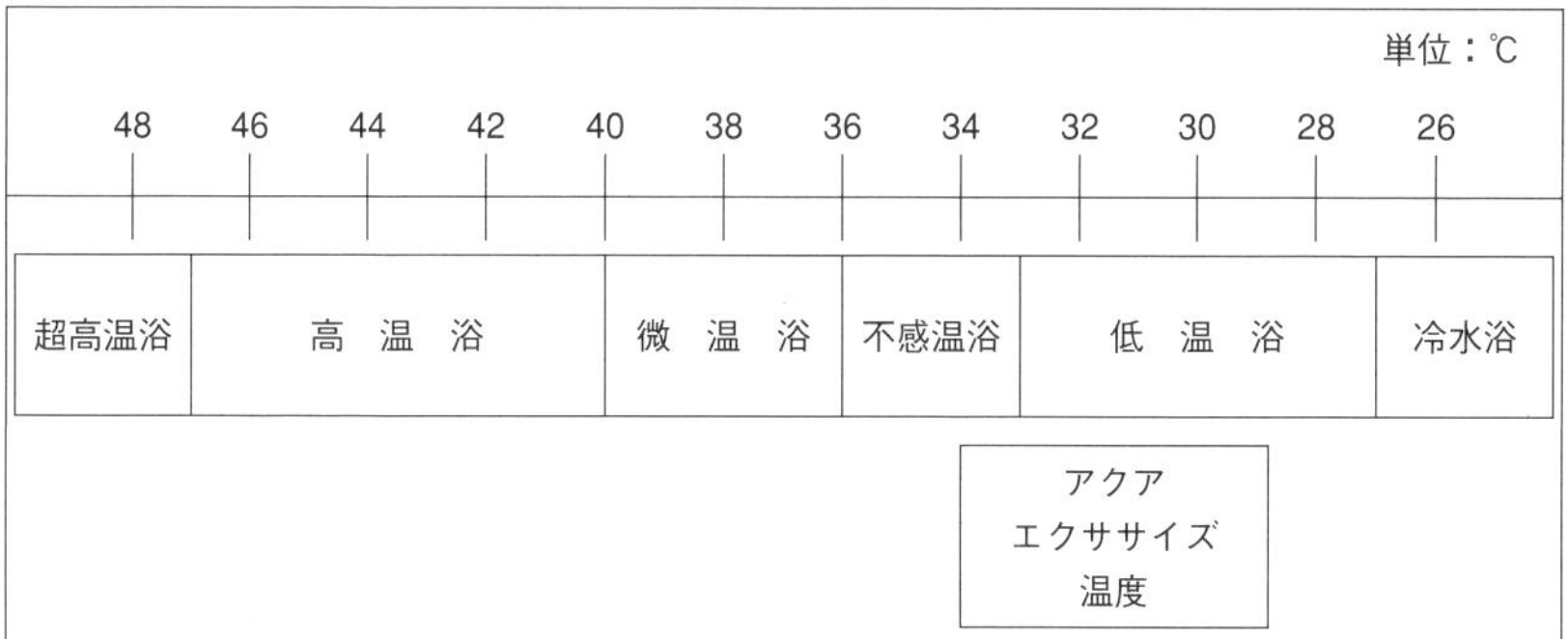

不感温度：心拍数、血圧、酸素消費量などが水温に影響されない温度（33～35℃）
アクアエクササイズ最適温度：水中運動温度（30～32℃）

・揚力を生じる
・水流により物体に加わる水圧は変化する（**図4**）
・熱伝道の増大が起こる
このような水の特性は身体機能にさまざまな変化をもたらします（**表3**）。

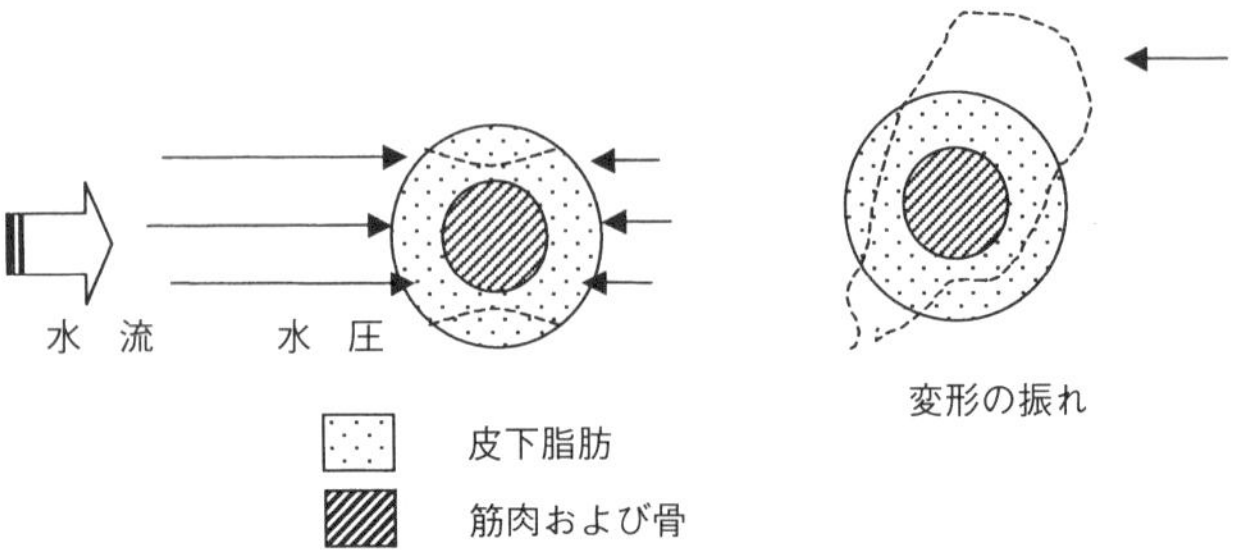

図4　水流による体型の変化

表3　水の特性と身体機能への影響

浮　力	アルキメデスの原理	・骨格筋、関節への負担の軽減 ・骨格筋のリラックス ・陸上と異なる骨格筋の訓練になる
水　圧	パスカルの原理	・呼吸機能の増進 ・静脈環流の増大
抵　抗	ニュートンの法則	・抵抗の調節が個々で可能 →個別リハビリとなる
水　温	熱伝導	・水の方がエネルギー放射が大きい ・エネルギー消費も大きい ・酸素消費の増大を小さくさせる

2　水中運動療法における運動生理学

高齢者の水中運動では心血管系に対して血圧の低下、心拍数の減少などの変化があると言われています（図5、6）。また呼吸機能では腹式呼吸の促進、呼吸筋の改善などが言われています。このような生理状況下で高齢者の至適水中運動療法はどのようになっているのでしょうか。

（1）　至適運動強度

心拍数、血圧、酸素摂取量などを考慮して至適運動強度を決めます。この場合の至適運動強度はKarvonen式（表4）によって算出します。それによると、最大酸素摂取量60〜70％となります。

高齢者の至適運動強度の指標としてBorgスケール*（表5）を用いる方法もあります。竹島ら［1999］もBorgスケールの有用性を報告しており、Borgスケールで13以上にしないよう指導するのが簡便で実際的だと思います。

（2）　至適運動時間と頻度

また、至適運動時間は二〇〜三〇分、また至適運動頻度は週三〜四回です。しかし高齢者には安全性（呼吸器、循環器系や整形外科的疾患への支障）、および体力を最優先に考

表4　Karvonen式

$$\text{運動強度\%}=\frac{(A-B)}{(220-\text{年齢})-B}\times 100$$

$$\text{至適心拍数}=\{(220-\text{年齢})-B\}\times\text{運動強度\%}+B-(C-D)$$

A：運動時心拍数　　B：安静時心拍数
C：陸上立位での心拍数　　D：水中立位での心拍数

Borgスケール
運動の身体的負担を判断する方法（自覚的運動強度を指標化）。最高心拍数、最大酸素摂取量などによって示される運動強度と相関する。

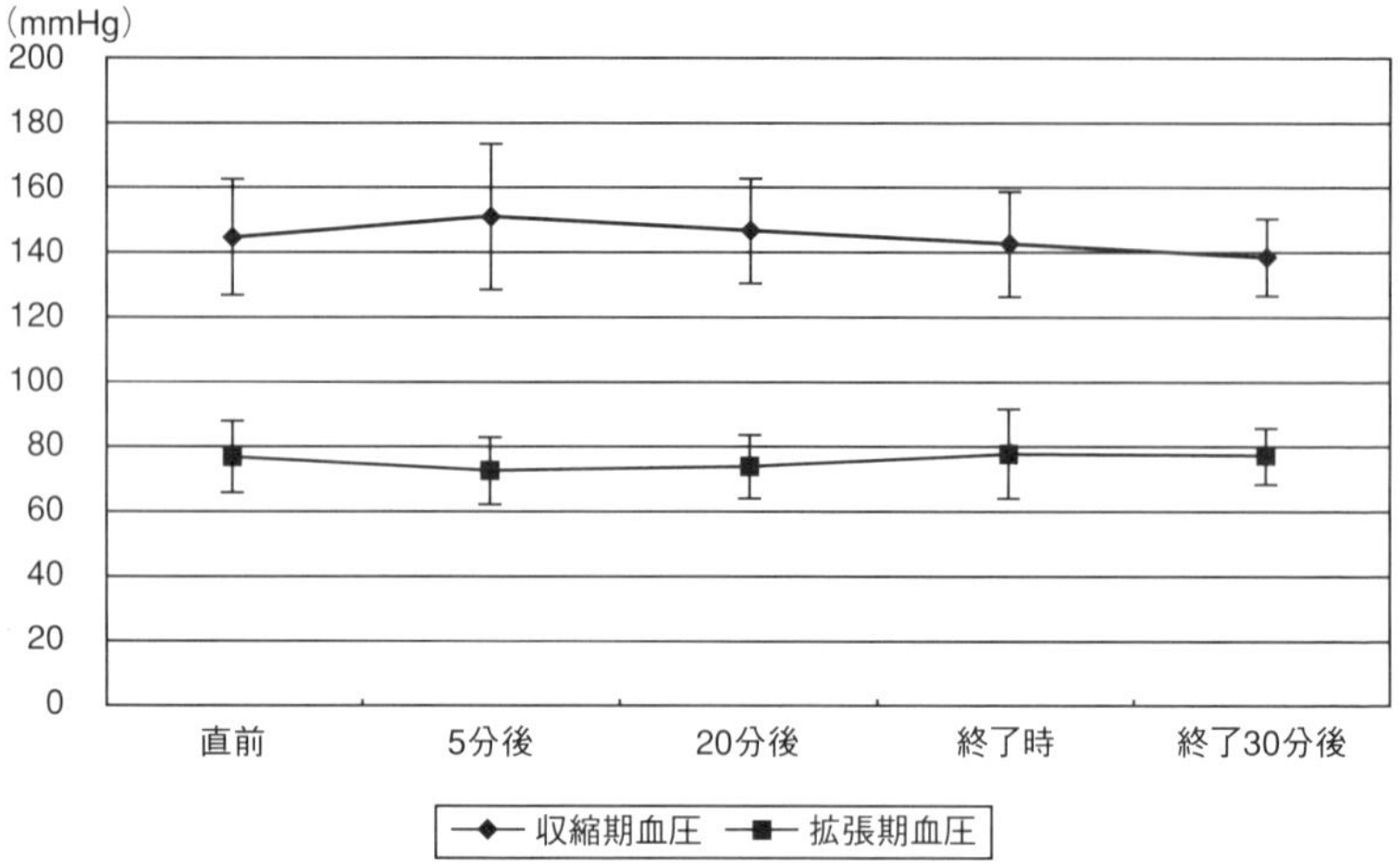

図5　水中運動時の血圧の変化［佐々木ほか、2003］

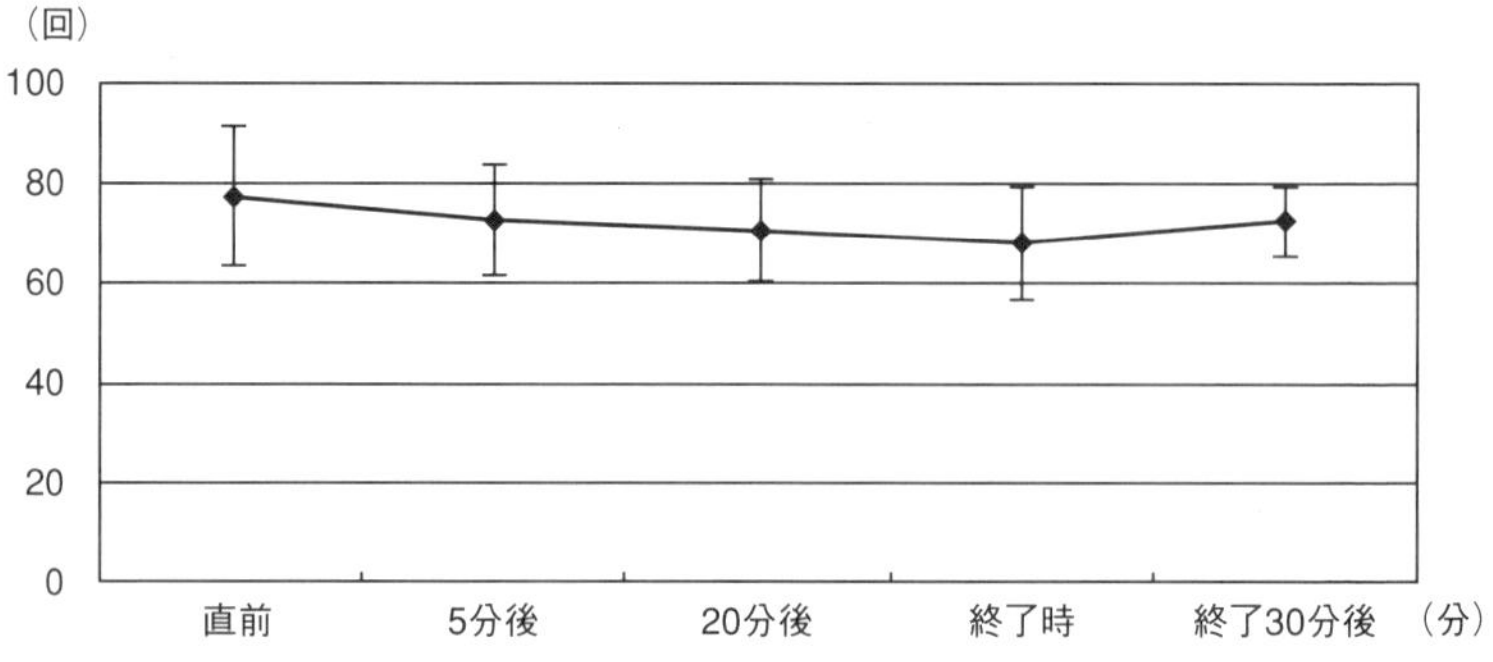

図6　水中運動時の心拍数の変化［佐々木ほか、2004］

えるべきで、一般的運動療法の適応とは異なるものです。そのため運動時間を初回は一〇分から、頻度は週一回から徐々に増量していく方が安全です。また虚弱な高齢者では週一～二回の頻度で充分な効果が得られます。

表5　Borg スケール

15段階スケール	最大酸素摂取量（%）
6	
7　非常に楽である	40
8	
9　かなり楽である	50
10	
11　楽である	60
12	
13　ややきつい	70
14	
15　きつい	80
16	
17　かなりきつい	100
18	
19　非常にきつい	
20	

3　アクアエクササイズの実際

水中運動を実施するプールは、(1)可動床プール（写真A）、(2)一般プール（写真B）の二つに大別されます。

写真A　可動床プール

写真B　一般プール

(1)　可動床プール

可動床プールは水深を０㎝～110㎝に調節できるため、水深によって変化する浮力や水圧などを利用して、関節、筋肉への荷重負荷や呼吸循環器系への負担を調節できる点が特徴です。また水への不安や恐怖心もこの水深の調節で取り除くことができます。

これらの特徴を生かして可動床プールでは水中運動療法の初期導入としての役割があり、

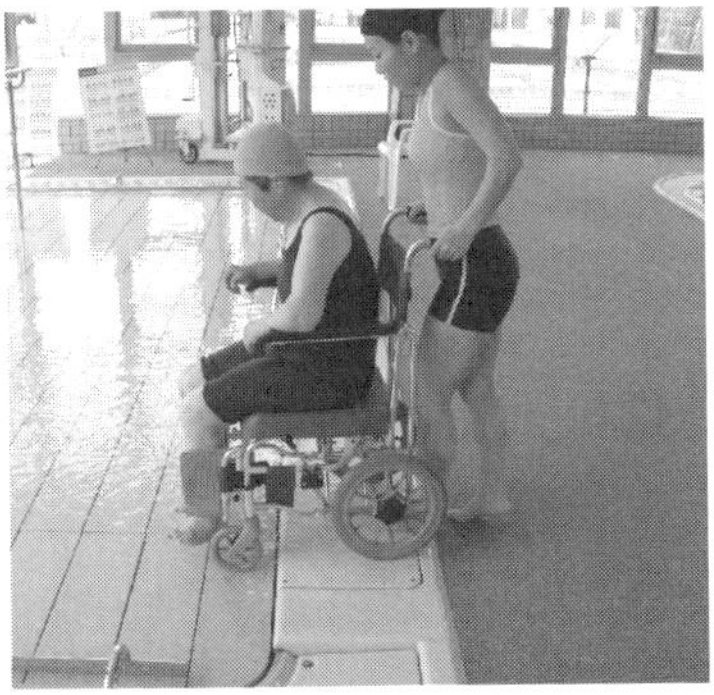

車椅子のまま入る

プールの床が上下して水深を自由に変える

写真　可動床プールの利用方法

①立位歩行が不可の人（虚弱な人、車椅子を利用している人）、②水に慣れていない人、などが最大の対象となります。

(2) 一般プール

水中運動療法に必要なプールの大きさは経済的効果を考え、8m×15m位です。また流水の効果を考慮すると流水の設備が必要です。

ここで一般プールにおける水中運動療法のプログラムの流れを示します。

［チームプログラム］

水中運動準備

入水前シャワー浴

水中運動（二〇〜三〇分）

① ストレッチ運動

② ウォーターウォーキング

③ 筋力強化エクササイズ

④ 水中レクリエーション

⑤ リラクゼーション

水中運動後

入水後シャワー浴

入浴

となります。以下、水中運動の詳細を述べていきます。

① ストレッチ運動

運動を効果的かつ安全に行うためのものです。筋肉の伸展性、関節の柔軟性、可動域の拡大やじん帯の伸縮性を高めることなどによりケガや痛みの発生を予防します。このストレッチ運動にはスタティックとダイナミックの二種類があります。基本的なストレッチ運動を写真で示します。

a　足首（足底筋）

b　足首（前脛骨筋）

c　腓腹筋

d　アキレス腱

e　大腿二頭筋

f　大腿二頭筋

g　大殿筋

h　内転筋

i　股関節

② ウォーターウォーキング

陸上での歩行に比べ水中では水の特性を利用しているため、バランスなどの改善により効果があります。またＡＤＬ*の改善ができます。基本的なウォーターウォーキングを写真で示します。

①

②

a　ニーアップ・ウォーク

ＡＤＬ
(Activities of Daily Living)
日常生活動作。移動、食事、排泄、着脱衣、入浴など、日常生活を送るために必要な基本動作すべてを指す。高齢者の身体活動能力や障害の程度を評価するための重要な指標である。

①

②

c　サイド・ウォーク

①

②

b　フロントキック・ウォーク

④

①

d　レッグクロス・ウォーク

①

②

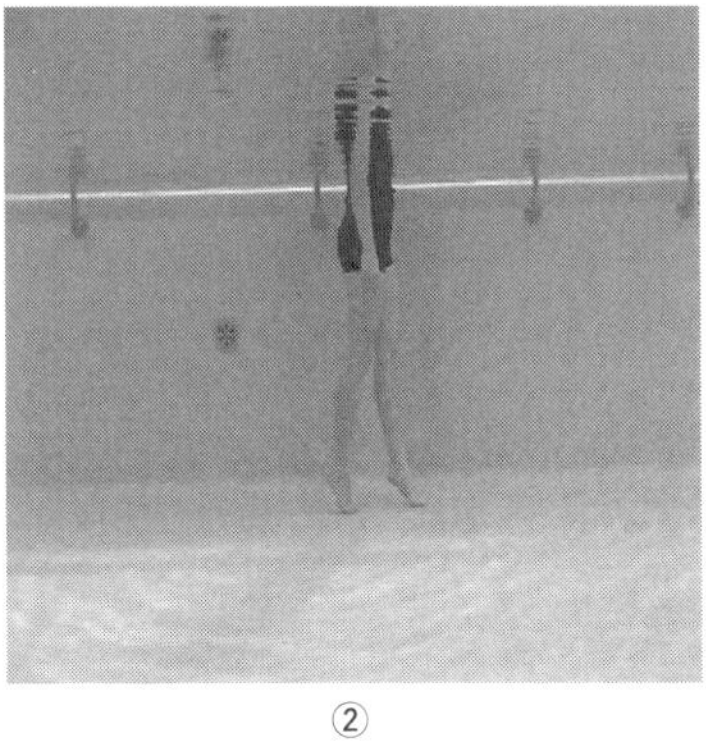

②

③

e　ヒールアップ・ウォーク

③　筋力強化エクササイズ

高齢者の移動能力には、バランス、共同運動、下肢筋肉などが関与しています。そこでこれらを改善するために筋力強化エクササイズを行います。基本的な筋力強化エクササイズを写真で示します。

①

②

a　大殿筋

①

②

b　大腿四頭筋

①

②

c　腓腹筋

④ 水中レクリエーション

水に慣れ親しみ、また楽しく行うために筋力強化エクササイズの後に行います。

水中レクリエーション
(ジャンケンポン)

⑤　リラクゼーション

水中運動の最後に行うもので、写真のように心身ともリラックスさせる目的で行います。

a　水中リラクゼーション

b　脳梗塞リラクゼーション

当施設で行っている水中運動療法の実際を、写真A、B、C、Dで示します。

写真Ａ
ストレッチ運動（５分）

写真Ｂ
ウォーターウォーキング（15分）

写真Ｃ
筋力強化エクササイズ（５分）

写真Ｄ
流水にてリラクゼーション（５分）

(3) 水中運動療法の効果について

高齢者にこのような水中運動療法を行うと体重、握力、長座位体前屈、10m最大歩行スピード、TUG（The timed up and go test）などは変化しませんでしたが、三分間（または六分間）歩行距離（3MD）は有意に増加しており、移動能力の改善を示唆しています（図7）。特に股関節、膝関節疾患が改善されています（図8）。

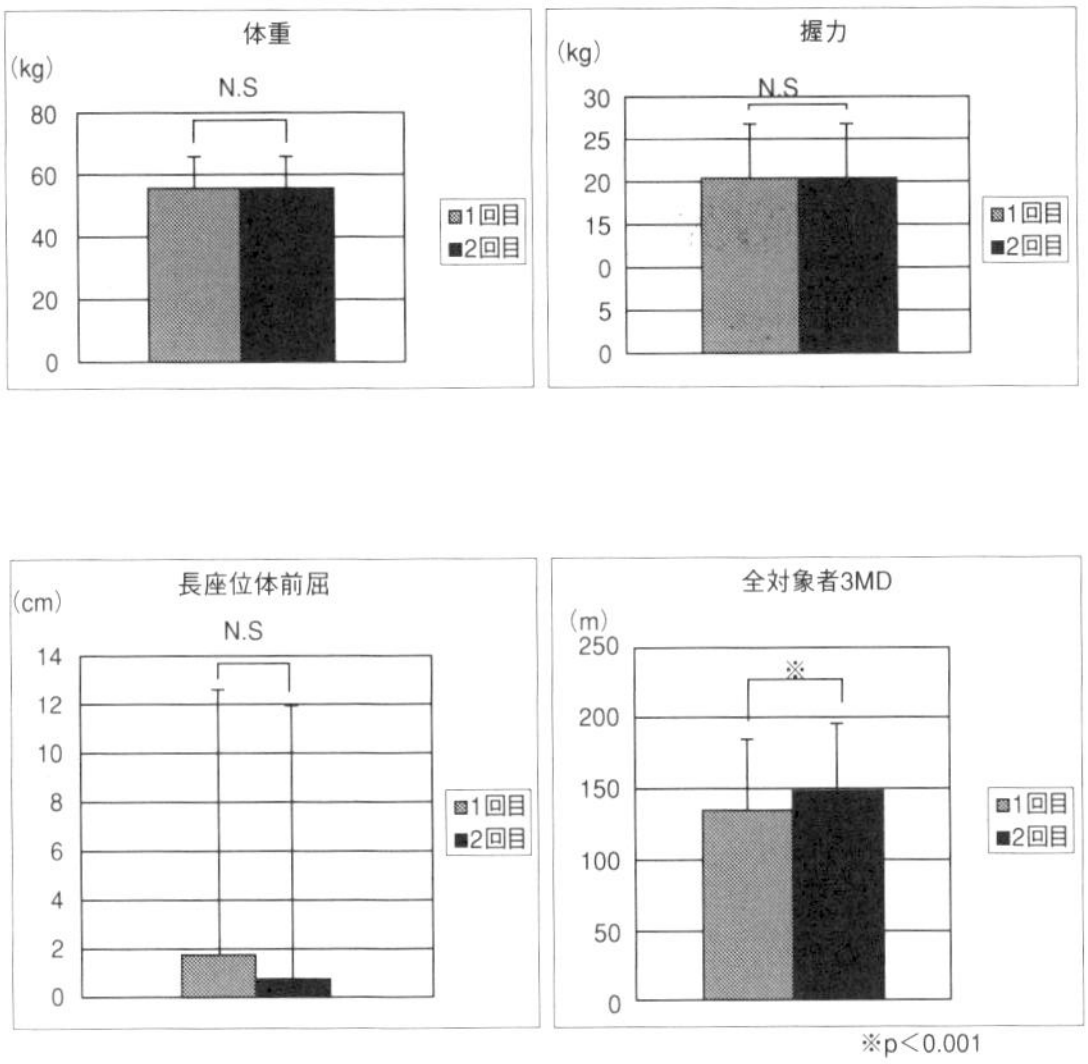

図7　体力測定結果

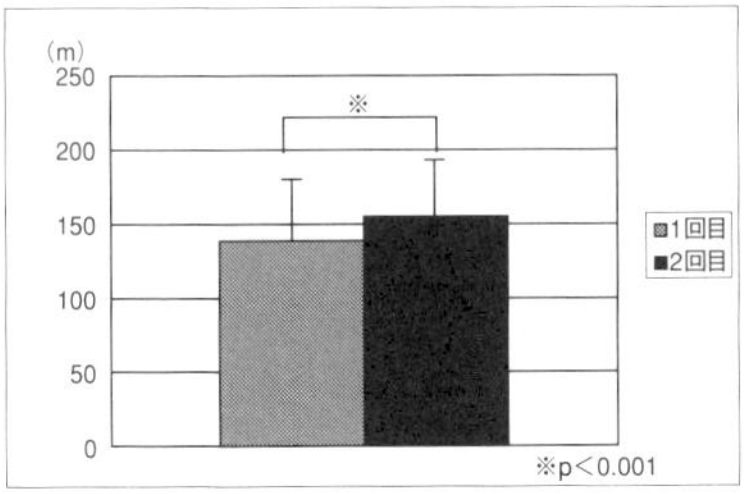

図8　膝疾患の3MD

自覚症状の改善を聞き取り調査したところ、**図9**のように移動能力の改善が顕著です。具体的には**表6**のように話されています。

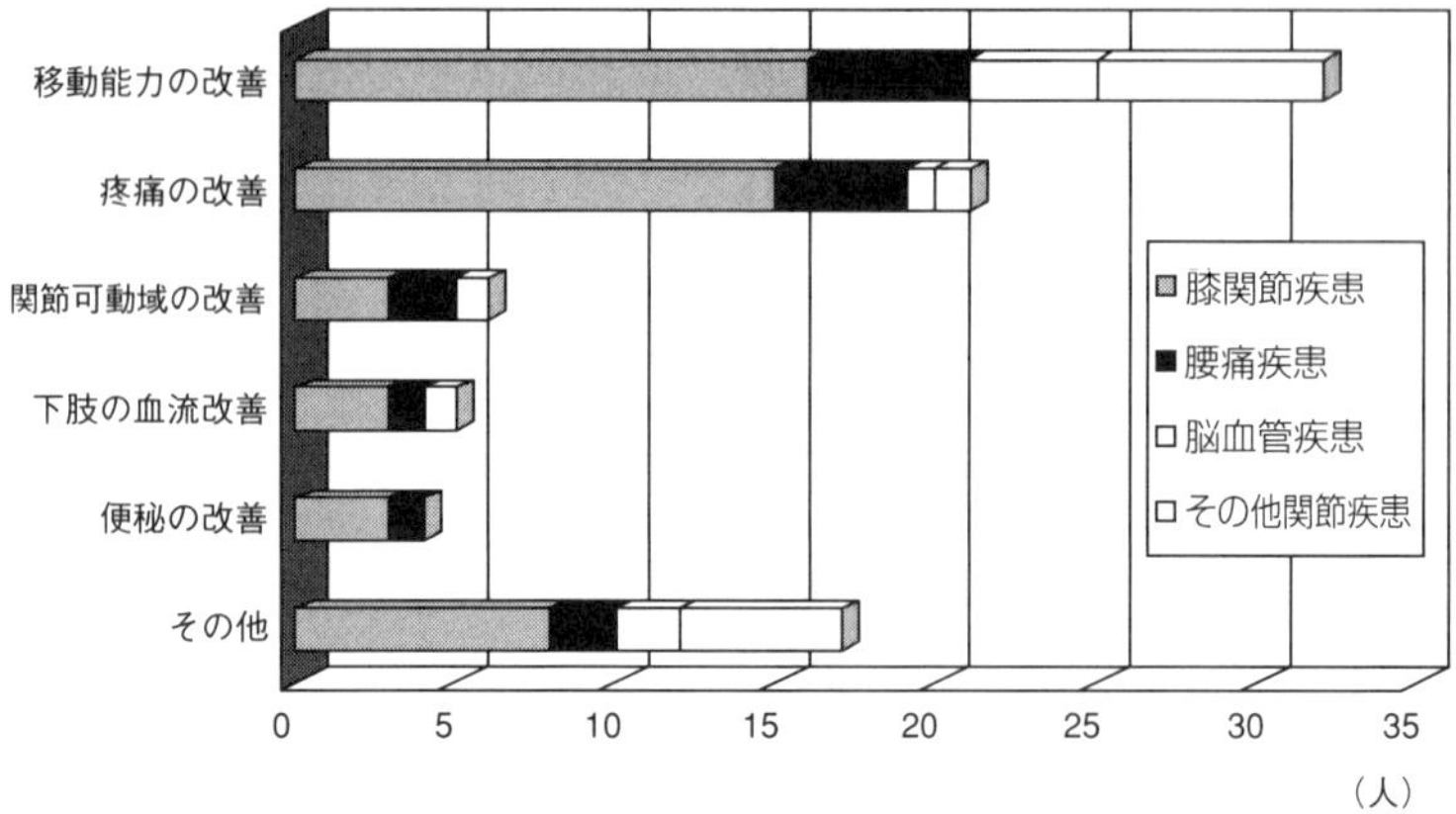

図9　聞き取り調査結果　＊重複回答あり

表6　聞き取り調査例

移動能力の改善	杖なしで歩けるようになった、通院時タクシーを使う回数が減った、など。
疼痛の改善	膝のうずきが楽になって夜眠れるようになった、など。
関節可動域の改善	膝がよく曲がるようになった、正座ができるようになった、など。
下肢の血流改善	足の腫れがひいた、靴下の枚数が減った、など。
便秘の改善	食欲が出て便秘が改善した、など。
その他	15分台所に立てるようになった、布団が干せるようになった、暗い気持ちが晴れる、など。

(4) 高齢者の健康状態と水中運動療法の関連

高齢者の健康状態を分類すると図10のようになります。水中運動療法の効果は健康状態によって異なります。

ところで認知症については、軽度認知症（MMSE*二〇点以上）の方が参加されるのは可能ですが、認知症が中等度以上になるとグループでの水中運動時に混乱が生じやすく、水中運動療法への参加が不適と思われます。

MMSE（Mini Mental State Examination）
簡易知能テスト。認知機能を簡便に評価する方法として開発された標準尺度で、一一の設問から成り、各設問ごとの得点の単純加算が総得点（三〇点）となる。総得点が二〇点以下のものには、痴呆などの認知障害が見られる可能性が高い。

(5) 水中運動療法のチームづくり

水中運動療法のプログラムには、一般的に①生活機能改善プログラム、②機能改善プログラム、③個別プログラム、④チームプログラムがあります。

これらのプログラムによって水中運動療法を行いますが、プールではチームとして運動療法を行うためチームプログラムが中心となります。個別プログラムは主にチームに参加する前に位置づけられます。

チームプログラムは、①移動能力向上、体力強化、筋力強化などを目的としたもの、②疾患別（腰痛、シェイプアップ）に機能回復を目的としたものの二つに大別され、これらを一般プール、可動床プールを使用することでプログラムを実行していきます。

一般プールでのチームは、インストラクター一名に対して一〇名前後（多くて一五名まで）で一チームを作ります。可動床プールでのチームは、インストラクター一名に対して

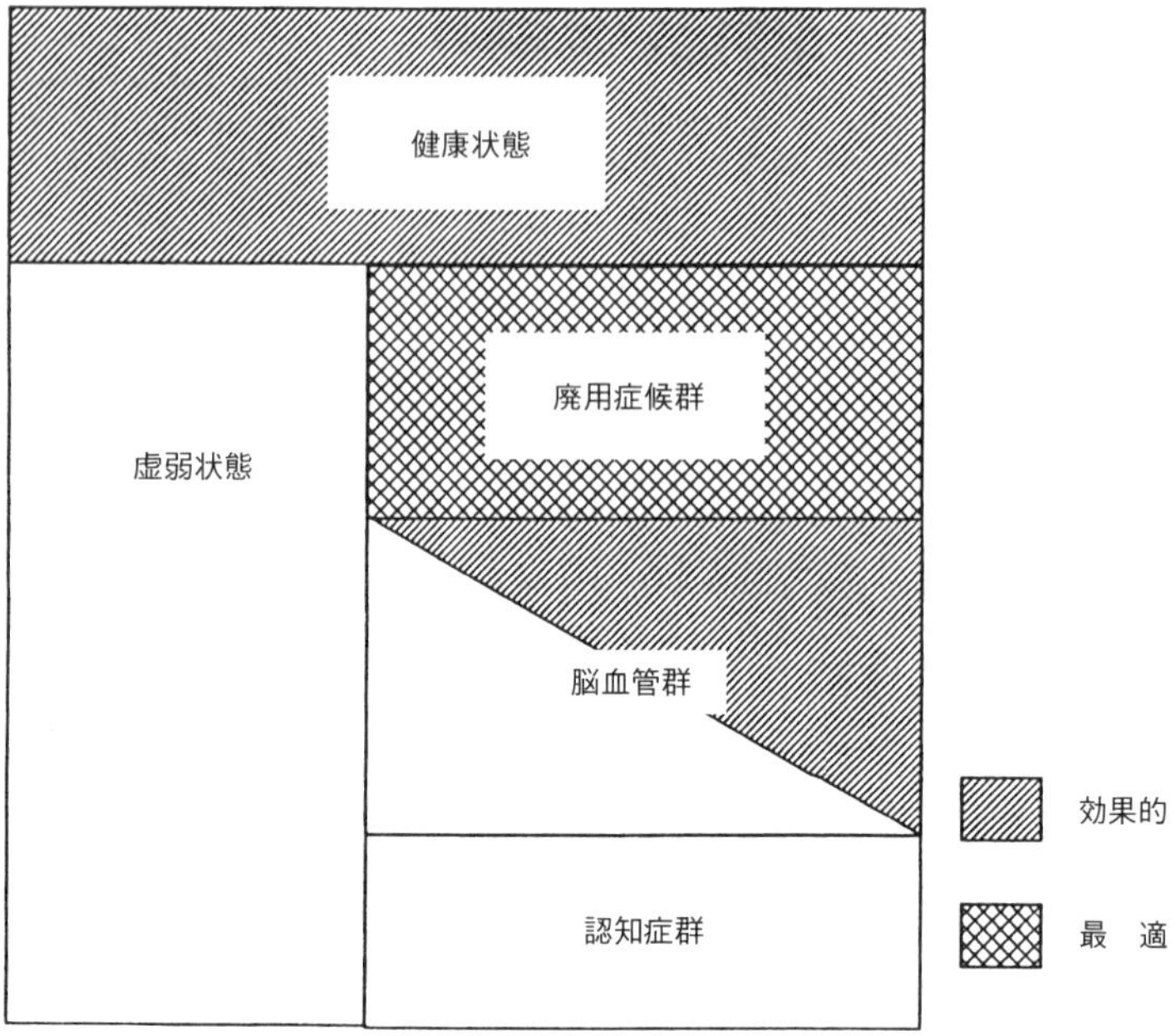

図10　水中運動療法の効果と高齢者健康状態

一〜四名で一チームを作りますが、一対一あるいは一対二が最善です。

(6) 高齢者に水中運動療法を行う上でのインスラクターの留意点

高齢者の特徴として、多くの病気を持っている、体力などで個人差が大きい、心理的不安が強いなどが挙げられます。これらをふまえて具体的な留意点を以下に述べます。

① 運動面

・運動はハードにならないようにする。
・個人に合わせたプログラムにする。
・参加者自身による健康チェックはもちろん、運動中も自らの判断で運動の強度を調整してもらう。

② 身体面

水に対する不安（浮いたり、バランスをくずす）があります。また水深に対する不安、水温に対する不安もあります。これらは利用者の身長、体重、体温などが関連するので充分な説明が必要です。特に冬は風邪をひいてしまうのでは、と思われがちです。体が温まる感覚であることを説明して下さい。加齢とともに体力の維持は難しいので、楽しさを加えて長期間参加できるようにして下さい。

③ 心理面

健康、体力はもちろんのこと、経済的なことや家庭内のことなど、生活全体との関連が参加者に大きな影響を与えています。これらのことに常に留意し、運動中はもちろん、それ以外の時でも気配りするよう心がけて下さい。カウンセリングのための相談者をもうけることも必要です。

④ 医療面

降圧剤、下剤などの薬を服用されている場合がありますので、薬物の反応に注意して下さい。特に低血圧に注意してください。またパーキンソンの参加者の食後低血圧にも注意を要します。

まず入水前に健康チェックを充分に行いましょう。血圧などが過度に反応する参加者の場合、経時的変化の把握が大切です。血圧、脈拍などに不安があれば医師に相談して下さい。

(7) 水中運動療法の短所について

水中運動療法が高齢者に適しているとはいえ、さまざまな短所もあります。例えば、

① 利用者の立場から

・水着に着がえることへの抵抗感
・水への不安感

② 運営の立場から

・設備費用の問題
・衛生面への管理
・人材育成の問題

などであり、今後の課題として解決していく必要があります。

4 水中運動療法と高齢者の健やかな生活

(1) 高齢者のリハビリテーションの考え方

多くの人がウォーキングやフィットネスなどで健康増進、体力増強をはかっています。これらも一種のリハビリテーションです。しかし、高齢者には加齢によるさまざまな問題もあり、**図11**に示すように人が生きることという考えでリハビリテーションを進めるべきだと思います。

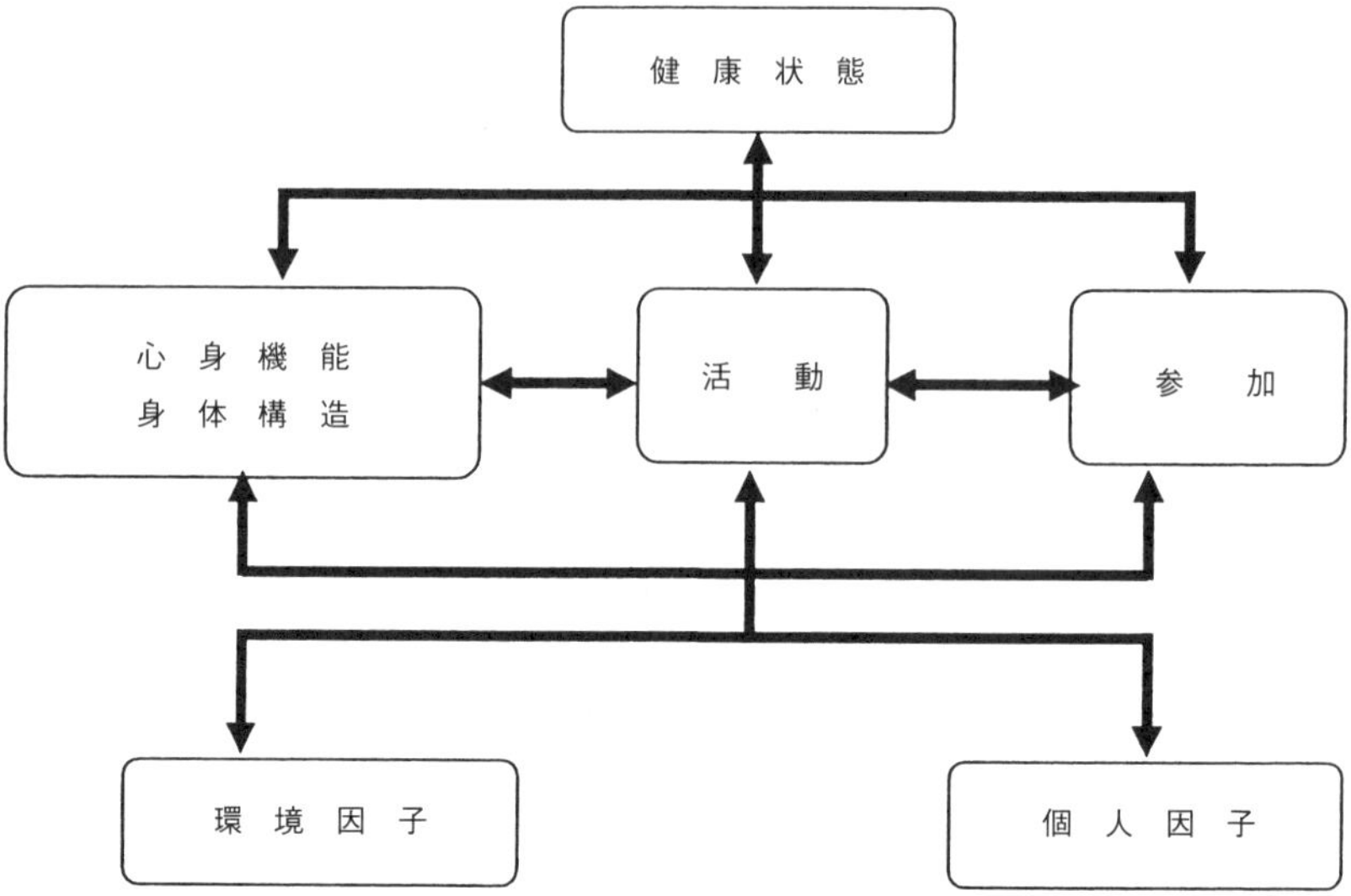

図11　高齢者リハビリテーションに対する考え方

心身機能：身体の生理的・心理的機能のこと
活　　動：個人における課題・行動の遂行のこと
参　　加：生活・人生場面への関わりのこと
環境因子：人々が生活し、人生を送っている物的な環境や社会的環境、人々の社会的な態度による環境を構成する因子
個人因子：個人の人生や生活の特別な背景であり、健康状態や健康状況以外のその人の特徴からなる

つまり高齢者のリハビリテーションとは、水中運動療法においても疾患に基づく障害機能回復訓練ではなく、生活機能の改善を目標とした目標指向的プログラムの一環として進めるべきです（これが国際生活機能分類（ＩＣＦ）を活かすことになります）。

(2) 高齢者の水中運動療法と健康の関連

要介護認定を受け水中運動療法を行っている高齢者に「元気になったら何をしてみたいですか」の問いを行ったところ、**表7**のように旅行・外出や趣味などの希望があることがわかりました。これはまさに高齢者が活動・参加を望んでいることを示しています。しか

表7　元気になってしたいこと

	男　性	女　性
旅行	13　名	29　名
外出・買い物	1　名	15　名
趣味（つり、園芸など）	13　名	7　名
一人歩行	2　名	10　名
その他（仕事、家事、運転など）	5　名	7　名

し、多くの高齢者にとって活動・参加の最大の壁は移動能力の低下です。

私達のデータでは、水中運動を週一〜二回行うと三分間歩行距離が有意に増加していま す（特に廃用症候群に効果を認めます）。

一方、プール付（水中運動療法）デイサービス長期利用者への「このデイサービスの利用目的は」との問いには**表8**に示すように、79％の人が運動目的と答えています。しかし、「このデイサービスを利用して楽しいこと」の問いに34％が人との交流をあげ、水中運動（プール）は13.9％と第3位でした（**表9**）。

表8　利用目的（複数回答有）

対 象 者：プール付デイサービス利用者

項　　目	回答数	比　率
運動のため	88 件	79 ％
友人作り	10 件	9 ％
アクトのため	1 件	1 ％
その他	9 件	8 ％
無回答	3 件	3 ％
総 回 答 数	111 件	

表9　利用の楽しみ（複数回答有）

対 象 者：プール付デイサービス利用者

項　　目	回答数	比　率
人との交流	49 件	34 ％
アクト	33 件	22.9％
水中運動（プール）	20 件	13.9％
ストレッチ体操	13 件	9 ％
食事	5 件	3.5 ％
その他	14 件	9.8 ％
ない・わからない	4 件	2.8 ％
無回答・無効	6 件	4.2 ％
総 回 答 数	144 件	

以上のことを考えれば、要介護認定の高齢者は単にリハビリテーションの目的でプールを利用しているのでなく、旅行に行きたい、仲間を作りたいなど心身とも健やかな生活を送ることの重要性を認知して、参加していることがわかります。

(3) 健やかな生活を目指した実際とその考え方

水中運動療法により体力や歩行距離が改善したことは実用歩行距離*の増加を意味します。これにより、高齢者は旅行、外出などのさまざまな欲求の追求が可能となります。ところで、人間の欲求についてマズローの五段階説があります（図12）。また、江藤ら［1996］はこのマズローの欲求とＱＯＬを併用した考え*を示しており、非常に参考になります。何故かといえば、高齢者が健やかに生活するにはやはり目標が必要であり、その目標を設定するにあたっては、人間の欲求が基礎となるからです。

実用歩行距離
補助具・エレベーターなども含めて実際に移動できる距離。

＊高齢者のＱＯＬは、ＡＤＬの断層構造とマズロー心理学における人間の欲求の断層分類を対比して理解することができる、とする考え。

(4) 高齢者の健やかな生活とＩＣＦについて

人は高齢になっても目標を持ち健やかな生活を望みます。しかし、高齢者自ら目標を設定し生きるには困難なことが多く、支援を必要としています。生きがい対策などさまざまな政策がなされていますが、それらを成就させるアプローチのひとつに目標指向型リハビリテーションがあります。この詳細は他にゆずるとして、目標指向型リハビリテーションについて簡単に述べます。**図11**に示す考え方を実施するには次のことが重要であり、最優先されるべきことです。

Stage 5 自己実現欲求	自己の持つ可能性を最大に追求し、自己にとって本来あるべき姿である理想的な状態の実現を目指す欲求
Stage 4 尊厳欲求	他人から承認されたい、あるいは責任を持ちたいという欲求
Stage 3 社会的欲求	集団に所属し、良好な人間関係を得ようとする欲求
Stage 2 安全欲求	危険から自分の身を守り、安全を得ようとする欲求
Stage 1 生理的欲求	食べる、飲む、眠る、排泄するなどの動物としての基本的欲求

図12　マズローの５段階説

①主目標（参加レベル）や副目標（活動レベル・心身機能レベル）を具体的の設定する
②達成期間をあらかじめ決定しておく
③本人を含めた共同チームにより①・②を明確にする

最も重要な主目標について私達は「よっしゃー!!やったるでー!!」**（次頁の写真）**という公開表を作成しています。この主目標と達成時期はデイサービスのスタッフと本人が協議して決定します。これを公開することで多くの人が他者の目標を知り、本人、スタッフのみでなく他のデイサービス利用者も助け励まし合い、主目標に向け努力します。

次に、目標指向型リハビリテーションの実例を示します。

（例1）女性八三歳で要介護度1です。病歴は大腿骨々頭骨折術後、骨粗鬆《こつそしょう》症、腰椎圧迫骨折です。大きな家に一人住いで将来の生活に不安が強い方です。週二回、三〇分／回の水中運動療法と自宅でのヘルパー援助にて**表10**に示す改善が認められました。

まず主目標として、三ヶ月後に病院へ歩いて行く。

副目標として、

・心身機能
①水中運動療法による歩行の改善と腰痛の改善
②杖歩行をする
③心理的には不安を取り除く
④老人カーを使用する

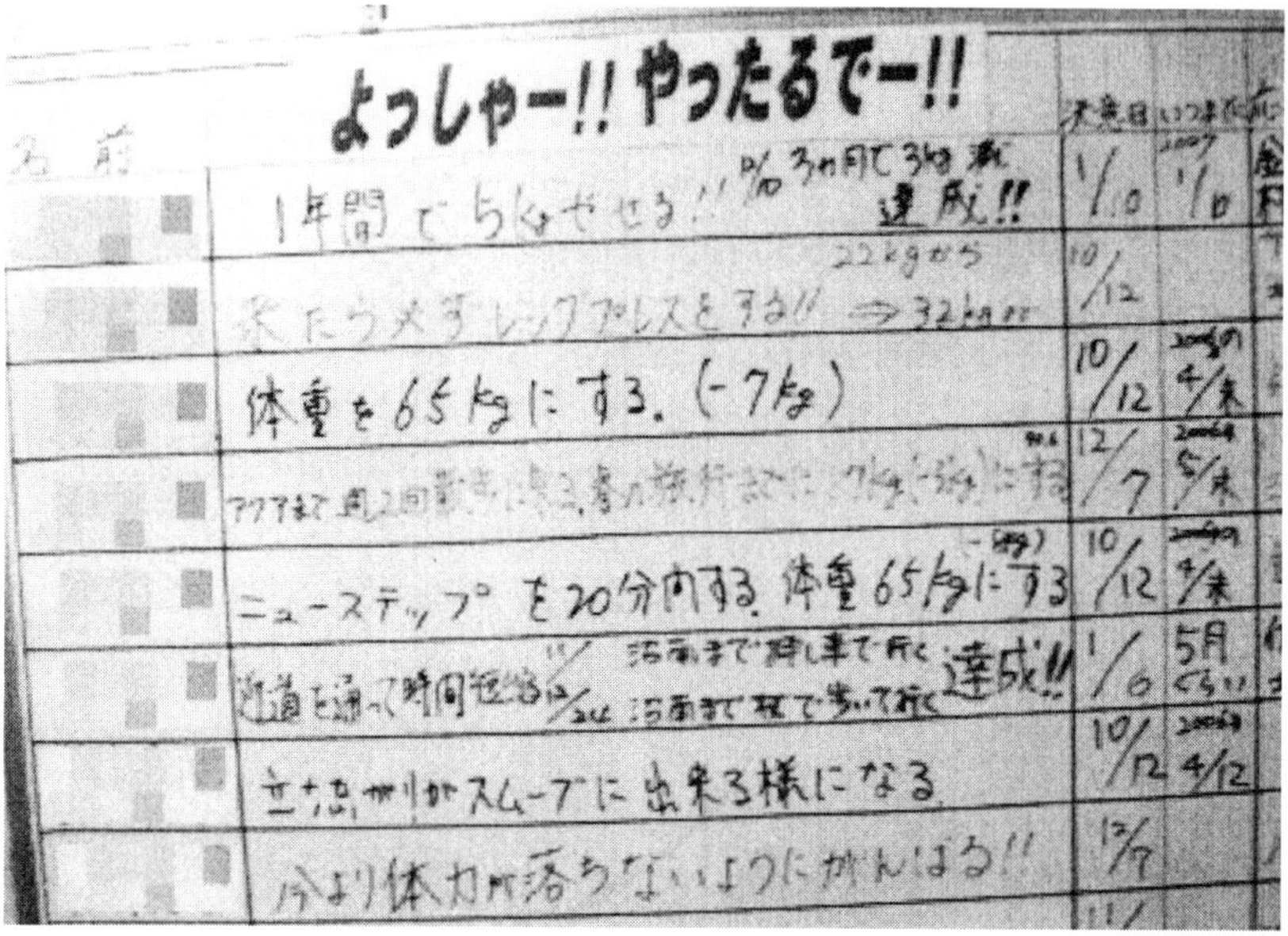

写真A 「よっしゃー!!やったるでー!!」

・活動・参加　①お墓参り
②生け花サークルへの参加

を設定しました。水中運動療法により移動距離、歩行スピードや腰痛の改善が見られ、杖なし歩行となりました。また、自宅で花を植えたり生け花サークルに参加し、さらに体調

表10　（例１）の改善度

	平成 15 年 5 月	平成 16 年 9 月
介護度	要介護度 1	要支援
歩行状態	杖歩行	時に杖歩行
3MD*	120m	200m
TUG**	15.0秒	14.6秒
10m 最大歩行スピード	13.8秒	14.7秒
B・I***	90	90

*　３ＭＤ：３分間歩行距離
**　ＴＵＧ：The timed up and go test
***　Ｂ／Ｉ：Barthel Index

の良い時は病院へ行くことができました。また他の虚弱高齢者を励ますようになり、精神的にも安定しています。今後は生活の目標を老人会への参加などへとレベルアップしていくことを予定しています。

（例2）女性七六歳で要介護度2です。病歴は左股関節の疼《とう》痛が出現し、左人工股関節全置換術を行っています。夫婦二人暮らしです。

表11 （例2）の改善度

	平成15年7月	平成15年9月	平成15年10月	平成16年3月
要介護度	2	フルムーン達成	2	1
3MD	150m		180m	
TUG	10.92秒		7.65秒	6.67秒
10m 歩行時間	10.45秒		7.44秒	7.32秒
長座位体前屈	0cm		3cm	11.1cm
握力	18.6kg		20.3kg	19.5kg
肺活量	2030ml		1730ml	1760ml

週二回、三〇分／回の水中運動療法で**表11**に示すように改善が認められました。

主目標は「夫と共にフルムーン旅行に行く」としました。副目標や達成時期の設定はなされず目標指向型アプローチとは言いがたいのですが、表に示すように歩行距離などの改善が認められます。水中運動療法開始二ヶ月後には、夫婦で北海道に旅行し、主目標である「夫と共にフルムーン旅行に行く」を達成しています。

日常生活の様子は、室内はタンスなどを伝って歩き、屋外は一本杖を使用していました。正座ができず、靴下を履くことが困難でしたが、利用開始から二ヶ月後には室内では独歩が可能となり、この時点で目標であったフルムーン旅行が実現しました。利用三ヶ月後には日常生活においても正座ができるようになり、さらに他利用者に激励を受けたり笑顔での会話など、交流が活発になりました。利用四ヶ月後には、和式トイレの使用や屋外での独歩が可能となり、夫婦で毎月のように旅行をし、利用八ヶ月後には、二年間脚の痛みのため困難であったタンスの整理ができるようになるなど、日常生活にはさらなる改善が見られました。

副目標などを設定せず、自然の流れにまかせた例と考えられますが、マズローのいう「自己実現の欲求が強ければ心身の機能改善の達成が不充分でも主目標は簡単にクリアする」ことを示した例と言えます。さらに、主目標が達成され健やかな生活が実現されることが自信となり、利用者自身が心の中で副目標を設定し活動の改善をはかるようになったと考えられます。

このように、健やかな生活自体を目標と考えれば、目標指向型アプローチにはさまざまな方法があると考えられます。

5　アクア回想法

アクア回想法とは、水中運動療法で健康増進、体力増強などにより自立を促すとともに、高齢者の回想（過去の歴史から現在、現在から未来へと連なるライフヒストリーの傾聴）を通して心を支える技法であり、対人交流を深めることで共助を促すことを目的としています。

先のアンケートで述べたように水中運動利用者は「人との交流」を楽しみにしており、対人交流の必要性を示唆しています。しかし、高齢者は①慣れ親しんだ町で生活していても親しい人が転居や死亡などにより減少すること、②移動能力の低下により近隣との疎遠を生じ、閉じこもりがちとなることなど孤独な状態を生じやすく、そのため何歳になろうとも、新しい対人交流をはかることは、生活の上で最も大切と思われます。

プール付デイサービスでは、広域から利用者が来るためか仲間作りが難しく、孤独に見受けられる方もおり、対人交流をはかる必要からも、アクア回想法を実施しています。

〈実例〉

・目　　的　仲間作り
・参加人数　七名（七～八名が良い）
・期　　間　週一回六〇分で計八回

水中運動療法の午後に行う

・テーマ　①自己紹介

②子どもの頃の遊び

③戦中の苦楽と配給

④ごちそう

⑤輝いていた時

⑥アクアを利用し始めてからの生活

⑦若さの秘訣

⑧会の振り返り

テーマはスタッフが準備しておきますが、認知症高齢者の回想法と違い、参加者がその時の話題から選択することもあります。

アクア回想法後、参加者に見られた変化は、グループの和を大切にするようになり、役割（話のまとめ役、聞き役など）分担が自然と生じるようになったことです。また、新しい対人交流が始まったり、サークル活動への参加**（写真）**が活発になったりします。

（安原耕一郎）

写真　サークル活動への参加

引用・参考文献

土肥信之　1998　「Underwater exercise の新しい動向と諸問題」*Journal Of Clinical Rehabilitation*, 7, 680-681.

江藤文夫ほか　1996　「転倒、骨折患者のＱＯＬ」*Geriatric Medicine*, 34, 727-731

堀切　豊　1998　「Underwater exercise　の循環器系疾患への応用」*Journal Of Clinical Rehabilitation*, 7, 683-686.

細田多穂・柳澤　健（編）　2000　『理学療法ハンドブック』第２巻　協同医書出版社

金田晃一　2004　「水中及び陸上運動時の下肢筋群における筋活動とその違い」*Jpn. J. Phys. Fitness Sports Med*, 53, 141-148.

金　俊東　2000　「加齢による下肢筋量の低下が歩行能力に及ぼす影響」『体力科学』第49号 589-596 p.

小西　薫　2001　『アクアサイズ教程②実技応用編』環境工学社

久野譜也　2003　「高齢者の筋特性と筋力トレーニング」『体力科学』第52号別冊 17-30p.

倉林　均　1997　「慢性閉塞性肺疾患高齢患者における運動浴を用いたリハビリテーションの効果」『日老医誌』第34号 803-808p.

松井　健　1966　「水中運動による高齢者の運動療法―陸上と水中歩行時の血圧応答」『体力科学』第45号　712p.

森井和江　1996　「水中運動療法―水の魅力」『ＰＴジャーナル』第30巻第11号 830p.

中川雅裕　1998　「腰痛患者に対する水中運動療法」『リハ医学』第35号 230-235p.

奈良　勲　2002　『理学療法士のための運動処方マニュアル』文光堂

奥野純子ほか　2003　「『閉じこもり』高齢者の体力と生活機能および精神健康度との関連」『体力

科学』第52号別冊 237-248p.
大川弥生　2003　「生活機能（functioning）向上にむけたリハビリテーション―目標指向プログラムにあたって」『日老医誌』第40号 582-585p.
佐々木春美　2005　「温水プールを使ったデイサービスについて」日本デイケア学会誌　投稿中
佐々木春美・安原耕一郎ほか　2003　「後期高齢者における水中運動のリスク管理―血圧変動からの一考察」『第一一回日本物理療法学会　学術大会抄録集』10p.
佐々木春美・安原耕一郎ほか　2004　「通所介護利用者の水中運動療法が身体機能に及ぼす効果」『第四六回日本老年学会抄録集』
里宇明元　1999　「水中運動生理学―水中走行を中心に―」『総合リハビリテーション』第27巻第8号 729-740p.
竹島伸生　1999　「主観的運動強度設定に基づく高齢者の水中運動療法の有効性について」『臨床スポーツ医』第16巻第12号 1469-1473p.
鷲見勝博　1990　「中高年齢者の水中運動時の心拍数、血圧応答について(3)」『日衛誌』第45巻第1号 433p.
山田忠樹　2002　「水中運動を用いた高齢者のトレーニング効果―主に活力年齢を指標として―」『日本生理人類学学誌』第7巻第2号 35-41p.

高齢者の生きがい研究

工藤夕貴

日本では「生きがい」という言葉は年代・性別に関係なく、ごく普通に使われています。しかし外国語には日本語の「生きがい」に完全にあてはまる言葉はなく、この語は日本固有のものだと言われています。

終戦後、日本は豊かな国に成長し、急速に科学や医学が進歩を遂げ、平均寿命も延びました。しかし、高齢者の自殺や精神的な病などが増えたのも事実でした。そのため、物理的な幸福だけではなく、いかにより良い高齢期を過ごすか、という心理的な幸福に焦点があてられるようになりました。厚生労働省は、介護予防事業の一環として「生きがい活動支援（通所）事業」「高齢者の生きがいと健康づくり推進事業」などを運営し、また「高齢者生きがい課」が設置されている都道府県や市町村も多くなっています。このように、近年では急速に「生きがい」が注目されていますが、その研究はまだ始まったばかりだといえます。

「生きがい」の持つ意味は非常に多義的で、欧米における Successful Aging（幸福な老い）、Subjective Well-Being（主観的幸福感）、QOL（生活の質）のような概念とも近似していますが、微妙な意味合いは違っているとされています。

「生きがい」の定義が研究者によって異なりますがおおむね「幸福な老い」の理論的背景となっている三つの理論「活動理論」「社会的離脱理論」「継続性理論」の影響を受けていると考えられます。例えば、東清和氏（『エイジングの心理学』早稲田大学出版部、一九九九）は「生きがいとは、自分が生き続けていく上で重要な対象を意味すると共に、その対象が存在することによって、自分の生に意味があると感じられるその感情をも指すことば」とまとめています。ことに高齢期では、老いに由来する自己否定や自己を低める価値が強くなる傾向が考えられるので、自分の人生に肯定的な意味や価値を見出すための「生きがい」が必要になるといえます（井上、二〇〇〇）。

「生きがい」が多義的である要因のひとつとして、感性や価値観は人それぞれであることが考えられます。したがって、個人が生きがいとする対象も家族や友人との交流、趣味、仕事、奉仕活動など多様になることは必然です。また、これは研究の切り口が多様化にもつながります。例えば『高齢者の「こころ」事典』（日本老年行動科学会、中央法規、二〇〇〇）の中では、家族や仕事、仲間、地域、趣味・学習、健康と生きがいの関係が述べられています。さらに、生きがいの宗教的背景や反社会的生きがいや生きがいの失われやすさといった新しい視点からも展開されています。

高齢者が心身共に健康で日々を過ごすためには、高齢者自身に内在している「生きがい」を見出すことこそが大切なのです。そのために、今後も高齢者の生きがいに関する、より多面的な取り組みや研究が期待されます。

（くどう・ゆうき　岩手県立大学大学院）

第7章　介護家族の心理に対する支援

1　要介護者を抱える家族の問題

(1)　高齢者における病気や疾患の特徴

高齢者が直面する疾患は、要介護の状態へ高齢者を導いてしまうものが多くあります。アルツハイマー型や脳血管性などの老年期の認知症*は、高齢期の要介護状態の代表的な疾患であり、それを例にとって考えてみましょう。

認知症は、物忘れなどの記憶障害や見当識障害、理解判断力の障害、また行動においても徘徊や異食など、一人一人まったく異なる症状が出現する傾向があります。

例えばある認知症高齢者は、唐突に怒りやすく、常に落ちつきのなさが目立ちます。またある認知症高齢者は、「財布を盗まれた」と何度も訴えることがあります。またバスや電車などの交通機関を使って移動できる認知症高齢者もいれば、近所に外出するたびに迷子になってしまう認知症高齢者もいるのです。

認知症
脳や身体の疾患を原因として、記憶・判断力などの障害がおこり、普通の社会生活が送れなくなった状態。認知症は「アルツハイマー病」と「脳血管障害」によるものが多い。

このようにさまざまなケースがあるために、介護する家族は、テレビや本などで説明されていることが必ずしも当てはまらないことに気がつきます。さらにこの病気が将来どんな問題に発展していってしまうのか、見通しがつかない不安や苛立ちにもつながっていきます。

認知症以外の問題としては、高齢者は慢性的な身体疾患――特に関節炎など、老化による骨組織の減少が原因の場合には、痛みは慢性的に持続します。このような状態にある高齢者の介護は、長期間にわたればわたるほど、家族にとっては身体的、精神的に大きな負担となります。

一日の長い時間を介護に拘束されると、介護者は自分の趣味や生活の時間を割くことになり、さらに介護の長期化によって、介護者の将来的な見通しが立たなくなるという不安が増大します。

(2) 家族が病気を受けとめる余裕がなくなる

一体いつまで介護をしなくてはいけないのか。将来が予測不可能であることは、家族に不安をもたらすだけでなく、要介護状態にある高齢者の病気を受容できない心理をも引き起こします。

例えば先にあげた「財布がなくなった」と訴える認知症高齢者が、盗んだ犯人を「嫁」

や「娘」や「孫」だと決めつけ、ののしることがあります。このような場合、介護家族は、混乱した認知症高齢者の発言を「病気」によるものではなく、『きっと「うそ」をついているのだろう』とか『私へのいやがらせだ』と思い込んでしまいやすくなります。認知症高齢者のさまざまな発言や行動を、家族が痴呆という病気によるものと受けとめる余裕がなくなれば、イライラやストレスはより増大してしまいます。

また認知症になったことについて、介護家族は、『病気になったのは、自分たちがあまり構わなかったせいではないか』と思いこんでしまうなど、責任を感じて落ち込んでしまうという傾向もあります。

介護家族は精神的に余裕がなくなるため、高齢者に対して憎しみを感じ、しばしば「虐待」に発展することもあります。何らかの憎しみを感じたことがある介護者は30％を越えているという指摘もあり、また虐待についても「ときどきある」や「よくある」と答える家族も少なくないのです。

(3) 家族間のコミュニケーションの問題

認知症高齢者の特徴に、家に来たお客さんにはきちんと挨拶ができ、またその人がいる時には適切に振る舞うことができるなど、表面的には異常がないように見える場合があります。また二四時間一緒にいる介護者にとる態度と、家族の他のメンバーにとる態度が違うこともあります。このように認知症の症状は、二言三言話しているときにははっきりとあらわれないために、同居していない家族は介護者の苦労に気がつかないことが多々あります。そのために直接介護者は周囲から「なんだそんなに大変じゃないじゃない」と言われてしまうなど、介護の大変さを理解してもらえず孤立してしまう傾向があります。認知症に限らずどんな病気でも、介護の大変さは介護をしていない家族には伝わりにくいものなのです。

2　介護者の続柄による異なる問題

家族による高齢者の介護について、夫婦関係あるいは両親との関係、また嫁姑関係などの家族間での人間関係が、介護に与える影響は大きく、無視することのできないものです。

(1)　介護者が配偶者である場合

①　将来への不安

介護者が配偶者である場合は、夫が介護者であるか、妻が介護者であるかによってその問題が若干異なります。しかしながら両者に共通した傾向は、将来への強い不安感を抱いていることにあると言えるでしょう。介護者が配偶者である場合は、介護者も要介護高齢者自身も共に年齢を重ねている場合が多いことは明らかです。『一体いつまで介護をしなくてはいけないのだろうか』という不安は、経済的な不安にも発展し、介護の見通しが立たない場合は特にその傾向は強くなります。さらに介護者と要介護者の両者が共に高齢者特有の身体疾患にかかる危険性は高く、自分自身の健康問題も考えなくてはなりません。

② 子どもに任せたくない

将来に対して不安を抱く背景として、子どもたちとの関係性ということも存在します。夫婦のみで暮らす高齢世帯には、子どもたちに迷惑をかけたくない、配偶者の介護を子どもに任せたくない、と考えている夫婦も多く存在します。そのため、介護が必要な状態になっても、ひとりで頑張る介護者が多いのです。またこのような介護者は、意気込みが強いため、子どもたちからの援助すら受けようとしない傾向があります。

しかしそのような介護者は、疲れても休息をとらないことが多く、身体的精神的な疲労が生まれやすくなってしまいます。その結果、介護者自身が倒れてしまうということもあるのです。

このような場合、介護者の意欲や意気込みを尊重しつつも、他の家族の協力がある方がより効果的な介護が可能になること、またそれによって長い期間、在宅で介護できることをアドバイスすることが望ましいでしょう。

③　夫の介護

夫が介護者である場合、病気を治したいと思う気持ちが強いあまり、要介護者である妻に厳しく接したり、訓練しようとする傾向があります。実際彼らは、洗濯や炊事などの家事を献身的にしたり、病気についての勉強に意欲的に取り組んでいることも多いのですが、献身的な気持ちはその一方で、状況が好転しない際に強い落胆を生み出してしまいます。そのような場合は、病気に対する一般的な理解を深める方向で相談をすすめ、時には気を抜くことができるような余裕をもたせることが望ましいと言えるでしょう。

④　妻の介護

妻が介護者である場合には、身体的な疲労感が強くなりやすいことに注意する必要があります。妻は、夫が定年退職するまで家事などの日常生活の多くを担ってきています。夫が病気になることは、今までの家事などの労働がさらに増加することを示しています。単純に増加した家事を含む介護状況は、妻の身体的な疲労感を増悪させ、しばしばうつ病などの精神的な疲労やストレスを引き起こすきっかけとなってしまいます。介護者が妻である場合は特に、身体面や精神面の健康管理に注意をうながし、医療福祉サービスによる介護の代替えをすすめることが必要となります。

(2) 介護者が娘である場合

主たる介護者が娘である場合には、要介護高齢者との家族関係が強く影響します。要介護者は、娘にとって父親や母親であり、介護者と血縁関係にあります。娘にとっては、見慣れてきた親が病気によって変化してしまった姿は、耐えがたく映ります。特に親が認知症になってしまったという悲しみは、何とかしてあげたいという強い思いこみに発展します。

このような場合介護者は、あたかも親が子どもをしつけるように、高齢者を「しつけ」ようとする態度をとりがちです。このような「関わり方」は、しばしば要介護者が認知症高齢者の場合、妄想や問題となるような行動を引き起こすきっかけとなります。

しかし一方で、介護者が要介護者に対して精神的余裕を持てた場合、良好な関係を築くことも可能になります。かなり重い障害や疾患に対しても積極的に関われるようになるでしょう。

(3) 介護者が息子の妻である場合

介護者が息子の妻、いわゆる嫁である場合には、介護者の孤立が問題となりやすいと言えます。嫁の介護の努力を、他の家族（同居していない娘など）が十分に理解していないケースは多く見られ、嫁自身が「誰にも大変さがわかってもらえない」と感じていることも多くあります。

また嫁の夫つまり要介護者の息子が、介護に非協力的で具体的な介護援助をしていないことも、嫁の負担感を増悪させる原因となります。このような場合、嫁が本音で介護のつらさを語れない環境を改善することが望ましいでしょう。このような状態にある嫁には、本音で語れる仲間を見つけるよう促すことが必要です。嫁にとって介護協力者を家族内の他のメンバーから見つけられないことも多いために、同じような悩みを抱える家族会などの活動に参加を勧めることも効果的です。

3　援助における課題

ここでは家族への援助、特に相談時における課題について述べていきます。

①　精神的負担の軽減

介護者は、身体的な疲労だけでなく、かなり強い精神的負担も抱えています。家族のなかで、高齢者についての悩みや相談を受けてくれる人が見つからない、認知症高齢者の介護の大変さが周囲に理解されない、あるいは、病気が将来どこまで進行するのかわからないなど、介護者が不安に思うことは多々あります。これらすべては、家族の精神的な負担感の原因になることです。そのため、家族を援助する専門スタッフは、家族の介護の悩みや不満を聞くことに注意を向けることが必要になります。

② 病気に関する医学的知識

要介護者の病気が将来どのような状態になるのだろうか、という不安を家族は強く抱いているため、介護スタッフに進行の予測を求めることがあります。特に認知症の場合、一人一人の病気の進行度合いや特徴が異なることが多いため、家族から相談を受けたスタッフは、主治医と十分に相談し、予測される将来の問題について共に考えていく必要があります。

また利用しているデイサービスやケアの際に見られた行動・状態などについて、必要な情報が得られた場合には、相談援助において活用することが望ましいでしょう。このような場面では、家族が気付いていない症状の一面が見られることがあるためです。

③ 介護方法など問題行動への対応や指導

介護方法の指導について、教科書や介護マニュアルなどを使用して、一般的に指摘されている点を強調する際には配慮が必要となります。

介護方法に関しては、個々の高齢者の状態について適切なアセスメントに基づく指導を行うことが望まれます。理解力が失われて、直前に説明したことがまったくわからなくなっている認知症高齢者もいれば、十分に理解する力を持っている認知症高齢者もいます。また人生経験の違いなどからくる価値観の相違もあります。そのため、状態にあわせた最も望ましい介護方法を考えることが必要です。

また認知症高齢者に対する家族の介護態度が、高齢者の状態を悪化させることもあります。高齢者にまだ能力があるにもかかわらず、役割を取り上げるなどの拒否的・干渉的介護態度は、高齢者自身を落ちつかなくさせたり、怒りっぽくするなどの状態を引き起こす可能性があります。

しかしながら、このような望ましくない介護方法を家族が取っていたとしても「そのやり方は良くない」と直接的に否定をするのでなく、そのような介護に至った家族の心情にも十分な配慮をし、修正が可能になるようアプローチをしていくことが望ましいでしょう。4でその詳細を述べます。

④　他の家族（家族内の介護協力者）との調整

介護者は、時には同居している家族にさえ介護の大変さを理解してもらえないことがあります。特に認知症の場合は、症状が表面的にはわかりにくいため、その傾向が助長されます。日常的な挨拶や簡単な会話をするだけならば、ある程度認知症が進行した高齢者においても可能です。限られた時間のみ接している家族は、そのような面ばかりに注目し、

『まだ元気じゃないか、大丈夫ではないか』と二四時間介護している同居家族の大変さを理解できない傾向があります。このような場合、病気の実態を伝える家族相談を行うことで、家族間での共通した認識を深めることが必要となります。

⑤ 在宅介護での社会福祉資源との連携

認知症高齢者に対する社会的援助の現状として、福祉事務所、保健所、病院などの横の連携は、あまりスムーズであるとは言えません。またさまざまなサービスに関しても、介護者に知れわたっていないことが多くあります。多くの家族介護者は、家族にこのような認知症高齢者が出るまでは、福祉や医療についてあまり関心がなく、知識も十分ではないことが現実です。この場合、家族相談では、家族に今現在どんなサービスが利用できるかを伝えることも必要となります。デイサービスやデイケアで観察された認知症高齢者の状態は、今現在の高齢者にあった最も適切なサービスを考える上のヒントとなります。

4 家族への相談指導における実際

家族相談をする上で、特に注意する点、配慮しなければならない点を次に挙げていきます。

① 介護方法に問題があっても家族のやり方をすぐに否定しない

家族が今まで行ってきた介護方法が、たとえ干渉的であったり、問題があると思っても、すぐにはその家族のやり方を否定しないことが重要です。認知症高齢者の介護においては、直接介護者の否定的な対応は、問題とされる症状などを増悪させる傾向があります。しかし特に相談の初期の段階では、この点に関してはなるべく否定しないことが望ましいでしょう。家族が行っている介護方法の多くは、何らかの経緯を経て、仕方なく選択されたものです。面談の担当者は、そのようなやり方に至るまでの家族の苦労や負担感を、共感することが基本的に求められます。

② 家族援助の目標をどこに設定するか

現在問題となっていることを明確化し、家族援助の目標をどこに設定するか決めることが重要です。相談をする家族の訴えはさまざまであり、すべての介護者が明快に、相談したい内容を述べられるとは限りません。例えば認知症高齢者の介護が大変であるという訴えには、その背景に「自分の時間が持てない」という介護者のいらだちや、「もっと介護のつらさを家族にわかって欲しい」という不満があることが多くあります。家族相談を効果的に進めるためには、より早い段階で面接担当者が、個々の家族にとって一番引っかかっている問題の根本を明らかにすることが大切でしょう。この点を明らかにし、解決できる問題に対して、具体的なアドバイスを行うことが望まれます。

③ 認知症高齢者自身の残存能力を生かすような関わり方

現在の認知症高齢者自身の能力について、何ができて、何ができないのかを明確にすることによって、認知症高齢者の尊厳が守られるばかりでなく、症状の進行がある程度までくい止められるかもしれません。老年期に認知症にかかると、さまざまな日常的能力が喪失してしまいます。このような場合、家族はどうしても失敗などに注目しがちです。その傾向が極端にある家族は、しばしば指示的で、教育指導的な対応を取ることが多くあります。マイナスな点にばかり目がいくことが結果として、認知症高齢者の意欲ややる気を喪失させ、活動全般を低下させることにつながります。

残された能力や少しでもできることに目を向けることができると、認知症高齢者に対する見方も、『ああこんなこともできるんだ』と肯定的に変化していきます。デイケアやデイサービスにおいて見られる高齢者の残された機能や能力について、スタッフが家族に伝えることで、家族はできないことに目を向けるのではなく、保たれている能力に働きかけ、能力を失わせないように関わることが可能になります。このような指摘は、家族の認知症高齢者の受容を促進するものと言えるでしょう。

④ ストレスの少ない環境づくり

認知症高齢者の場合、ストレスの少ない環境を作ることの重要性を指摘し、ストレスの除去が精神症状の軽減に役立つことを説明することも実際の援助において効果的です。

認知症高齢者が感じる最も強いストレスは、記憶障害や見当識障害、理解力や判断力の障害と深い関係があります。場所の見当識障害が強い高齢者は、自宅のトイレの場所さえわからないために、間に合わず失敗してしまいます。また孫が、家に呼んだ友達と楽しそうに笑って盛り上がっていると、高齢者は自分のことを笑っていると勘違いして興奮することもあります。

認知症高齢者は、判断力や理解力が低下しているため、自分のまわりの出来事に対応できずに混乱を起こしがちです。そのため、認知症高齢者にとって理解しやすい環境（例えばトイレの場所を、廊下に目立つ案内板でわかるようにするなど）を整えたりするよう介護者にアドバイスすることは、認知症高齢者の混乱を押さえ、精神的安定をはかるという点において有効です。

⑤ 将来に対する心構えを持つことを助ける

認知症の進行にともなって起こる問題行動の種類は、進行の時期によって異なります。しかし将来起きうる症状や行動を知り、その時にどんな対応をすればいいのかをあらかじめ知っているならば、介護者の気持ちに余裕が生まれると考えられます。

アルツハイマー型などの認知症の多くは、現在のところ完全な治癒は困難です。痴呆性疾患が発症した高齢者の多くは、症状が進行し機能が低下していきます。介護家族にとっても、現在はそれほどひどくなくとも将来的には認知症が進行した高齢者と向き合うこととなります。

また在宅で長らく介護していたものの、症状が進行し、入院・入所せざるをえない事態に直面した介護者は、精神的に疲れ切っています。このような場合、介護者に限界がきたときには、「自分はここまでやれた」という気持ちで臨むことのできるように関わり、自責的な感情を持たないように援助することも必要でしょう。

⑥ 要介護高齢者のことだけでなく、介護者自身の健康管理にも留意する

高齢者の介護にかかりっきりになっている介護者は、自分自身の健康まで気がまわらないことが多くあります。「私が頑張らなくてはいけない」という思いにとらわれている介護者は、高齢者のことを常に優先して考えてしまうためでしょう。しかし健康を損なっている介護者は、精神的余裕がなくイライラするなど、かえって高齢者に必要以上に厳しく接してしまいます。介護者自身が身体的にも精神的にも良好であることが、要介護者にとって、良好な介護環境を作り出すことを伝えることが重要です。

（下垣　光）

参考文献

江草安彦（監修） 2004 『新・痴呆性高齢者の理解とケア』 メディカルレビュー社

石井京子 2003 『高齢者への家族介護に関する心理学的研究』 風間書房

小林敏子（編著） 2000 『高齢者介護と心理』 朱鷺書房

長嶋紀一・加藤伸司・内藤佳津雄（編著） 2003 『福祉キーワードシリーズ 痴呆ケア』 中央法規出版

和気純子 1998 『高齢者を介護する家族 エンパワーメント・アプローチの展開に向けて』 川島書店

筋力増強運動

野坂俊弥

筋力増強とはいっても、マッチョな(筋骨隆々の)からだを作ろうというのではありません。われわれの日常生活を安全で快適なものにすることを目標に、加齢に伴う筋力の低下を防ぎ、必要な筋肉を維持するための運動プログラムのことで、パワーリハビリテーションや、貯筋体操、ダンベル体操、あるいは筋力トレーニングというように表現されているものがよく知られています。

それらの筋力増強運動プログラムの目的は主として二つあり、その一つは転倒などの事故を予防すること、もう一つはからだの代謝を改善することです。年を重ねるにしたがって体力が低下するのは、ある程度やむを得ないことです。しかし、その体力の低下、とりわけ下半身の筋力やバランス感覚(平衡性)の低下が転倒を回避する能力を下げてしまうことが考えられます。実際に、中高年齢者のおよそ半数は一年間に二回以上の転倒経験があり、また、介護が必要になった原因のうち「転倒・骨折」は11.8%(第三位)を占めています。したがって、必要な筋力を増強することによって加齢に伴う体力低下を予防軽減させ、その結果転倒する機会や程度を減らし、ひいては介護されないといけない事態を予防あるいは先延ばしすることができるかもしれません。いっぽう、筋力増強運動により筋量を増大させることによって、基礎代謝量の増大も期待できます。それによって、新陳代謝が改善され、さらには肥満の予防軽減に寄与することが期待されています。

そういった効果が期待できる筋力増強運動ですので、今すぐにでも始めてそれを習慣化するのが望ましいのですが、やみくもに実施すると危険な場合があり、かえって健康を害する結果になりかねません。特に中高年齢層の世代の中には「激しくなければ運動にならない」という考え方が少なからずあるように見受けられますが、健康の維持増進を目的とした筋力増強運動を実施するうえでその考えは必ずしも正しくはありません。なぜなら、個人によって体力も環境も異なりますので、その人に適正な筋力増強運動の内容や方法などはそれぞれ異なるからです。

そのため、まずは健康運動指導士など専門の指導者の手ほどきを受けることが重要です。それによって、効果的な筋力増強運動プログラムを安全に行うやり方を身につけることが期待できます。そのような筋力増強運動は、各種スポーツクラブや病院、あるいは市町村などの行政サービスにおいて行われており、軽度の要介護認定を受けた方をも対象としている事業も一部にあります。そのため、保健師・看護師や医師などの医療従事者もその業務に深くかかわっている場合が少なくありません。さらに、その効果を持続させるためには、運動を習慣的に行う必要があります。そのための動機付けとしての心理的・社会的要因、すなわち楽しさや喜びといった運動継続のための励みを持ち続けることがきわめて重要です。

筋力増強運動にはさまざまな効果が期待できるものの決して万能ではなく、それだけでは筋力以外の体力の向上はあまり望めません。したがって、ストレッチングや有酸素性運動（エアロビクス）とあわせて行うことにより安全で効果のある活動的な生活習慣の獲得が期待できます。健康の維持増進を目的とした運動プログラムにはさまざまなものがあり、どの運動を行えばいいのか迷うほど、多くの情報が提供されています。

大切なことは自分が楽しめる運動を選んでまずは指導を受けて、それを継続できるように日常生活を工夫することでしょう。

（のさか・としや　長野県看護大学）

第8章　時・人・地域を結ぶつなぎ手の役割

——思い出パートナー——

1　思い出パートナーとは

日本における回想法の活用領域は**図1**に示すように、①認知症高齢者への回想法、②介護予防における活用、③元気な高齢者に対する多様な活用、④高齢者自身によるものや世代間交流などの多様な応用という四つの領域が展開されています。さらに本書の第3章や第4章での展開も含めて**図2**に示されるように、施設から地域へと広範な場で行われ始めています。

この章でとりあげる思い出パートナーとは、回想法を基本としたもので、筆者が地域在住の高齢者と大学生との相互の交流を意図したプログラムに端を発しています。高齢者は豊かな思い出の語り手であるだけでなく、学生の現在や未来に耳を澄ます聴き手であり、学生は聴き手であるだけではなく、高齢者の人生の深さへの思いを率直に伝える語り手でもあります。そして、高齢者と大学生が互いに思い出を媒介にして交流や理解を深めるものです。

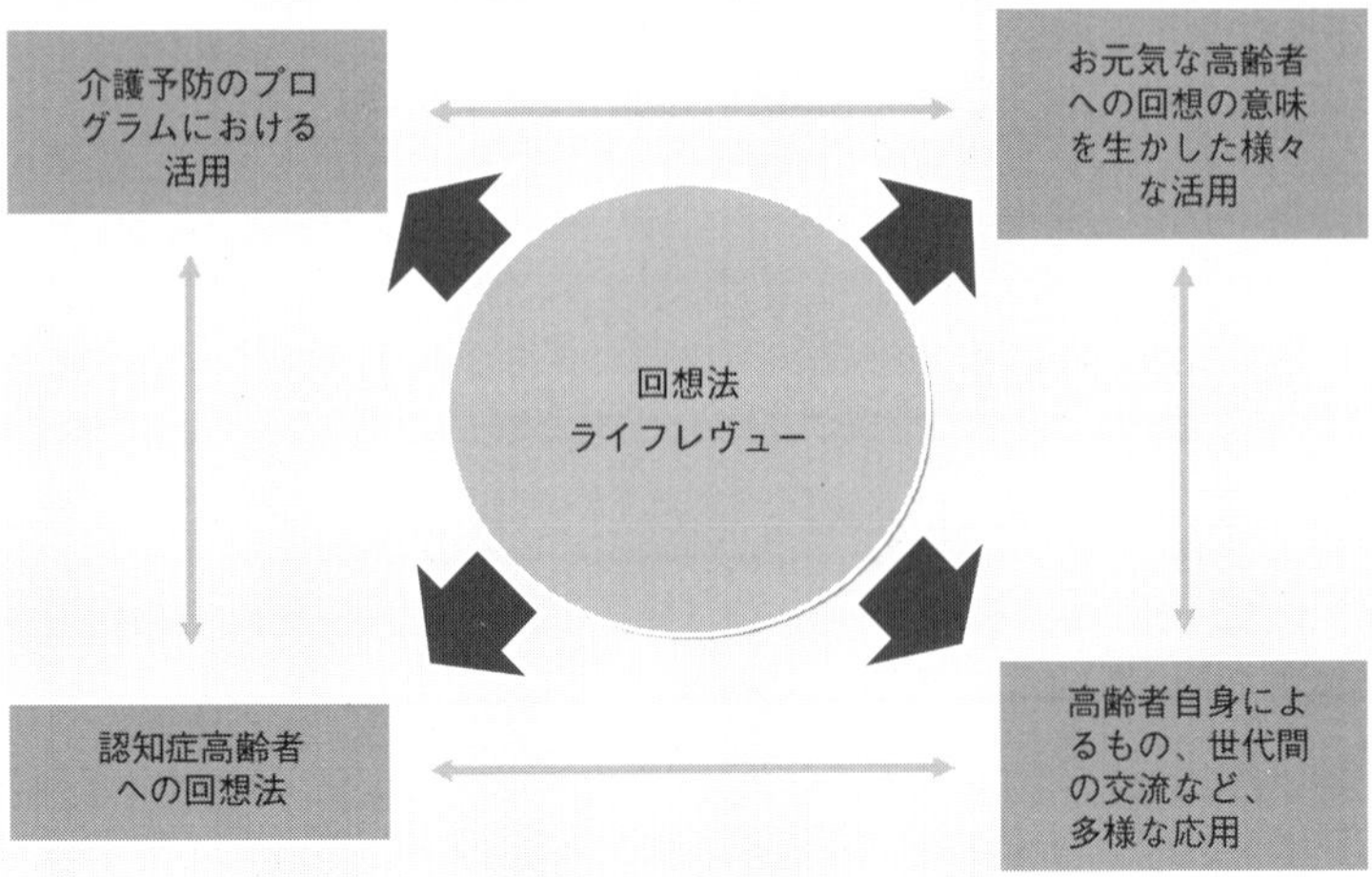

図1　回想法の活用領域［野村、2004a］

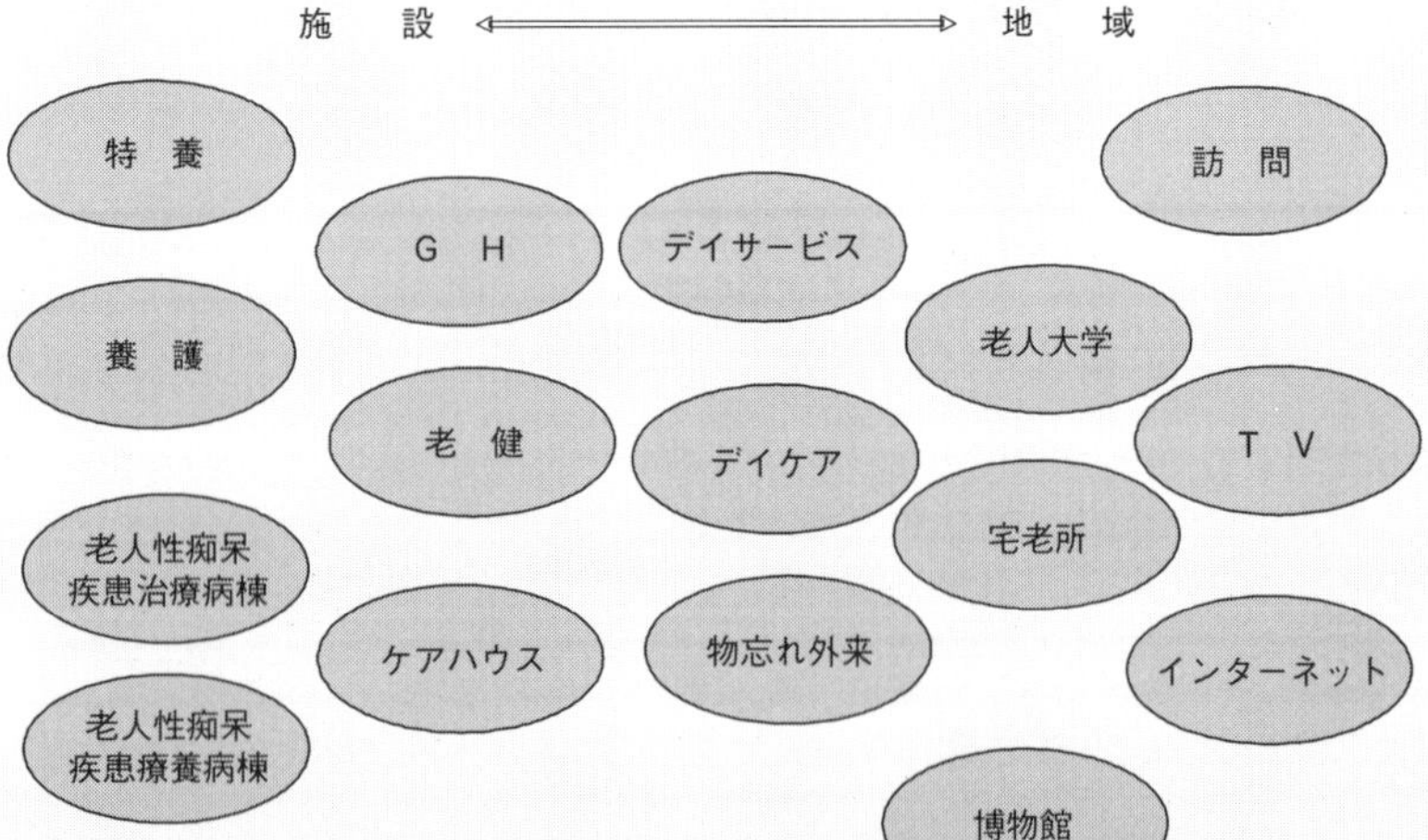

図2　回想法の多目的展開［野村・工藤・本山、2003］

例えば北九州市において、昔からの映像を鑑賞しながら地域の高齢者と学生・児童が集う大規模な試みも行われており、さらに遠野市では、民話の里の思い出パートナーなど地域独自の文化や風土と結びつきながら展開が始まっています。回想法の基本や価値観・技術などに立脚しながらも各地域の文化や風土・人的資源そしてその地域で暮らす高齢者の諸ニーズによって多様な活用が可能となります。パートナーという言葉が意味するように思い出を媒介にして、高齢者同士・高齢者と若者・高齢者と児童という社会的役割や立場の異なる人同士が相互に交流する機会であり、そのお互いを思い出パートナーと位置づけています。

ここでは、人口約一〇万人の地方都市である水沢市において、江戸時代から続く武家屋敷で行われた思い出パートナープログラムの実際を紹介します。そのプロセスを検証し、高齢者の教え伝えるという機能が発揮する意義をハイライトしていきます。

2 思い出パートナーの実際

(1) 実施過程

二つの実施グループは、七色の会と紫陽花の会で、前者のグループ参加者は地域在住の高齢者八名（男性二名、女性六名、平均年齢八〇・八歳）、後者の参加者は地域在住の高

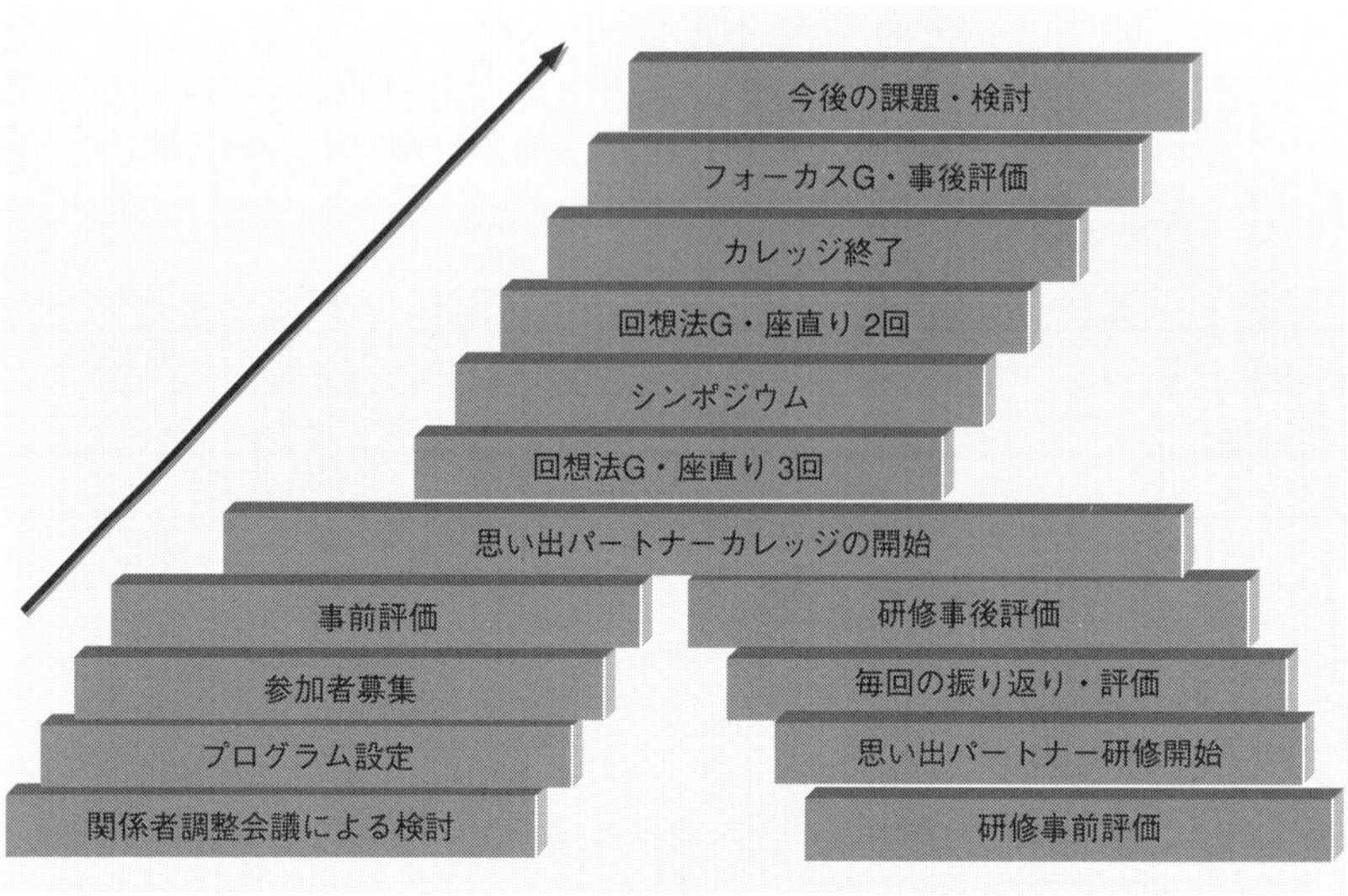

図3　思い出パートナープログラムの実施過程［作成：野村・工藤］

齢者八名（男性三名、女性五名、平均年齢七五・一歳）です。実施頻度は、グループが隔週一回計五回のシンポジウムを行いました。各回のプログラム内容は、回想法グループと座直りの会によって構成され、グループ回想法が約一時間、その後の座直りの会が四〇分で計二時間です。時系列的テーマと非時系列テーマの組み合わせを基とし、毎回テーマに即した地元の小道具を使用しました。実施場所は、資料館にもなっている江戸時代からの武家屋敷を活用することができました。協力者は、社会福祉協議会・保健医療福祉の関係者・大学生及び大学院生で計約二〇名が関わりました。

実施過程は**図3**に示されるように思い出パートナー研修を学生に行い、その後高齢者と学生の参加により思い出パートナーカレッジを引き続いて行いました。

(2) 思い出パートナー研修の概要

大学生八名及び大学院生三名に対し、思い出パートナー研修として計四回、各五時間の演習を含め学習を行いました。大学院生三名は記録者と補助を兼ねています。各回の概要は以下の通りです。

第一回　回想法の基本①

・回想法の歴史と効果の見本を学ぶ。

・回想法での〝刺激〟について、ペアになって回想法の小道具を使い、思い出を語り合う。使用した小道具は、豆絞り・浴衣・ゲタなどである。

第二回　回想法の基本②

・「自分の過去から学ぶ」という体験学習で、ペアになって小学校の先生の思い出を語り合い、全体に発表する。

・回想法ビデオの学習をし、ふり返りを行なう。

第三回　回想法の活用①

・地域における回想法の実践例として、S町で行われている回想法事業のビデオ視聴をし、印象や感想を話し合う。特にビデオをみて気づいた〃地域性〃について意見を出し合う。

・今回「思い出パートナーカレッジ」を行なうM市との相違を人口構成・地域の社会経済状況・特徴的なニーズなどに関して理解し、地域特性を生かしたプログラムの展開を学ぶ。

第四回　回想法の活用②

・日本の各地域で行われている回想法研究報告から、その特徴を学ぶ。

・思い出パートナー研修の展開について、その計画方法と実施方法、また、評価方法の概略を学ぶ。

回想法の基本①と②では、次に示す対人援助の基本的技術一〇項目を学ぶことを含んでいます［野村、1998］。思い出パートナーの基本は、高齢者の回想の聴き手としての基本であり、しっかりと学び心に留めておくことが望まれます。

①　自分の価値観で判断しない。
②　話を批判的にではなくそのまま受容する。
③　相手に十分な関心を示しているとわかる姿勢をごく自然にとる。
④　相手のペース・進み具合に沿う。
⑤　今何を感じているのか、その気持ちを大切にする。
⑥　語られる内容が事実と違うことがはっきりしていても、訂正した方がよいとは限らない。
⑦　自分の話をしすぎて、相手の話をとってしまわないように気をつける。
⑧　他にもらさないと約束した秘密は守る。
⑨　相手が話したくないことは、それが重要でも無理やり尋ねない。
⑩　辛い体験や苦しい思いが語られるときには、静かに耳を傾け、深く共感する。焦って慰めたり、「そんなことはない」など即座に否定したりしない。

参加した学生はこれらの一〇項目を、社会福祉の援助職として四年間の学部教育でも学んでいますが、具体的に思い出パートナーの活動を行う上で一つ一つの項目が、自分にとってどのような意味を持つのか、という自分自身の現状を確かめることにもつながります。

一般的な価値観や技術として学ぶのではなく、具体的な高齢者像を念頭に置きながら現実の場面を想定するので、学習の効果を増すことができます。一〇項目の内で後半の五項目はとりわけ思い出パートナーにとって必要であり、また、簡単に習得することが難しいものでもあります。

(3) 効果評価の方法

効果評価の方法は、思い出パートナー研修と思い出パートナーカレッジの両者に対して**図4**に示すように多面的な検証を行いました。ここでは、学生の記録から回答内容のカテゴリー分類を示します。

① **社会福祉知識・技術への理解の深まり**
社会福祉分野における知識や技術に対する理解の深まり、社会福祉の専門過程での講義に関連して学びが深まったという内容のもの。

② **回想法への理解・関心の高まり**
回想法の理念・意義・技法・効果・ツール・対象などについての理解や関心や深まりについて述べているもの。

③ **実際に回想を体験しての驚き**

思い出パートナー研修

学生への教育効果検証

①研修前後のアンケート結果分析
②研修各回毎の学生による自記式ログの検証
③研修各回毎のビデオ記録による検討

思い出パートナーカレッジ

④座直りのビデオ記録と観察記録による検討
⑤思い出パートナーカレッジ全プログラム終了後のフォーカスグループによる評価

参加高齢者への効果検証

①MMSEによる事前事後評価
②老研式活動能力指標による事前事後評価
③生活満足度尺度（LSIK）による事前事後評価
④バウムテストによる事前事後評価
⑤回想の意義に関する質問紙による事前事後評価
⑥各回記録とビデオによる記述的評価
⑦全プログラム終了後のフォーカスグループ

参加協力関係者による評価検証

①各回毎の参加協力者自記式評価
②各回毎のフォローアップミーティングによる検証
③全プログラム終了後のフォーカスグループによる評価

図4　効果評価の方法［野村・渡辺・工藤、2005］

研修で実際に学生同士で思い出を語り合うグループワークを行った体験の感想や新たな発見。

④ **高齢者像への気づき・変化**

自分自身の高齢者像への気づきやその変化について述べているもの。

⑤ **回想法の聞き手に対する効果への気づき**

回想法を行うことによる、自分自身（聞き手）の変化や効果について述べているもの。

⑥ **高齢者との関わり方への示唆**

回想法について学んだことが、高齢者との関わり方への学びとつながっているもの。

⑦ **思い出パートナー参加への意欲**

思い出パートナーとして高齢者の方々と関わることへの期待が述べられたもの。

⑧ **思い出パートナー参加への不安**

思い出パートナーとして高齢者の方々と関わることへの不安について述べられたもの。

⑨ **現在実施されている地域における回想法からの驚き・学び**

地域において行なわれている回想法の事例を通しての感想や学びについて述べているもの。

⑩ **回想法実施における課題の認識**

回想法を実施する上で必要になる要素や倫理観などの課題について述べているもの。

⑪ **思い出パートナーの今後の展開への示唆**

思い出パートナーを行なうことによる、その後の展開の可能性についてプログラム自体と学生への影響を含め述べているもの。

以上に見られるように学生は聴き手としての姿勢や方法などの技術的な面だけではなく、かけがえのない人生を歩んで来た高齢者への尊厳や、豊かなコミュニケーション、他者への感情移入の素晴らしさを再確認しました。そしてメンバー間の信頼関係の役割とその大切さを学ぶのみならず、自分自身の歳を重ねていくプロセスを深く考える機会ともなりました。

3 思い出パートナープログラムの意義

(1) パートナーとしての関わり

特定の疾患や問題を持つ方への治療やケアにおいて、非薬物療法に位置づけられる心理社会的アプローチは数多くあり、そのアプローチが療法として成立する条件には以下のような項目を満たすことが必要です［野村、2006］。

① 誰に対しての治療や援助なのか対象高齢者を決定する。
② 個々の対象者の多面的な評価による状態の理解を行う。

③　治療と援助の目的は何か、具体的な目標を選定する。
④　対象と目標別に適切な方法を選定する。
⑤　多様なアプローチを活用する際、個人に対してか、小集団に対してか、また環境に介入するのかを選択する。
⑥　具体的な実施手続きや予測される変更点を含めて計画を作成する。
⑦　高齢者自身だけではなく家族・介護者などその方法を行うにあたっての高齢者の日常生活上の人間関係に与える影響の理解や予測をも含める。
⑧　方法の展開内容や変化を蓄積する各種記録を開発し活用する。
⑨　目標に沿う多面的な効果評価を適切な時期に実施し、介入の効果を検証する。
⑩　療法としての限界や禁忌について提示する。

思い出パートナーは療法ではありません。むしろ療法との類似点を持ち合わせながら然るべき人が地域や施設で高齢者の方の回想に耳をすませ、その方の人生の経験と自らの経験や想いを互いに分かち合うものでもあります。「回想法」を基本としていますが、療法としての上述の一〇条件を必ずしも満たすことを必要とはしていません。

参加した学生はパートナーとしての自分たちの体験を次のように述べています。

「世間話や座直りのときの話題をどう選べばいいのか、すごく不安だった。初回はちょっとぎこちなかったが、段々会が進むにつれて『こないだあんなこと話したから、こんなの持ってきたの』とか『こないだこんなことがあったんだけど聞いて』ということがあった。お友達になれたようで、不安が楽しみに変わった。高齢者と世間話ができるとは思っていなかった。」

世間話ができる相手・普通の若者と同じ感覚で会話できる相手・共通の話題のある相手というように、援助する相手ではなく語り合う相手としての「パートナー」を学生も理解し始めていました。

「これまでの実習で施設入居者の方とお話をした時には、話がいまいち噛み合わなかったりした。思い出パートナーでは、普通の若者としゃべっているのと同じような感覚でポンポン会話ができた。」

実習時の体験と較べながら、率直に構えることなく話す楽しさを伝えています。

「何をしゃべっていいのか分からない、共通の話題もないだろうと思っていた。しかし実際には意外とあるもので、高齢者の人が若いときに体験したことが、現代にも通じることだったりして、アドバイスしてくれた。」

ケアをする相手としての高齢者、また、遠く隔ったところに生きていると思っていた高齢者の方が、身近に思えるようになった実感を述べています。

(2) 高齢者にとっての意義

思い出パートナープログラムの効果評価では、図4に示すように参加者の高齢者に対してグループが終わった一週間後に、事後のアセスメントとともにフォーカスグループを行いました。フォーカスグループは類似の体験やある特定の情報知識を持つ人が、その体験の結果や意味をもとに話し合います［Stewart & Shamdasani,1990］。今回の思い出パートナーカレッジに参加して高齢者の方たちが、何をどのように評価しているかについて、多様な意見と率直な言葉を通して把握することのできる一つの良い方法であると考えます。答える人に直接尋ねることができるので、グループの進展を見ながらどのように質問を変えていくかを検討することができます。さらにジェスチャーや笑顔などの非言語的な応答から、意見にともなう感情も把握することができるので、言葉の背景にある複雑な想いを理解することが深まります。

従来高齢者の参加プログラムの評価では各種の他者評価が行われていました。その理由としては、多様な障害やコミュニケーション能力の低下があるために、評価する力が限られていると判断されたことにもよります。しかしながら、本書で述べられているお元気な高齢者からは主催者側の意図や想定を超えた評価を得ることができます。そしてその評価は次の展開への示唆や提言となる場合もあります。今回のプログラムにおいては、①グループインタビューの中で日常生活での若い人と関わる機会、②思い出パートナーでの学生との関わり、③高齢者が若い人にできることという三点が焦点として話されました。

第一の若い人と関わる機会については、近所の子どもとの挨拶以外にはほとんど交流がない、また、普段は孫と話す機会も少ないという現状があり、「もっと元気な関わりが欲しい」と望む意見もありました。お元気に活躍している高齢者なのですが、子どもや青年と触れ合う機会が限られている様子が伝わってきました。高齢者の熱意の元がここに見られるように思います。

第二に、思い出パートナーでの学生の関わりについて、一方的ではなく高齢者と学生が「語り手」と「聞き手」というお互いに語り合う関係であったことを高齢者の方たちは良かったとしています。高齢者の「話したい」という思いは、学生を前にして「伝えたい」という思いに変わり、自宅にあった昔の道具や思い出の品を大切に持参して下さることが、回を重ねるごとに多く見られました。

第三に、自分たちが若い人たちにできることとして、今の若い世代の状況に何かできることがないかと積極的に思っている様子が語られました。例えば、身近な相談相手のいないさまざまな問題を抱えている若者に対して、「これまで知識や経験を培ってきた自分たちが役立つ方法はないだろうか」という思いや、「自分の経験してきた歴史や思い出を地域に伝えていきたい」という意向も話されました。

長い人生を歩んできた高齢者だからこそ、他の世代や地域社会に対して与えられるものがあり、参加者は学生と関わる中で、そのような自らの力について、再認識されたと考えられます。

この二つのグループには、地域で生活していながら互いに顔なじみでない人も参加していました。この回の後互いに訪ねあう人や、また、参加者の一人が楽しみとしていた別の会に誘われて一緒に謡曲の会を楽しまれていることも見られました。参加高齢者の五名の方に対しては、六ヶ月後から二回程一人の学生が個別の回想を自宅に訪問して伺うことを行っています。ある一人の高齢者はグループにおける参加のしかたと比べ次のように話されています。「グループに参加しているときには話せなかったことも多く浮かんできた。自分の思い出を伝えないでしまっておいても良いとも思っていたが、学生さんが訪ねてくるとそれを自然に話すようになっている自分があった。思い出パートナーの会は楽しく、自分にとってはこの会があったから、今一人でいるときも思い出し、いろいろと考えることができる。ひとりで考えることは、好きで昔からしていたが、そんなときはくよくよすることも多かった。取り返しのつかないこともあり、思い出すことを止めることもできずそっとしておきたい気もした。訪ねてきてくれた学生さんが聴いてくれることで、バラバラだった記憶が結び合わされて、つながっていくように感じた。」

グループでの参加に加えて、学生との一対一での出会いの中で、この方にとって、回想の意味はさらに豊かなものになっていることがうかがえます。

(3) 学生にとっての意義

学生へのフォーカスグループでは、①高齢者と関わってイメージが変わったこと、②時間を追うごとに不安が軽減したこと、③高齢者から伝わってきたこと、④思い出パートナー参加後に役立つこと、という四点が中心的に話されました。以下では、学生の言葉を実際に示していきます。

第一の、高齢者へのイメージの変化については、次のような発言がありました。

「始める前は、高齢者のしかも知らない人と話す経験がなかったので、ちょっと想像がつかなくてドキドキしていた。実際に行ってみたら、高齢者の方々がとても元気で、高齢者に対して弱々しいイメージがあったが、実際はそうでもないと高齢者の持つパワーを感じた。」

「何かしら誰かの助けが必要な人たちというイメージがあり、自分に何ができるかと考えがちだった。しかし、参加者のみなさんはとても元気で、高齢者といってもまだまだパワーを持っていると感じた。参加者の方も自分のことを高齢者と思っていないと思う。」

「介護の実習などで印象に残っている『援助を必要とする高齢者』のイメージが強かったが、今回関わった高齢者のみなさんはすごく元気で、こちらから話しかけるというよりは向こうから話してくれたので、楽しかった。参加者同士がすごく仲が良かったので、その中に入っていって一緒にお話をさせてもらうという感じだった。」

思い出パートナープログラムに参加する以前に、高齢者一般のイメージでとして抱いていた「弱々しい」、「何かしら誰かの助けや援助が必要な人」という見方が、「高齢者のパワー」、「とても元気」、「向こうから話しかけてくれた」などの表現に示される積極的で力のあるイメージへと変化しています。さらに、学生自身の「知らない人と話す不安」などを越えて、「話しかけてくれる」高齢者の方たちの温かさ、参加者同士の受け入れてくれる雰囲気に驚きと感銘を覚えています。

第二に、時間を追うごとに初め抱いていた不安が解けていったことについて、以下のように話していました。

「始まる前は、何を話せばいいのか分からなかったし、話しても続くか、すごく不安だった。いざ話してみると、こちらから聞きたいことがいっぱいあり、高齢者の方も『話を聞いて』という意思の強い高齢者の方たちだった。辛い話もあっただろうが、それを教えてもらう機会が無かったので、私にとってはとてもいい経験の場だった。」

「最初は、どんな事話せばいいのかと思っていた。行ってみると、段々緊張せず話せるようになってきて、そんなに構えることはなかったと思った。高齢者と学生何人かが普通に集まって話している時に、高齢者の方との関係が友達みたいだと感じた。今まで地域の人とそんなに話すことは無かったので、不思議だったが、良かったと思う。」

若い学生達が高齢者の方たちという人生の大先輩の胸を借りて、少しずつ自信を持っていく様子が示されています。

第三の、高齢者から伝わってきたことについては、特定の高齢者との関わりの中で感動し、感慨を持ったことに言及していました。

「昔は男社会だったが、そういう環境の中でへこたれるのではなく、『女だって男に負けないぐらいパワーも強いのをもっているんだ』という自分自身の中に強いものを持って、辛い時でもがんばったというKさんの話が印象的である。その話を聞いて自分にはそういう強いものがないと話したところ、Kさんに『自分の中に自分なりの哲学を持ちなさい』『人とは違っても、自分自身そういうような強いものがあるからがんばっていけるってい う風に思うから、自分自身で持ちなさい』と言われ、衝撃を受けたが、とてもうれしかった。」

「回想法の話題が、戦争の話や貧しかった話など、苦しかった頃の話になったとき、後ろで記録していて『今日はなんだか辛いなぁ』と暗い気分になったことがあった。しかしその後の座直りで一緒になったSさんが『でもね、人生って、あなたはまだわからないかもしれないけど、プラスマイナス0になるようにできてるのよ』と言って下さった。こういう大きいアドバイスを受けたことがなかったので、ちょっと泣きそうになった。その言葉で慰められたことがすごく印象に残っている。」

「Uさんがいった言葉に『その言葉いいですね』と言ったところ、後日、その言葉を毛筆で書いてくださった。嬉しかったし、本当はちょっと自分がしゃべっただけだったのに、ずっと覚えてくれていて、そういう風に人との関わりを大切にする人に自分もなりたいと思った。人生の目標みたいなものだと思う。」

ひとり一人の歩んできた長い人生の歴史から発せられる言葉は、若い世代の心に衝撃や印象を刻むものとなっています。高齢者の方たちも、グループ回想法の中で前述のような若い世代への言葉を伝えることは控えています。座直りという場の中で、また学生ひとり一人と向いあい語る場であるからこそ、ごく自然に話し、伝えて下さったのだと考えられます。

「自分が話したことをいつまでも覚えていてくれたことがうれしかった。Hさんに釘刺し（昔のあそび）について質問したら、次回のときに全員分の釘刺しの説明書と釘を持ってきてくれた。こちらが興味を持てば、それに答えてくれるのだということが、すごく印象的だった。」

「何人かの高齢者の方とお話をしていた時に『若い人と話してて私たちも楽しいよ』と言ってくれた。そういう風に言葉で言ってくれると『同じような気持ちでいてくれたのかな』『良かったな』と思ってうれしかった。」

「回想法の時、Kさんが回りで記録をしている学生のことを気にかけて『聞こえる?』『○○っていう言葉知ってる?』と話しかけてくれた。うれしかった。」

回が変わりメンバーが変わった時にも自分のことを覚えていてくれたという体験を通し、ひとりひとりの参加者と学生の間の信頼関係が形作られています。高齢者の方たちにとっては、日常の暮らしの中でも当然のふるまいが、若い世代にとっては人としてのあり方のモデルにもなっているようです。

「Ｉさんと話していて、『昔は苦労したんだ』という話から、曾孫さんのかわいらしい話まで、笑いながら面白おかしく伝えてくれて、おなかを抱えて笑ってしまうぐらいだった。『今日も楽しかったなぁ』という風にいつも思い出すのはＩさんだった。」

「Ｕさんと地元のことについて話したことが印象に残っている。Ｕさんは昔私の地元で仕事をしていたらしく、話が弾んだ。世間話がすごく楽しくて、顔を合わせたときにさりげなく話しかけてくれるのがうれしかった。本当のおじいちゃんみたいな感じだった。学校の勉強のこともアドバイスしてくれた。」

「振り返りで、Ｃさんが『学生さんの顔が、最初は作り笑い的な部分が多かったけれど、だんだん自然な笑顔に変わっている』とおっしゃったことが印象的だった。それは自分でも感じていた部分だが、きっと高齢者の方にも伝わっていただろうと思った。」

孫と祖父母で交わされるような自然な会話とともに、高齢者の方の持つ、核心をつく洞察や教養の素晴らしさを学び始めています。

第四に、今後役に立つことについては今回の参加から、祖母との関わり、また、社会との関わりに広がっていく様子が話されていました。

「実家にいると同居している祖母の友達が訪ねてくることがあるが、これまでは『大きくなったね』と言われるのがうざったいところもあって、部屋の奥の方に逃げていた。でも思い出パートナーに関わって、そういう機会を逃すのはもったいないと思うようになった。

実際一緒に話を聞いていたら、すごく楽しくて、『今まで損していた』と思った。その時、リメイクしようと着物をばらしていたが、それを見たおばあちゃんと友達が『いやー懐かしいね』とかいう話になって、『あっ、回想法だ！』と感じた。そういう風に『お年寄りの話をよく聞こう』『結構楽しいぞ』ということがわかった。」

「参加者の方と話をして、高齢者の方の心が若い人たちに対して開いていると感じた。『伝えたい、伝えたい』という思いが伝わってきた。そして高齢者は若い人たちに対して心が開いているのに、若者は一歩引いて見ている部分が大きいのではないかと思い、もっと一歩踏み込んで関わりたいと思った。また高齢者の方は、心が広くて豊かで、全てを受け入れてくれるようで、私たちはそういう大きい高齢者に見えないところで守られていると思った。この人たちがあっての自分だということを感じた。だから援助してあげるとか、そういう考え方は合わないと思った。」

「回想法での話を聞いていて、高齢者の方々は長い間いろんなことを経験されてきて、大きいものを持っていらっしゃると思った。今まで地元のお年寄りの人と世間話をしたことがなかったのでこれからもっと色んな話をしてみたいと思った。思い出パートナーが終わってから考えてみて、お年寄りが元気だということは、実はすごいことなのではないかと思い、お年寄りを前向きに捉えられるように感じた。お年寄りが今努力していることを聞いて、自分がお年寄りになったときそんなに努力するかな？と思ったりした。そして、お年寄りに対してすごいと思うことは、自分が気づいてないだけで沢山あるのではないかと思えてきた。」

「今まで祖父が回想して話していても、聞く余裕がなくて『お母さん、またおじいちゃん昔のことしゃべってるよ』と言ったりしていた。しかしこの回想法に参加してみて、祖父母は、昔の苦労した話や良かったときの話をして、私達にアドバイスとか、メッセージを残したいんだと感じた。これまでは友人や親とかに相談していたが、祖父母にも相談してみて、アドバイスしてもらうのもいいと思った。」

「今回、回想法に参加して、高齢者の方の懐の広さに触れて、困ったときの選択肢の一つとして、高齢者、特に祖父母に話したいと思うようになった。また世代よがりみたいなのもあると思う。政策を決めているのはある世代の人たちだが、そのように一つの世代だけで解決しようとするのではなく、もっともっと高齢者の人に頼ってもいいと感じた。そのようにしたらもっと地域が良くなっていくと思った。」

学生達は、この貴重な体験を今までにない感慨を持って受け止めています。

「同年代の方と話すのとは違って、ずっと自分に安心感があるようなイメージの中で話すことができた。それが高齢者の方と話すということなのかと思った。自分を全部受け入れてもらっているような気持ちだった。」

「会話が途切れたときの間をどうつなげようとか、話がほんとに昔のこと過ぎてわからないんじゃないかという不安はあった。しかし、話してみると自分がタイムマシンに乗って、その時代にいた子どものように感じられて新鮮で心地よかった。」

高齢者の回想を受け止め、自分の中で起きてくる回想に触れ、時のつながりと人と人との関わりの醍醐味を体験できたようです。

4 高齢者と若い世代の交流プログラムにおける課題

(1) 思い出パートナーの限界や留意点

思い出パートナープログラムを行うにあたっての限界や留意点について、回想法・ライフレビューを行う上での倫理をもとに以下に示します［野村 2002／2004c］。

第一に、イギリスのコールマンが述べるように、ライフレビューは、誰しもが行わなければならないものではありません［Coleman,1984］。自己を映し出す活動というのは、人間の基本的な力であるにもかかわらず、そのことは、誰しもが行わなければならないことを意味するものではないのです。

第二に、今までまったく他の人に公表されなかった回想や他者との密接な関係性について明らかにしてしまうものであるので、語られた内容を発表することに対してインフォームドコンセントが必要となります。

第三に、公にされる回想の内容は状況の変化によって形を変えることも多いものです。原則的には、語った人の生命がある限り公表することへの同意をその都度確かめることが望まれます。

第四に、認知症高齢者のライフレビューは記憶障害を背景に行われています。語る人自身は、回想の意味を語った当時は理解できていても、症状の進行によって理解できなくなる時点はきわめて早く訪れるものです。語られる関係者の回想は事実と異なることはもちろん、ある人へのこだわりが前面に強く出て、回想となっている場合も多くあります。語られた人はこだわりの対象として詳細なことまで表出されてしまうこともあります。それ故に情報を誰がどのように理解するかの検討が欠かせません。

第五に、抑うつ感、外傷体験、ある種の人格構造などの理由で過去を振り返ることが強迫的になってしまう人もあります。ライフレビューの方法に準備なく引き込まれてしまうことも起きないとも限りません。そのために慎重に適用を考えなければなりません。

第六に、聴き手と語り手の年齢の差異が著しいものです。転移と逆転移関係が起きた場合、聴き手が知り得る語り手の歴史は、人間が老いること、及び歴史に関する情報を得ることでもあります。しかし、その情報は一般の歴史とは異なり、語り手によって生きられた歴史です。語り手の視点に立たなければその情報を理解することはできません。

第七に、高齢者への意義についてその結果はグループが終わってすぐに見えることは限られています。とりわけ施設で行われるこのような試みではなく、在宅の生活の場面で展開されるグループではその効果の表れ方も異なっています。社会関係の結び方が変化し友人関係が増え、また、外出への興味が増すなど以前からある毎日の過ごし方に若干の変化を及ぼすことも効果の一つと考えられます。このように効果を短期的なものとしてではなく、長期に渡る暮らしの中での変化を見る視点が必要となります。

第八に、特定の回想をグループの中では語ることをせずに、一対一の場面で話す場面も多いものです。グループは参加者に対して心の通う機会でもありながら、自分の意向とは別に無理に話をさせられてしまったという結果にもつながります。回想はバトラーの述べるように元来自然なものであり、だれかの強制力により語られるものではありません[Butler ,1963]。回想を伺うときの姿勢として、いわば半歩下がって聴く・伺うありかたが望まれます。

第九に、語られる回想と何らかの記録に残る回想は、意味が違うと言えます。今回の思い出パートナープログラムでは参加者の様子を三〇分ほどのビデオに編集してグループ終了後ひとり一人にお渡ししました。その記録自体がグループの思い出となり、グループの中で何を話したかだけではなくその時の雰囲気や気分を再現することができます。また、中にはグループに参加している間に伝えたことが記憶違いであったことの訂正文を送って下さる方もおられました。言葉に表される回想と何らかの書き留める、または記録する回想という両者の意味や働きの違いを考慮することが望まれます。

第十に、地域で行う高齢者の参加するプログラムでは同じ町や村の顔見知りの人たちが参加し、また、四〇～五〇年前の同窓生が参加する場合も多くなります。狭い地域での出来事は共有の話題になりながら、その語る人々のプライバシーが守られない場合も起きがちです。今回の思い出パートナーの参加者はそれぞれが節度を持ち、相手の暮らしに踏み込まずお互いを尊重している様子が明らかでした。これはグループ文化の形成とも言え、再現すること自体が難しいものです。高齢者の方にとって「不思議な体験だった」という感想は、仲良しグループでもない適度な緊張感のある集まりであったことを示しています。参加者の方は地域のさまざまの会議のメンバーでもあり、グループ参加の方法を以前から培われている方たちでもあったと考えられます。

(2) 高齢者と若い世代の交流の今後

日本全国さまざまな地域で世代間交流プログラムが展開しています。児童が高齢者施設を訪問し、歌や劇を披露する会、またデイサービスセンターなどでも行われている高齢者の昔取ったきね柄（例えば竹とんぼやわらじ作りなど）を児童に伝える会などです。今回の思い出パートナープログラムは児童ではなく高齢者と青年の交流です。広井は、人生発達において、従来からの高齢者期と青年期の期間が変容を見せてきていると述べています

［広井、2000］。すなわち「子ども期間」と「老人期間」の延長で一五～三〇歳までを「後期子ども」、つまり「遊＋学」と「働」の複合形態であり、六〇～七五歳の前期高齢者は「遊＋教」と「働」、七五歳以上の後期高齢者は「遊＋教」であると示しています。今回の思い出パートナーは高齢者の教える機能と伝統を伝えていくという役割が果たされていたものでした。そしてその相手は大学生であり、若い時に学ぶことも難しかった時代を過ごした高齢者にとって未来を投影することのできる相手でした。参加者の多くの方が「こういうような若い方が今後活躍してくれるのはとても嬉しい」と、口々に語っていることも、単なるほめ言葉ではないと思われました。

世代間交流プログラムは年齢のかけ離れた世代の交流だけではありません。七〇歳の高齢者と九〇歳の高齢者との共有のテーマを基とした回想は、それぞれの世代の方の生きてきた時代と個々の経験を反映し相互に伝え合う時となります。二〇歳の違いは当時の高齢者にとって両親と自分の歳の差でもあります。地域の歴史年表の中に個々の人生が記録されているように、思い出パートナーの会は展開しました。とりわけ男性の参加者が比較的多かったこともあり、年代を見比べながら話が弾みました。高齢者であるからといって二〇～三〇年の年代差のある方たちを、ひとまとめにとらえることは避けなければなりません。回想を巡る世代間交流は、九〇歳の方の話を七〇歳の方が思い出パートナーとなって伺うという、高齢者同士の世代間交流でもあります。高齢者に対して何かをするのではなく、高齢者同士がお互いに今まで築いてきた知識や経験・想いを基に、ごく自然に集える機会は得がたいものであると思います。末尾になりますが、思い出パートナープログラムに参加・協力いただいた水沢市の高齢者の方々、社会福祉協議会や行政の関係者の方々、岩手県立大学の学生や院生の方々に心から感謝申し上げます。

本書では、施設や在宅のお元気な高齢者、また介護予防事業の中での要支援や介護度1の方たちなどに焦点を当て、さまざまなアプローチを示しました。治療を含めた高齢者へのアプローチは多様であり、ケアのアプローチや心理・社会的アプローチも加えれば、その数は何倍にもなります。それらの特定のアプローチに対して、従来から専門職が培ってきた援助プロセスは、アセスメント・ニーズ把握・プランニング・介入（実施）・モニタリング・評価など、一連の援助行為によって成立しています。これまではアセスメント・ニーズ把握・評価などに際し「受ける」対象としての高齢者という考え方が根底にありました。しかしながら、本書に示されるさまざまの試みでは、アセスメント・ニーズ把握・プランニング・実施などなど、全ての過程の中に高齢者が主体的に参加し、その方法を決めるプロセスに意図的に関わっていくことが込められています。

高齢者の方の培ってきた深い感情移入の共鳴とでもいう力を学びながら、関わり合う相手としての専門職が自らの姿勢や価値観を問い直すことも含めて、新しい支援の方法を開発していく必要があると考えます。

本書の編集を終えるにあたり、高齢期を生きる多様な場を再考する機会を与えて下さった上里一郎先生、高齢者の生きる場と生かされる場について、将来の希望につながる意欲的な論稿を寄せて下さった執筆者の諸先生、また、ゆまに書房編集部のご尽力に改めて感謝申し上げます。

（野村豊子）

【引用・参考文献】

Butler, R.N. 1963 The life review: An interpretation of reminiscence in the aged. *Psychiatry*, 26, 65-76.

Coleman, P.G. 1974 Measuring reminiscence characteristics from conversation as adaptive features of old age. *International Journal of Aging and Human Development*, 5,281-294.

広井良典（編著）2000『「老人と子ども」統合ケア――新しい高齢者の姿を求めて』 中央法規出版

野村豊子 1998『回想法とライフレヴューその理論と技法』中央法規出版

野村豊子 2002「ライフレヴューセラピーの倫理」近藤 均ほか（編）『生命倫理事典』太陽出版 628p.

野村豊子 2004a「回想法の実践と臨床評価の課題」『老年社会科学』第26巻 第1号 24-31p

野村豊子 2004b「痴呆性高齢者へのケア―リアリティ・オリエンテーションと回想法―」『総合リハビリテーション』第32巻 第10号

野村豊子 2004c「特集3：自己と他者 過去と未来―物語ることによる自己の再構成―回想法と

ライフレヴューの倫理をめぐって」『発達』第100巻　第25号　77-84p.
野村豊子　2005　「高齢者の心理的特徴—回想法の効果に基づいて—」『精神看護エクスペール10　高齢者の精神看護』　中山書店
野村豊子　2006（印刷中）「非薬物療法」『認知症ナビゲーター』　メディカルレヴュー
野村豊子・工藤夕貴・本山潤一郎　2003　『養護老人ホームにおけるグループ回想法』　日本痴呆ケア学会大会報告
野村豊子・渡辺房代・工藤夕貴　2005　『地域在住の一般高齢者へのグループ回想法（その1）—思い出パートナーカレッジの実際と効果—』
Stewart David W. & Shamdasani, Prem N.　1990　*Focus groups : Theory and practice, Newbury Park, California* : Sage.

博物館と高齢者ケア

市橋芳則

昭和時代という皆が知る時代が博物館に

私たちの生活は昭和六〇余年の時の流れのなかで、環境をはじめ身のまわりのすべてが大きな変貌を遂げてきました。特に、昭和三〇年代は、テレビ、冷蔵庫、洗濯機など電化製品が普及し、日常生活のレベルで最も激しい変化が起った時代と言えます。

原始古代から直火を使って、食生活、住生活をおくってきた私たちの日常生活――例えば、米を炊くという行為も弥生時代から昭和二〇年代まで、かまどを用いて薪をくべ直火を使ってきましたが、昭和三〇年の電気釜の登場と普及によりその方法は終息を迎えたとも言えるでしょう。

北名古屋市（旧師勝町）歴史民俗資料館は、「昭和日常博物館」というユニークな別名でも呼ばれ、親しまれています。昭和時代の生活の保存・記録・展示に努め、昔の面影そのままの農家や、昭和二〇年代、三〇年代の姿を再現した路地裏、さらには同時代の設定で駄菓子屋、理髪店、食料品店、自転車店などの店舗を、実物資料を用いて再現しています。

昭和時代の展示＝今生きている人々の記憶の展示

来館者からは、一見するなり「懐かしい」という言葉が聞かれます。展示されている、かつて自身が手にし、味わった品々についてのさまざまな記憶を思い出せば黙ってはいられない、という様子がよく見受けられます。

昭和時代を展示や収集の対象として扱うことは、今を生きる人の多くが知り、実体験のあるものを資料として扱うことです。縄文、弥生、江戸時代とは異なり、「私はこうした」と積極的かつ具体的に発言できる時代の資料であり、来館者が発する言葉は、自らの経験、記憶に基づいています。言い換えれば、博物館が多くの方々の記憶をも大切な資料として扱うということになるのです。

記憶の展示と回想法

「回想法」とは、懐かしい生活道具などを用いて、かつて自分が体験したことを語り合い、過去に思いをめぐらすことにより、生き生きとした自分を取り戻そうとする方法です。本館の展示会場では、自然多発的に記憶が掘り起こされ、来館者の笑顔を引き出しています。

また、特別養護老人ホームやデイサービスなど、高齢者関連施設からの見学も相次いでおり、引率者は「高齢者が、普段とは異なった生き生きとした表情を見せている」と口をそろえています。

普段の日常生活の中では、高齢者が昔の自身の記憶などをゆっくり話すことができる機会が少なくなってきています。そうした状況にあって、自分を受けとめてくれる良き聞き手が現れ、話を聞いてもらえる機会や場があれば、高齢者にとって、どんなに日常生活が豊かに生き生きとしたものになってくるでしょうか。

回想法には、表情が豊かになる、情緒が安定する、意欲が出るなどの効果があるといわれています。また、このような効果が得られることで、高齢者とその家族や地域との関わりも健やかなものになっていきます。

身近な回想の場

回想するということは、多くの人が日常のなかで普通に行っていることです。また、同窓会や何かの集まりでも、昔の話で盛り上がることがよくあります。最近では、井戸端会議なる光景を見ることは少なくなりました。井戸もなければ、ご近所付き合いの姿も昔とは変わってきています。毎日のように数人が集まってワイワイと話をする機会は、ある種の回想の場でもあり、元気でいきいきと暮すには大切な場であり時間であったと言えるでしょう。

温故知新ということばがありますが、古くて捨てられてしまいそうな洗濯板やたらい、鉄釜などの暮らしの道具が、高齢者をケアし、認知症の予防にもなるという新しい道具として広く認められようとしています。

博物館という「いにしえ」を集めて展示している空間は、自然に回想を促し、高齢者が心地よいと感じる場所でもあるのです。

（いちはし・よしのり　北名古屋市歴史民俗資料館）

column

【執筆者一覧】
◆第１章◆
伊波和恵　（いなみ・かずえ　東京富士大学経営学部）
◆第２章◆
小川晃子　（おがわ・あきこ　岩手県立大学社会福祉学部）
◆第３章◆
野村信威　（のむら・のぶたけ　大阪人間科学大学人間科学部）
◆第４章◆
志村ゆず　（しむら・ゆず　名城大学人間学部）
◆第５章◆
田中秀樹　（たなか・ひでき　広島国際大学人間環境学部）
古谷真樹　（ふるたに・まき　広島国際大学大学院総合人間科学研究科）
松尾　藍　（まつお・あい　広島国際大学大学院総合人間科学研究科）
◆第６章◆
安原耕一郎（やすはら・こういちろう
医療法人社団　常仁会・社会福祉法人　常新会）
◆第７章◆
下垣　光　（しもがき・ひかる　日本社会事業大学社会福祉学部）
◆第８章◆
野村豊子　（のむら・とよこ　岩手県立大学社会福祉学部）

［コラム］
菅　寛子　（すが・ひろこ　語りと回想研究会事務局）
萩原裕子　（はぎわら・ゆうこ　千葉県立野田看護専門学校）
三浦正江　（みうら・まさえ　東京家政大学文学部）
中村菜々子（なかむら・ななこ　比治山大学現代文化学部）
佐々木直美（ささき・なおみ　広島国際大学人間環境学部）
工藤夕貴　（くどう・ゆうき　岩手県立大学大学院社会福祉学研究科）
野坂俊弥　（のさか・としや　長野県看護大学体育学講座）
市橋芳則　（いちはし・よしのり　北名古屋市歴史民俗資料館）

◆シリーズ　こころとからだの処方箋◆ ⑥

高齢者の「生きる場」を求めて

――福祉、心理、介護の現場から――

二〇〇六年四月十日　第一版第一刷発行

著　者　野村豊子《のむらとよこ》ほか
編　者　野村豊子《のむらとよこ》（岩手県立大学社会福祉学部教授）

発行者　荒井秀夫
発行所　株式会社ゆまに書房
〒一〇一―〇〇四七
東京都千代田区内神田二―七―六
振　替　〇〇一四〇―六―六三一六〇

印刷・製本　株式会社キャップ
カバーデザイン　芝山雅彦〈スパイス〉

ISBN4―8433―1818―3 C0311